Paola Calvetti
Die Queen

PAOLA CALVETTI

DIE QUEEN

Elizabeth II – Porträt einer Königin

Aus dem Italienischen
von Esther Hansen

Mit 12 Schwarz-Weiß-Abbildungen

Mehr über unsere Autoren und Bücher:
www.piper.de

Inhalte fremder Webseiten, auf die in diesem Buch (etwa durch Links) hingewiesen wird, macht sich der Verlag nicht zu eigen. Eine Haftung dafür übernimmt der Verlag nicht.

ISBN 978-3-492-07025-6
3. Auflage 2021
© 2019 Paola Calvetti
Titel der italienischen Originalausgabe:
»Elisabetta II« bei Mondadori Libri S. p. A., Milano 2019
© Piper Verlag GmbH, München 2021
Lektorat: Fabian Bergmann
Satz: Kösel Media GmbH, Krugzell
Gesetzt aus der Garamond Premier Pro
Litho: Lorenz & Zeller, Inning am Ammersee
Druck und Bindung: GGP Media GmbH, Pößneck
Printed in Germany

Inhalt

Wiltshire, England, März 2015　　　　8

Kindheit　　　　14
(1926 – 1933)

Thronerbin　　　　30
(1934 – 1940)

Frau und Mutter　　　　64
(1940 – 1951)

Königin　　　　92
(1952 – 1955)

Einsamkeit　　　　122
(1955 – 1970)

Windsormania　　　　150
(1970 – 1979)

Im Schatten　　　　172
(1980 – 1991)

Der Krieg der Windsors　　　　186
(1992 – 2000)

Ein neues Jahrtausend   224
(2000 – 2010)

Ein Job fürs Leben   262
(2010 – 2019)

**Schwer ruht das Haupt,
das die Krone trägt**   298

Bibliografie   304

Bildnachweis   311

Anmerkungen   312

Danksagung   328

Wiltshire, England, März 2015

Dezember 1926. Elizabeth, Herzogin von York, mit ihrer sieben Monate alten Erstgeborenen, Elizabeth Alexandra Mary Windsor. [1]

Der Fahrer verstaut die letzten Gegenstände aus dem Cottage in seinem Lieferwagen, alles wertloser Plunder, der in den ebenerdigen Räumen zurückgeblieben ist. Das alte Häuschen braucht nun nicht mehr als einen frischen Anstrich, denn Bausubstanz und Putz sind noch gut. Klar, im Garten wuchert das Unkraut, die Äste der Bäume reichen schon bis ans Dach, das Holz der Fensterrahmen ist rissig, und die niedrigen Steinmauern sind bröckelig und löchrig wie Scheiben vertrockneten Brotes. Doch die Lage des kaum eine Zugstunde von London entfernten Cottages ist einfach unbezahlbar, und die hohen Hecken bieten perfekten Schutz vor neugierigen Blicken.

Hier herrscht vollkommene Stille.

Der Morgen taucht die Umgebung in honigfarbenes Licht.

Als der neue Eigentümer dieser Oase der Ruhe wieder allein ist, geht er in den Keller. Durch die halb geöffnete Tür fallen zwei Lichtstreifen ins Halbdunkel. Von der Decke hängt eine nackte Glühbirne herab, in einer Ecke liegt ein umgestoßener, staubüberzogener Schemel. In den dichten Spinnweben unter einem Balken entdeckt der Eigentümer eine kleine Holzkiste mit verblichenem Schild. Da muss er wohl noch mal den Mann mit dem Lieferwagen rufen, denkt er und klappt gleichmütig ihren Deckel auf, ohne groß Hoffnung zu haben, einen Schatz zu entdecken. Tatsächlich liegen in der Kiste, in fein säuberliche Reihen sortiert, Dutzende cremefarbener Briefumschläge.

Darin alte Fotos.

Manche sind gut erhalten, andere an den Kanten vergilbt. Wie durch ein Wunder sind sie von der Feuchtigkeit verschont geblieben. Auf gut Glück nimmt er einen Umschlag mit der Aufschrift *1926* und zieht vorsichtig das Bild hervor: Eine junge Frau mit klaren Gesichtszügen schaut ihm direkt in die Augen, in langen Bögen fällt ihre Perlenkette auf das dunkle Kleid, die Lippen öffnen sich zu einem Lächeln. Auf ihrem Schoß hält sie ein Kleinkind in weißem Spitzenkleidchen, unter dem die nackten Babyfüße hervorschauen. Die Bildunterschrift auf der Rückseite des Fotos lässt sein Herz höherschlagen: *Princess Elizabeth and the Duchess of York, dec. 2 1926.*

Deshalb kommt ihm das Gesicht so bekannt vor!

Die geheimnisvolle Frau ist die zukünftige Queen Mum und das blonde Baby niemand anderes als *das* Kind.

Neunundachtzig Jahre hat das Foto in der Kiste überdauert, zusammen mit vielen Hundert weiteren Erinnerungen an eine vorgezeichnete und allem Anschein nach glückliche Kindheit. Wer wohl die Bilder der Königsfamilie in dieser Zeitkapsel zurückgelassen hat? In der rechten unteren Ecke entdeckt er eine verblasste Signatur: Marcus Adams.

Eine schnelle Onlinerecherche ergibt, dass es sich um den Schwiegersohn der ehemaligen Cottagebesitzerin handelt, der verstorbenen Rosalind Thuillier. Adams ist der Name einer Fotografendynastie, die jahrzehntelang das Leben der Königsfamilie begleitet hat: Marcus' Vater Walton, Mitglied der *British Archaeological Association* und Miterfinder der Trockenplatte, war der Lieblingsfotograf von Königin Victoria; Marcus selbst lichtete zwischen 1926 und 1956 ganze Scharen von Aristokratenkindern ab, und sein eigener Sohn Gilbert schließlich hatte als sein Assistent die Ehre, bei der Krönungszeremonie von Elizabeth II. Westminster Abbey auszuleuchten.

Natürlich hat es einen gewissen Reiz, etwas zu besitzen, das mit den Royals zu tun hat, aber was soll der neue Eigentümer des Häuschens nur mit dem Schatz anfangen, der ihm da so unverhofft vor die Füße gefallen ist? Soll er aus dem Cottage vielleicht ein Museum der Zeitgeschichte machen? Oder lieber versuchen, diese Fragmente eines Monarchenlebens möglichst schnell wieder loszuwerden?

Verkaufen, nichts wie verkaufen!

Einige Monate später ist der große Saal des Auktionshauses Dominic Winter in Cirencester, einer Kleinstadt rund 150 Kilometer nordwestlich von London, bis auf den letzten Platz gefüllt, eine eigenartige, angespannte Vorfreude liegt in der Luft. Aus allen Teilen Großbritanniens sind Sammler, Galeristen, treue Windsor-Fans und Schaulustige in die Grafschaft Gloucestershire gekommen, um sich eine der fünfhundert Fotografien zu sichern, die ein anonymer Verkäufer anbietet. Ein echtes Zückerchen: Denn Marcus Adams, der weniger ein braver Chronist der Geschichte als ein wilder Sammler von Erinnerungen war, hat nicht nur ein umfangreiches Werk hinterlassen, die ausdrucksstarken Bromöldrucke sind auch noch alle unveröffentlicht. Sie erzählen vom Beginn eines Lebens, das einige Jahre später eine völlig neue Wendung nehmen sollte. Auf rund der Hälfte der Fotos ist Elizabeth zu sehen, als süßes Baby mit speckigen Beinchen auf dem Schoß von Königin Mary, der strengen Großmutter, oder als Jugendliche, die mit ihren Blicken bereits alles um sich herum zu kontrollieren scheint, oder als junge Mutter Anfang zwanzig mit ihrem erstgeborenen Kind Charles auf dem Arm.

Die Auktion ist ein Riesenerfolg.

Das höchste Gebot bekommt ein Porträt von König George VI. mit seiner Gemahlin Elizabeth, der *Queen Consort*, und den beiden Prinzessinnen Elizabeth und Margaret aus dem Jahr 1939, wenige Wochen vor Englands Eintritt in den Zweiten Weltkrieg. Vom Nachmittag des 12. bis zum Abend des 13. Oktober 2015 wird der Schatz eines achtlosen Fotografen in alle vier Himmelsrichtungen verstreut. Sämtliche Abzüge sind unter den Hammer gekommen – bis auf einen, den der überglückliche Verkäufer selbst behält: Datiert auf den 2. Dezember 1926 zeigt er das Debüt der kleinen Elizabeth vor der Linse.

Kindheit
(1926 – 1933)

Windsor, Juni 1936. Prinzessin Elizabeth mit ihren Corgis vor der Royal Lodge. [2]

Sieben Monate vor dem Dezember-Foto

Ein eisiger Wind weht über der Themse. Es ist der 20. April 1926, und die Morgenzeitungen verkünden mit wenigen Zeilen, dass es nicht mehr lange dauern kann. Dennoch sind keine Fotografen in die Bruton Street Nummer 17 im Londoner Nobelviertel Mayfair gekommen. Nur eine kleine Gruppe ergebener Untertanen harrt unter den Fenstern des Hauses aus, und im Eckpub *Coach and Horses* (das es bis heute gibt, eingekeilt zwischen luxuriösen Stadthäusern) stehen die Bierkrüge bereit, um auf das freudige Ereignis anzustoßen. Auch der Streik der englischen Bergarbeiter, den die Gewerkschaften als Protest gegen die angekündigten Lohnsenkungen für den 3. Mai angekündigt haben, trägt zur Londoner Eiseskälte bei. Doch Sir William Joynson-Hicks hat im Moment anderes im Kopf; der Innenminister der konservativen Regierung unter Stanley Baldwin eilt zu einer wichtigen Staatsangelegenheit.

Es ist kurz nach Mitternacht, als sein Fahrer ihn zur Residenz von Claude George Bowes-Lyon fährt, dem 14. Grafen von Strathmore und Kinghorne. Im ersten Stock liegt die fünfundzwanzigjährige Elizabeth Angela Marguerite Bowes-Lyon, die vierte Tochter und das insgesamt neunte Kind des

Grafen, seit vierundzwanzig Stunden mit ihrem ersten eigenen Kind in den Wehen. Um die erschöpfte Herzogin von York herum stehen drei Gynäkologen, zwei Hebammen, eine Handvoll Geistliche sowie Angehörige des Hofstaates. Doch damit nicht genug: Um die Geburt eines royalen Kindes zu bezeugen, ist die Anwesenheit des Innenministers erforderlich. Diese Tradition reicht bis in das Jahr 1688 zurück, als man kurz nach seiner Geburt die Legitimität des später so unglückseligen James Stuart, des Sohnes von König James II. und Königin Maria Beatrice d'Este, anzweifelte, und sich unter anderem das Gerücht verbreitete, dass der wahre Sohn des Paares bei der Geburt gestorben und mithilfe einer verschlagenen Hofdame durch ein fremdes Kind ersetzt worden sei.

Sir William muss nicht lange warten.

Da die natürliche Geburt Komplikationen verspricht, entschließt sich der Chirurg Sir Harry Simpson zu einem Kaiserschnitt. Die Operation wird gleich vor Ort durchgeführt, obwohl der Eingriff das Risiko birgt, dass die junge Mutter keine weiteren Kinder bekommen kann. Doch Elizabeths Ehemann Prinz Albert, der Herzog von York, ist kein direkter Thronfolger, also fackelt man nicht lange. Wenige Minuten nach 2:40 Uhr am frühen Morgen des 21. April 1926 teilt Sir Joynson-Hicks dem Premierminister mit, dass die Geburt »institutionell« problemlos verlaufen sei und er sich »persönlich« habe überzeugen können, dass kein Austausch stattgefunden habe. Der Säugling mit einem Geburtsgewicht von 3600 Gramm ist also die erste Enkelin von König George V. Doch vor allem ist sie die innig geliebte Tochter der grazilen, humorvollen Elizabeth, Gemahlin des stotternden und jähzornigen Prinzen Albert, genannt Bertie.

Am 22. April erscheint in der *Times* eine kurze Mitteilung: »Ihre Königliche Hoheit, die Herzogin von York hat gestern Morgen um 2:40 Uhr in der Bruton Street 17 eine Tochter zur Welt gebracht. (…) Seit der Ankunft ihrer Tochter hat die

Herzogin von York ein wenig geruht. Der Zustand Ihrer Königlichen Hoheit und der kleinen Prinzessin entwickelt sich sehr zufriedenstellend.«[1] Am nächsten Tag ist die *Daily Mail* die einzige Zeitung, die ihre Leser darauf hinweist, dass »dieses Kind, das seit gestern im ganzen Königreich Thema Nummer 1 ist (zumindest bei den meisten), in der Thronfolge auf Platz drei rangiert«. Nämlich hinter Edward, Prince of Wales, der für den Thron und damit auch für Hochzeit und eigene Nachkommen in der unmittelbaren Thronfolge vorgesehen ist, und seinem Bruder Albert.

Den ersten Besuch bekommt das Neugeborene am Nachmittag von den Großeltern väterlicherseits, König George V. und Königin Mary, die um vier Uhr morgens über den Familienzuwachs in Kenntnis gesetzt wurden. Die Großmutter beschreibt den Säugling als »entzückendes kleines Ding mit gesunder Gesichtsfarbe und wunderbaren Haaren«.[2] Am selben Abend schickt ihnen der frischgebackene Vater stolz und überglücklich ein Billett nach Hause:

»Ich hoffe, Du und Vater freut Euch über die Geburt Eurer Enkelin«, begleitet von einer Art Einschränkung (denn Könige bevorzugen bekanntermaßen männliche Nachkommen ...), »oder hättet ihr lieber einen weiteren Enkel?«[3]

Bis heute erinnert eine Gedenktafel an die eisige Nacht:

AN DIESER STELLE IN DER BRUTON STREET 17 STAND EINST DAS STADTHAUS DES GRAFEN VON STRATHMORE UND KINGHORNE, WO ELIZABETH ALEXANDRA MARY WINDSOR, SPÄTER IHRE MAJESTÄT QUEEN ELIZABETH II., AM 21. APRIL 1926 DAS LICHT DER WELT ERBLICKTE.

Glücklicherweise haben die Royals seit jeher die Angewohnheit, sich von einem Raum des Palastes zum anderen kleine

Botschaften zukommen zu lassen. Jahrzehnte später lässt sich aus diesen Notizen zwar kein Tratsch und Klatsch mehr ziehen, sie enthalten aber immer noch ungeahnte Wahrheiten. Beispielsweise kennen wir so manche Einzelheit über die Verlobung und Hochzeit von Elizabeth Bowes-Lyon aus jenen Briefchen, die erst 2012[4] veröffentlicht wurden und in denen die sonst sehr selbstbewusste und entschlussfreudige junge Frau zugibt, dass sie gar nicht so sicher sei, ob sie den Sohn des Königs heiraten solle. Im Gegenteil, der Gedanke an die Pflichten, die eine solche Verbindung mit sich bringe, jage ihr geradezu »Angst« ein, gesteht sie ihrer ehemaligen Gouvernante Beryl Poignand.[5] Albert hingegen ist wie magisch angezogen von der temperamentvollen Schottin und hofiert sie über Monate, doch er ist nur der Zweitgeborene der Windsors und vielleicht nicht »gut genug« für die ambitionierte Adlige, der die Geschichtsbücher zudem eine Schwäche für den Hofbeamten James Stuart nachsagen.

Doch die Entscheidung der Windsors ist gefällt, und der schüchterne Sohn bekommt Schützenhilfe von Königin Mary. Mit einem attraktiven Posten in den Vereinigten Staaten wird der Rivale aus dem Verkehr gezogen. Bei einem Besuch auf Glamis Castle, dem schottischen Familiensitz der Strathmores, kommt es, verbunden mit einer unbedachten zärtlichen Geste, zum ersten Heiratsantrag – der prompt abgelehnt wird. Ebenso der zweite. Doch Albert lässt nicht locker, sendet Briefe und kleine Nachrichten, veranstaltet rauschende Feste und Bälle, und nach Monaten des hartnäckigen Umwerbens verändert sich Elizabeths Blick auf den verletzlichen Herzog; der dritte Antrag wird schließlich erhört, und so kommt es am 15. Januar 1923 zur Verlobung. Von dem Tag an richtet sich eine geradezu krankhafte Aufmerksamkeit auf die zukünftige Braut, die Presse giert nach Details und Indiskretionen. Die Vorstellung, sich der Neugier der Öffentlichkeit stellen zu müssen, ärgert Elizabeth maßlos,

Reporter und Fotografen sind für sie die pure Pest – hoffentlich werden sie bald gelangweilt von ihr ablassen!

Doch das bleibt ein frommer Wunsch, und nur wenige Jahre später wird sich die Herzogin von York derselben Reporter und Fotografen bedienen – zu ihrem eigenen Vorteil und dem der Monarchie.

Am 26. April 1923 heiraten Elizabeth und Albert in Westminster Abbey. Nach kurzen Flitterwochen im Herrenhaus Polesden Lacey in der Grafschaft Surrey südwestlich von London ziehen sie in die ruhige Bruton Street, wo aus Elizabeth schnell eine aufmerksame Ehefrau wird, die den Wunsch ihres Mannes nach einem Familienleben fernab der höfischen Ränke wirkungsvoll unterstützt.

Ganz dem viktorianischen Geist ergeben, passt sich die Herzogin fraglos dem königlichen Protokoll an. Sie weiß, dass so gut wie nichts ohne die Einwilligung des Schwiegervaters geschieht, der nun sogar das Recht und das Privileg hat, über den Namen seiner Enkelin zu entscheiden: Der elterliche Vorschlag Elizabeth Mary Alexandra (zu Ehren von Mutter, Großmutter und Urgroßmutter, allesamt Königsgattinen oder -witwen) findet seine Zustimmung, und am 29. Mai 1926 wird die Kleine durch den Erzbischof von York, Cosmo Lang, in der Familienkapelle von Buckingham Palace getauft – mit Wasser aus dem Jordan.

Sie weint die ganze Zeremonie lang.

Die Briten feiern ihre *Little Princess* wie keine Zweite, innerhalb weniger Monate schmückt sie die Titelseiten aller Zeitungen und wird zum » bekanntesten Kind der Welt «, nicht zuletzt dank der Fotos von Marcus Adams.

» Three Photographers «

Kinder sind für Bertram Park schwierige Kunden, weil sie sich vor der Linse kaum bändigen lassen. Wie viel einfacher verdient man da sein Geld mit Theaterstars oder den eitlen Damen reiferen Alters, die nach Porträts für die heimische Ahnengalerie verlangen. Doch als aus dem Palast wiederholt Anfragen kommen, wittert Park ein gutes Geschäft und gründet mit seiner talentierten Frau Yvonne Gregory und dem lebenslustigen Marcus Adams das Studio » Three Photographers «, wo die drei sich Druckherstellung, Nachbearbeitung und Dunkelkammer teilen. Doch nur Adams obliegt die lästige Pflicht, die zappeligen Kinder der » Von und zu « abzulichten.

Wir schreiben den Herbst 1920, und die Dover Street 43 wird sich in kürzester Zeit zum Mekka der neuen Generation reicher Bürgerlicher und Adliger entwickeln – unter ihnen die nicht besonders hübsche Rosalind Hicks, einzige Tochter der Schriftstellerin Agatha Christie, und der kleine, traurige Christopher Robin Milne, dessen Stofftier das Vorbild für Pu der Bär war, die von seinem Vater Alan Alexandre Milne erdachte Kinderbuchfigur. Im Portfolio der » Three Photographers «, quasi ein Who's who der künftigen britischen Elite, dürfen der Herzog und die Herzogin von York nicht fehlen, an denen sich die Zeitschriftenverleger eine goldene Nase verdienen; nicht zuletzt seit der Geburt der Prinzessin mit den Goldlöckchen, die zu einem der beliebtesten Fotomotive geworden ist.

Seit ihrem Debüt am 2. Dezember 1926 hält das Automobil der Yorks mit erfreulicher Regelmäßigkeit in der Dover Street, wo Adams sie mit Krawatte und Blüte im Knopfloch in einem gut sitzenden grauen Jackett empfängt, darüber den weißen Arbeitskittel. Nach dem obligatorischen Bückling vor Ihren Königlichen Hoheiten geht es gleich in den groß-zügigen, mattgelben Aufnahmeraum, wo auf einem großen Tisch Puppen und Spielzeug warten. Adams hat schon eine Bleistiftskizze der jungen » Kundin « angefertigt und einen Fotoapparat mithilfe von Gummischienen so präpariert, dass er das Kind nicht mit dem metallischen Rattern der Foto-platten verschreckt.

Adams fotografiert mit dem weichen Licht verdeckter Lampen, seine bedächtigen Bewegungen wecken die Auf-merksamkeit des Kindes, es » posiert « unter den wachsamen Blicken der hinter einer Stellwand aus Glas stehenden Eltern, während der Fotograf es mit kleinen Kunststücken unterhält. Ein kurzes Video im Internet zeigt, wie gebannt und interes-siert ihm die zu diesem Zeitpunkt vierjährige Elizabeth folgt, als wäre er ihr Lieblingsonkel.[6]

Für fünfzig gelungene Fotos schießt er mindestens zwei-hundert, anschließend arbeitet er für den von ihm angestreb-ten Effekt mit Kreiden und Bleistiftminen einen weichen Hintergrund auf die gläsernen Fotoplatten, eine für damalige Zeiten sehr fortschrittliche Postproduktion. Einige Tage spä-ter gibt er die Porträts im Palast ab. Viele davon wandern als Erinnerung in das Familienalbum, andere werden in Zeit-schriften veröffentlicht, auf Keksdosen gedruckt, für Postkar-ten, Briefmarken, Kalender und Porzellantassen verwendet.

Schließlich kommt Elizabeth sogar noch dem amerikani-schen Kinderstar Shirley Temple zuvor, als das Wochenmaga-zin *Time* der gerade drei Jahre alt gewordenen Prinzessin mit der Ausgabe vom 29. April 1929 einen engelsgleichen Auftritt auf der Titelseite schenkt.

Lilibet

Anfangs gelingt es den Yorks ganz gut, sich dem engen Korsett des Hofes so weit zu entziehen, dass sie genügend Raum für ein Privatleben haben. Doch die gewünschte Privacy wird empfindlich gestört, als Albert während eines Staatsbesuchs in Kanada, Südafrika und Australien am 9. Mai 1927 mit einer Rede das neue Parlamentsgebäude in der australischen Hauptstadt Canberra eröffnen soll.

Berties Gesundheit ist labil – und er stottert stark. Die Aussicht, in der Öffentlichkeit auftreten oder gar reden zu müssen, verursacht ihm unerträgliche Angst bis hin zu Nervenzusammenbrüchen. Er braucht dringend Hilfe. Unter dem sanften Druck seiner Frau sucht er immer häufiger die Praxis des australischen Logopäden Lionel Logue in der Harley Street in Kensington auf, der in ganz London dafür bekannt ist, traumatisierte und psychisch kranke Weltkriegsveteranen wieder zum Sprechen zu bringen.

Am 6. Januar 1927, Elizabeth ist gerade mal neun Monate alt, kommt es zur ersten schmerzlichen Trennung zwischen Eltern und Kind. Der Herzog und die Herzogin von York besteigen das ehemalige Kriegsschiff *Renown*, das zu einem luxuriösen Kreuzfahrtdampfer umgebaut wurde. Betrübt lassen sie ihre Tochter in der Obhut zweier Kindermädchen zurück, Clara » Allah « Knight, die schon die Herzogin selbst hat aufwachsen sehen, und Margaret » Bobo « MacDonald, die fast siebzig Jahre lang an Elizabeths Seite bleiben wird, die einzige Person, der sie sich anvertraut und von der sie sich auch noch als Queen beraten und kritisieren lässt.

Auch die wohlmeinenden und großzügigen Großeltern bemühen sich um ihre Enkelin. Gemeinsam mit ihrem Gemahl empfängt die Königin sie in Buckingham Palace (manchmal auch in Abendrobe und mit Krone). In den

Augen des Königs – der übrigens 1917 den Namen Windsor für seine Dynastie frei erfunden hat, da seine deutschen Wurzeln im Hause Sachsen-Coburg und Gotha in jener Zeit wenig geeignet schienen, die Sympathien der Engländer zu gewinnen – sind Kinder reine Nervensägen. Er lehnt Ehescheidungen ebenso ab wie Cocktails und Frauen, die rauchen, und seine Freizeit widmet er ganz allein seiner Briefmarkensammlung. Mit Elizabeth aber, und nur mit ihr, legt er seine streng konservativen Prinzipien ab und verwandelt sich in einen Bilderbuchopa, der seine Enkelin nach Strich und Faden verwöhnt.

Eine echte Ausnahme in diesem Palast, in dem Glück und Zufriedenheit Fremdwörter sind.

Als Vater ist George V. weniger liebevoll und drangsaliert seine Söhne wie auch seine einzige Tochter. Es herrscht ein Klima der Angst, kein Wunder, dass ihm bis zum heutigen Tag diese Aussage anhängt: »Mein Vater hatte Angst vor seiner Mutter, ich hatte Angst vor meinem Vater, und ich werde verflucht noch mal alles tun, damit meine Kinder auch Angst vor mir haben.«[7] Besonders hart trifft die königliche Heimtücke den ältesten Sohn Edward. Doch auch Albert, der als Linkshänder dazu gezwungen wird, mit rechts zu schreiben, muss sich aufgrund seines Stotterns Sprüche wie »Jetzt spuck die Kröte endlich aus!« und Schlimmeres anhören. Vom fünften Sohn spricht der König nie. John leidet an einer schweren Form der Epilepsie und anderen neurologischen Erkrankungen und verbringt sein kurzes Leben auf dem in der Grafschaft Norfolk unweit der Nordseeküste gelegenen königlichen Landsitz Sandringham House unter der Aufsicht eines Kindermädchens. Er stirbt 1919 als Teenager und wird nie mehr erwähnt – ein Phantom bei Hofe und im ganzen Land.

Nur Elizabeth gelingt es also, die harte Schale des Königs zu durchbrechen. Für seine Enkelin tut er alles, für sie geht er

24

sogar auf die Knie (bevor er ihr später das Pony Peggy schenkt), damit sie im Thronsaal von Buckingham Palace auf ihm reiten kann – und das in Anwesenheit des Erzbischofs von Canterbury.

Mittwoch ist Fototag.

Marcus Adams betritt mit seinen Gerätschaften Buckingham Palace, verbeugt sich und macht Dutzende Fotos von Elizabeth, mal mit einer Zeitschrift in der Hand und einer keck abstehenden Locke, mal beim Spiel mit der Perlenkette ihrer Großmutter. Die Abzüge werden in elfenbeinfarbene Umschläge gesteckt und als königliche Depeschen mit Imperial Airways in die verschiedenen Häfen geflogen, wo die *Renown* anlegt. Sie sind das einzige Bindeglied zwischen Kleinkind und Eltern. Dank Adams Kunstfertigkeit können diese neun Monate lang die Fortschritte ihrer Tochter mitverfolgen, den ersten Zahn und schließlich sogar, wie die kleine Elizabeth mit dem Händchen winkt – was zum Lieblingsmotiv der australischen Presse wird und das Kleinkind auch in Down Under berühmt macht.

Einige Wochen nach ihrer Rückkehr nach London beziehen die Yorks den prächtigen neoklassizistischen Palast in Piccadilly Nummer 145, der früher dem Herzog von Wellington gehörte: fünfundzwanzig Schlafgemächer, drei Wohnzimmer, die Bibliothek, zwei große, komplett ausgestattete Küchen, ein Ballsaal, ein Aufzug und ein Privatzugang zum Green Park auf der Höhe von Hyde Park Corner.

Um ihre Prinzessin erstmals »live« zu sehen, müssen die Fans bis zum 27. Juni 1927 warten, als Elizabeth sich auf dem Arm ihrer Mutter auf dem Balkon von Buckingham Palace zeigt. Sie kann schon lächeln und brabbelt als eines der ersten Wörter ihren eigenen Namen. Auf die Frage: »Wie heißt du?«, antwortet sie: »Tillibet«, und den daraus abgeleiteten Spitznamen Lilibet wird sie ihr Leben lang behalten.

Am 21. August 1930 wird den Yorks auf Glamis Castle Margaret Rose geboren. Mit ihr ist das Familienquartett komplett, das Bertie stolz *us four* nennt. Nach einer Kindheit, die von Demütigung und Einsamkeit geprägt war, findet er nun in seiner eigenen kleinen Familie die Wärme und Geborgenheit, die er sich immer gewünscht hat.

»Die Crawfie machen«

Dass wir so viel über Lilibets Kindheit und Jugend wissen, verdanken wir einer mehr als fünfhundert Seiten langen Indiskretion des Kindermädchens Marion Crawford, genannt Crawfie. Die liebevolle und fortschrittliche Gouvernante entstammte dem schottischen presbyterianischen Kleinbürgertum und war eine der Ersten, die begriff, wie hungrig die Buchindustrie auf das Faszinosum der mittlerweile zur Königsfamilie gewordenen Yorks war. Nachdem sie mit Elizabeths Hochzeit nach siebzehn Jahren ihren Dienst für die Familie beendet hatte, hatte sie den (für uns) glücklichen Einfall, in einem vom Hof nicht autorisierten Bericht von ihren Erlebnissen und Erfahrungen zu erzählen – mit allem Respekt natürlich, sodass es fast an Langeweile grenzt. Das Buch *The Little Princesses* findet bei seinem Erscheinen 1950 reißenden Absatz und beschert seiner Verfasserin die bemerkenswerte Summe von 75 000 Pfund. Von diesem Tag an wird der Ausdruck »die Crawfie machen« im Englischen zum Synonym für Verrat, aber sei's drum: Den Fans gewährte sie zum ersten Mal private Einblicke in die Gemächer des Hofes. Für die Royals ein unverzeihliches Vergehen! Wie kann es sein, dass ihr Vertrauen derart missbraucht wird und Intima aus ihrem Alltag, ihren Gewohnheiten und ihren Erziehungsmethoden öffentlich werden?

Die undankbare ehemalige Nanny fällt in Ungnade und zieht sich in ihre Heimat zurück, wo sie mit einer eigenen

Kolumne im Magazin *Woman's Own* eine Karriere als Journalistin beginnt. Im Juni 1955 stolpert sie jedoch ein weiteres Mal über einen Artikel, in dem sie die junge Queen Elizabeth bei einem Pferderennen in Ascot in »ihrem kanariengelben Kleid« beschreibt. Dass sie ihn weit im Voraus im stillen Kämmerlein geschrieben hat, kommt heraus, als wegen eines Eisenbahnerstreiks alle Ascot-Rennen abgesagt werden. Die gute alte Crawfie verliert auch noch das letzte Ansehen, die Karriere der Schottin vom Lande, die der künftigen Königin jahrelang die Grundzüge der Weltgeschichte beigebracht hat, ist endgültig zu Ende. Seit 1977 lebt die Witwe zurückgezogen in ihrem Haus an der Straße zwischen Aberdeen und Balmoral und beobachtet von dort den königlichen Wagentross auf dem Weg in den Sommerurlaub. 1988 stirbt sie im Alter von achtsiebzig Jahren; kein Mitglied der Royals nimmt an ihrem Begräbnis teil. Obwohl sie an dem Verkauf von Erinnerungsstücken nicht schlecht verdient hätte, vermacht sie ihr bescheidenes Hab und Gut lieber der englischen Krone, vielleicht aus Reue, die Privatangelegenheiten ihrer heiß geliebten Royals für den eigenen Ruhm ausgenutzt zu haben.

Marion Crawford wird der Herzogin von York von Freunden empfohlen, als »Mädchen vom Lande und exzellente Lehrerin in allen Fächern außer Mathematik«.[8] Ihren Dienst tritt sie im Herbst 1930 als Verstärkung der bereits so bewährten und von den Yorks hocherfreut übernommenen Nanny Clara »Allah« Knight an. Albert hat die emotionale Kälte seiner Kindheit nie verwunden, ebenso wenig die strengen Gouvernanten, die sich um seine Erziehung kümmerten. Und obwohl George V. Marion Crawford aufgetragen hat, »den Mädchen das Schönschreiben und wenigstens ein bisschen Geschichte« beizubringen, interessieren sich die Yorks wenig für Lehrpläne, sondern wünschen sich für ihre Töchter – neben perfekten Tischmanieren, Leibesübungen an der frischen Luft und der Fähigkeit, eine anständige Konversation zu führen – eine glückliche Kindheit.

Abgesehen von kleineren Freiräumen, etwa einem Spaziergang durch den Green Park, wo sie mit Gleichaltrigen aus der englischen Nobility spielen können, sind Elizabeths und Margarets Tage einem strengen Zeitplan unterworfen. »Die Nursery«, die Crawford in ihrem Bestseller beschreibt, »ist eine Welt *en miniature*, ein Staat im Staat, an dessen Spitze die Nanny oder Nana Allah steht«[9], die mit Bobo MacDonald über Lilibets Alltag wacht. Deren Tagesablauf ist typisch für eine Tochter des englischen Hochadels: am Morgen die erste Begegnung mit den Eltern (manchmal darf sie sogar der Mutter Gesellschaft leisten, während diese im Bett ihr Frühstück einnimmt, ein Privileg der verheirateten Frauen), zwischen 9:30 und 11 Uhr Unterrichtsstunden in Arithmetik, Geschichte, Geografie, Tanz und Musik, dann das Mittagessen in der Nursery, eineinhalb Stunden Mittagsruhe, Spaziergang und Spiel an der frischen Luft bis zur Teatime. Um 17 Uhr darf sie erneut zu ihren Eltern und isst zu Abend, um dann nach einem warmen Bad ins Bett zu gehen.

Die Abende der Yorks verstreichen in klaustrophobisch anmutendem Glück vor dem heimischen Kamin, man liest, unterhält sich oder spielt Scharaden. Wieder einmal bewährt sich, was Albert an seiner Frau Elizabeth am meisten schätzt – die im Grunde eine Großgrundbesitzerin mit Bauern und Schäfern im Stammbaum ist: ihre Freiheit von aller Förmlichkeit, die ihm sorglose Tage fernab der strengen Hofetikette schenkt, unter der er selbst so gelitten hat.

Elizabeth und Margaret werden identisch angezogen, gesmokte Kleidchen, Mäntel mit Samtkragen, weiße Strümpfe und Lackschühchen mit Schnürsenkeln. Die Presse reißt sich um die »kleinen York-Schwestern«, die sich zwar äußerlich ähneln, charakterlich aber völlig verschieden sind. Angefangen bei der Art und Weise, mit der sie Kandiszucker verzehren und die Marion Crawford in ihrem Buch ebenfalls beschreibt: »Margaret nimmt alle Zuckerstückchen auf einmal in die Hand und stopft sie sich in den Mund, während Lilibet sie der Größe nach ordnet und dann vornehm eines nach dem anderen aufisst, das kleinste zuerst.«[10]

Neuerungen und Veränderungen verstören die kleine Lilibet, die schon als Kind gerne alles unter Kontrolle hat. So kann sie abends zum Beispiel nicht einschlafen, ohne bestimmte Rituale ausgeführt zu haben: Sie nimmt ihre gut dreißig Spielzeugpferde, füttert und tränkt sie und stellt sie nebeneinander auf; und sie faltet ihre Kleidungsstücke und legt sie ordentlich auf den Stuhl, unter dem bündig ihre Schuhe stehen wie auf einem Stillleben. Dieser Ordnungsdrang erreicht seinen Höhepunkt, als Elizabeth am 16. März 1932 zu ihrem Geburtstag vom walisischen Volk ein Spielhaus in Lebensgröße geschenkt bekommt (*Little House* oder *Y Bwthyn Bach* auf Walisisch), ein Miniaturcottage, das der Architekt Edmund Willmott entworfen hat: vier Zimmer mit Kamin, fließend Wasser und Elektrizität, ein reetgedecktes Dach, weiße Mauern, blaue Fensterläden. Das Kindercottage ist groß genug für *tea parties*, zu denen Erwachsene keinen Zutritt haben, wie auf einer Reihe Fotos zu sehen ist, die um die Welt gingen. Es hat weiße Chintzvorhänge, Blumensofas, ein Radio, eine Küche mit Kühlschrank, Warmhalteplatte und Geschirrschrank samt Töpfen und Gläsern, ein Bücherregal mit den gesammelten Werken von Beatrix Potter, selbst ein Telefon gibt es.[11] Das *Little House* findet seinen Platz in der Royal Lodge im Windsor Great Park und wird zu Lilibets sommerlichem Rückzugsort; mit fast eigensinniger Hingabe widmet sie sich dort der Kunst des Saubermachens, was sich in Zukunft als durchaus nützlich erweisen wird.

Thronerbin
(1934 – 1940)

Windsor Castle, 1942. Prinzessin Elizabeth neben ihrem Vater,
König George VI. Links die zwölfjährige Prinzessin Margaret. [3]

Royale Fotoreportagen

*Prinzessin Elizabeth von York, die Enkelin König
Georges V., im Park von Schloss Windsor mit ihrem Corgi,
einem walisischen Hirtenhund.*
Daily Mail, Februar 1934

Als Lisa Sheridan am Morgen des 7. Februar 1934 die Zeitungen aufschlägt, trifft sie fast der Schlag: Nicht nur die *Daily Mail*, auch der *Daily Express*, der *Mirror*, der *Evening Standard* und die Zeitschrift *House Beautiful* füllen ganze Seiten mit Bilderstrecken und Ratschlägen zur Aufzucht und Pflege von Hunden.

Mit ihren Fotos!

Die Aufnahmen sind als Auftragsarbeit für das Buch *Our Princesses and their Dogs* von Michael Chance entstanden, das die beiden Prinzessinnen »allen Kindern« widmen, »die Hunde lieben«. Und nun hat der wortbrüchige Verleger tatsächlich die Frechheit besessen, die Bilder weiterzuverkaufen, ohne im Besitz der Rechte zu sein! Dahin all ihre schönen Erinnerungen an die Nachmittage in Piccadilly und der Royal Lodge, der Residenz der Yorks in Windsor. Als die

Prinzessinnen mit ihren Labradorhunden Mimsy, Stiffy und Scrummy posierten, mit dem Cockerspaniel Ben, dem Golden Retriever Judy und immer wieder mit Jane und Dookie, ihren Corgis mit den spitzen Mäulern und den fledermausgroßen Ohren. Ohne lange nachzudenken oder auch nur mit dem treulosen Verleger gesprochen zu haben, verfasst Lisa einen Brief an den Herzog und die Herzogin von York. Eine spontane Reaktion, von der sie sich allerdings nicht viel verspricht: Die königliche Familie kommuniziert nicht mit Untertanen, schon gar nicht mit einer Fotografin, und sei sie noch so ehrgeizig und erfolgreich.

Doch nach einigen Tagen erhält Sheridan zu ihrer großen Überraschung eine Einladung zu den Yorks. Also steht sie zwei Wochen später mit Stativ, Rolleiflex und anderen sperrigen Geräten in Piccadilly 145. Sie ist nicht zum ersten Mal hier, schon 1927 traf sie bei einer Teatime bei ihrer Freundin Bobo MacDonald auf die kleine Lilibet, die bei ihrem Anblick sofort ihr Spiel unterbrach, sich an einem Sofa hochzog und das Händchen zum würdevollen Königsgruß hob.

Lisa Sheridans Bilder machen die Engländer auch mit den Corgis bekannt. Seit 1933 sind sie Elizabeths Lieblingshunde, als sie sich beim Spielen im Garden Park in einen Welpen des Viscount Weymouth verliebt, des zukünftigen Marquis von Bath. Auf ihr Bitten beauftragt der Herzog von York die Züchterin Thelma Gray, für die Mädchen zwei Corgiwelpen zu besorgen, eben Jane und Dookie. Innerhalb weniger Monate mausern sich die Corgis zu der beliebtesten Hunderasse Großbritanniens und verhelfen der »Königsfotografin« zu einer steilen Karriere.

Lisa Sheridan macht viel mehr als nur Bilder: Sie verwandelt das Image der Yorks von Grund auf, indem sie die Herzogin und den Herzog aus den Hinterzimmern der Fotostudios herausholt und erste Fotoreportagen von ihnen macht. Sheridan organisiert einstudierte, aber spontan wirkende Szenen, inszeniert ausgefeilte Alltagsbilder, fotografiert die Kinder während des Unterrichts oder beim Spiel mit den Pferden und anderen Spielsachen, sie lichtet Lilibet (ohne Sattel und ohne Helm) auf dem Rücken von Pony Peggy im Park ab oder wenn sie ein bisschen im Garten arbeitet und mit den Hunden spielt. Noch nie haben die Leser die Königsfamilie so privat gesehen, wie eine ganz normale Familie und ohne die gewohnte aristokratische Distanz. Und die Vertrautheit, die aus den Bildern spricht, erobert das ganze Land.

Erfolg ist kein Zufall

Lisa Sheridan ist auf dem Olymp der Fotografie angekommen. Ihren Erfolg verdankt sie der Begegnung mit Jimmy Sheridan und dem sicheren Gespür für eine neue Form der Werbesprache. Geboren 1893 in London wächst sie in St. Petersburg auf, wo die Familie eine Baumwollspinnerei besitzt. Als sie vor der Revolution aus Russland flieht, trifft sie auf der Reise James »Jimmy« Sheridan, einen alten Kindheitsfreund, der ihr Ehemann und über vier Jahrzehnte lang ihr Geschäftspartner wird. Jimmy meldet sich in Paris zum Militärdienst, muss aber seine Karriere bei der Armee aus gesundheitlichen Gründen aufgeben. Beide sind mittellos und ohne Arbeit, als sie auf einem Trödelmarkt eine funktionstüchtige Kamera erstehen und zu fotografieren anfangen. Und sie entdecken ein unerwartetes gemeinsames Talent: Während Jimmys technisches Verständnis weit über das Normale hinausgeht, entwirft Lisa immer neue Settings und hat ein ausgeprägtes Gespür für die Wirkung von Licht. Sie ziehen nach London und gründen nach den ersten kleineren Werbeaufträgen das »Studio Lisa« in Welwyn Garden, einem Städtchen nördlich der Hauptstadt in der Grafschaft

Hertfordshire. Ihr Erfolg basiert auf einer neuen Art der Werbung: Für Plakate und Zeitungsanzeigen greifen Lisa und Jimmy nicht auf professionelle Models zurück, sondern fotografieren lieber ihre eigenen Nachbarn, perfekt gelangweilte Hausfrauen mit Einkaufstaschen und karierten Kleidern: Sie machen die *Middle-Class*-Familien aus den Vororten zu ihrem Markenzeichen.

Die informellen Nachbarschaftsporträts öffnen Lisa die Tür zur Verlagswelt, sodass sie schließlich das Buch von Michael Chance illustriert – und dann den wutentbrannten Brief schreibt, der ihre Eintrittskarte in die Adelswelt wird.

Auch als die Yorks den Thron besteigen, bleibt Lisa ihre Hausfotografin und wird von der frischgebackenen Königin engagiert, um das Image der Royals als fast » normale « Familie zu pflegen.

Der König ist tot. Lang lebe der König!

Mit einem Schlag ändert sich die Szenerie.

» Dass es ernst wird, begriff ich, als es im Radio hieß, das Leben des Königs neige sich dem Ende zu, und ich zeitgleich ein Telegramm erhielt, ich solle mich unverzüglich in Windsor einfinden. Der Herzog und die Herzogin waren in der Stadt und hatten eine Nachricht für mich hinterlassen: › Sagen Sie es ihnen so, dass sie nicht traurig werden, Crawfie, sie sind ja noch so klein … ‹ Ich behielt Lilibet und Margaret bis kurz vor der Beerdigung bei mir in Windsor und fuhr dann mit ihnen nach London. Margaret staunte, dass Allah immer wieder in Tränen ausbrach; Lilibet mit ihrer hohen Sensibilität fühlte bei allen mit und versuchte zu tun, was von ihr erwartet wurde. «[1]

Am 20. Januar 1936 stirbt George V., König von Großbritannien, Irland und den britischen Überseegebieten und Kaiser von Indien, in Sandringham House. Kurz davor vertraute er sich noch einem Mitglied des Hofes an: »Ich flehe zu Gott, dass mein ältester Sohn Edward niemals heiraten und Kinder haben wird und dass sich nichts zwischen Bertie und Lilibet und den Thron stellt.«[2] Zwei Tage später erweist die Lieblingsenkelin dem »Großvater Englands« in schwarzem Mäntelchen und mit schwarzem Hut die letzte Ehre in der Westminster Hall, wo seine Söhne David, Albert, Henry und George am Sarg des Vaters die Totenwache halten. Wieder zu Hause erzählt Lilibet ihrer lieben Nanny, dass trotz der vielen Tausend Trauergäste absolute Stille und Ruhe geherrscht und vor allem Onkel David sie tief beeindruckt habe: »Er hat sich kein bisschen gerührt, Crawfie. Nicht einmal geblinzelt.«[3] Dann erkundigt sie sich schüchtern, wie nun mit dem Onkel umzugehen sei und ob es ihr und Margaret überhaupt noch gestattet sei zu spielen.

Onkel David, mit vollem Namen Edward Albert Christian George Andrew Patrick David, der verwöhnte Erstgeborene und streitsüchtige Kronerbe, ist gut aussehend, blond, elegant und absolut stilsicher, verweigert sich aber hartnäckig einer offiziellen Beziehung und bietet immer wieder Anlass zu Skandalen, indem er sich mit verheirateten Frauen einlässt: Nun ist er König Edward VIII. Die aktuelle Geliebte heißt Wallis Simpson, wie ihre Freundin Thelma zu berichten weiß, die Gattin des Viscount von Furness. Edward steht ganz im Bann der Bürgerlichen, einer »abenteuerlustigen Amerikanerin ohne jede Ausstrahlung, die unermüdlich und mit extremer Wendigkeit in immer neue Betten springt, solange die Männer nur prominent genug sind«.[4] Zwei Ehen hat sie schon hinter sich, die erste, als Zwanzigjährige geschlossen, mit dem gewalttätigen und alkoholabhängigen Marinepiloten Win Spencer, die 1927 geschieden wurde; die zweite mit dem Reeder Ernest Aldrich Simpson.

Schon seit 1935 sind Edward und Wallis unzertrennlich,

zeigen sich gerne auf ihren langen Reisen quer durch Europa, nehmen an offiziellen Veranstaltungen teil und werden wegen ihres in Adelskreisen rufschädigenden Verhaltens von der britischen Polizei überwacht. Als er es wagt, sie nach Buckingham Palace mitzubringen, lehnen George V. und Königin Mary ein Treffen ab.

» Der Junge wird sich nach meinem Tod innerhalb von zwölf Monaten ruinieren «,[5] lautete die Prophezeiung des Königs. Tatsächlich dauert die Regentschaft Edwards VIII. nur elf Monate oder, um genau zu sein, 326 Tage. Er ist ein unduldsamer Charakter, vernachlässigt die formalen Pflichten seines Amtes, lässt offizielle Briefe ungelesen und verletzt das Protokoll, indem er die Proklamation seiner Thronbesteigung durch das Fenster in Begleitung seiner Freundin Wallis Simpson verfolgt. Wie sein Privatsekretär Alan Frederick Lascelles, genannt Tommy, feststellt: » Pflicht, Würde und Selbstaufopferung hatten für ihn keinerlei Bedeutung. «[6] Umso begeisterter und dankbarer jagen ihn die Reporter: Ob als Prince of Wales oder als König – Edward ist die meistfotografierte Persönlichkeit seiner Zeit. Wallis wiederum gefällt sich in der Rolle der First Lady und präsentiert sich bereitwillig den Objektiven der Reporter – womit sie inoffiziell das Zeitalter jener Spezies einläutet, die Jahrzehnte später in aller Welt als Paparazzi verschrien sein wird. Die Skandalbeziehung spricht sich im Ausland herum, und als am 4. Januar 1937 Wallis' von der Fotografin Maryon Parham aufgenommenes Porträt auf der Titelseite der *Time* erscheint und sie zur » Frau des Jahres « gekürt wird, kann auch die amerikanische Klatschpresse sie sich allmählich als Königin vorstellen.

Wenige Monate zuvor ist Wallis geschieden worden, und Edward VIII. plant, sie zu ehelichen, obwohl die Church of England, deren Oberhaupt er als König ist, die Möglichkeit der Wiederverheiratung für Geschiedene ausschließt, solange der ehemalige Partner noch lebt.

Das bringt das Fass zum Überlaufen.

Premierminister Stanley Baldwin schiebt der Hochzeit den Riegel vor. In einer hochemotionalen Unterredung in Buckingham Palace teilt er dem König mit, die Regierung werde geschlossen zurücktreten, sollte er seine Heiratspläne nicht aufgeben. Auch der Herzog und die Herzogin von York, die Wallis verabscheuen, sind wutentbrannt und sorgen sich um die Zukunft. Nur die Untertanen haben nicht die leiseste Ahnung, in welcher tiefen Krise die Monarchie steckt. Eine Glocke des Schweigens hängt über der Fleet Street: In unausgesprochener Übereinkunft mit der Regierung entscheiden sich die englischen Zeitungen, zu leugnen, abzuwiegeln oder einfach gar nichts zu schreiben. Bis es am 3. Dezember zur Enthüllung kommt, die Presse eine Kehrtwende macht und die Einzelheiten einer Liebe offenbart, die im Ausland seit Monaten bekannt ist. Alle wichtigen Tageszeitungen titeln:

Der König und seine Minister. Schwere Verfassungskrise.

Nun, da er die politischen Konsequenzen seines unbedachten Handelns zu spüren bekommt, seine Beziehung aber nicht beenden will, beschließt der König, den Lauf der Geschichte zu ändern, und dankt ab.

Bertie wird von einer schrecklichen Angst erfasst, doch aller Widerstand ist zwecklos: Nun ist die Reihe an ihm, den Thron zu besteigen, den er mehr fürchtet als alles andere. Als die Mutter ihn zu sich ruft, bricht er vor ihr in Tränen aus, was zu jener Zeit und in dieser Familie fast unvorstellbar ist. Auch seinem wertvollen Ratgeber Louis »Dickie« Mountbatten schüttet er sein Herz aus, dem Großneffen von Königin Viktoria: Noch nie hat Bertie irgendwelche Staatspapiere in den Händen gehalten und fühlt sich für die Rolle als König alles andere als vorbereitet. Außerdem quält ihn die

Vorstellung, der Öffentlichkeit sein wirres Stottern offenbaren zu müssen. Der Historiker Andrew Roberts erinnert sich an diese schwierigen Stunden und wie unbegründet die Befürchtungen zumindest in Teilen waren: »Wenn er nicht unter Druck steht, ist Albert sehr wohl in der Lage, ohne das mindeste Stottern eine private Unterhaltung zu führen.«[7]

Aber reicht das für einen zukünftigen König?

Und Lilibet? Sie liebt Onkel David, ihre gemeinsamen Spiele in der Nursery und die Bücher, die sie lesen (einer ihrer Lieblingstitel ist *Pu der Bär*), und doch muss sie nun mit dem Staunen des Kindes beobachten, wie sich alles um sie herum verändert.

Der sichere Hort Piccadilly hat Risse bekommen.

Der Hofknicks

Es dunkelt bereits, als Edward VIII. in Anwesenheit der Brüder Albert, Henry und George am Mahagonischreibtisch seiner Residenz Fort Belvedere im Park von Windsor seine Unterschrift unter den ersten freiwilligen Thronverzicht in der über tausendjährigen Geschichte der britischen Monarchie setzt.

Im Raum herrschen weder Trauer noch Zorn.

Die Sache braucht eine zügige Lösung.

Hätte man noch zwei Wochen gewartet, wäre die Weihnachtsansprache umso überraschender ausgefallen, mit besten Festtagswünschen und einer Abdankung inklusive. Doch als der BBC-Generaldirektor John Reith am Abend des 11. Dezember 1936, einem Freitag, die Sendungen für eine Rede »Seiner Königlichen Hoheit Prinz Edward« unterbricht, versammeln sich die Völker Großbritanniens, Irlands und der britischen Dominien in Übersee vor den Radiogeräten. In den Stuben der Bauernhöfe stellen die Landwirte ihre Bierkrüge auf den Tisch, in den Restaurants der Londoner City legen die Banker das Besteck beiseite, die Hausfrauen in Norfolk halten inne, die Kinder müssen still sein. Für die australischen Farmer in Alice Springs ist es 7:30 Uhr morgens, für die Studenten in Toronto fünf Uhr nachmittags, die Einwohner Vancouvers essen gerade zu Mittag, und die Angestellten in Sydney schalten in ihren Büros das Radio ein.

Sieben endlose Minuten.

Kein Stocken.

Kein Wort zu viel.

Der mittlerweile ehemalige König holt tief Luft, sucht einen würdevollen Tonfall und legt der Welt die Gründe dar, die ihn zu seiner unumkehrbaren Entscheidung bewogen haben:

»(...) ich möchte, dass Sie verstehen, dass ich bei meiner Entscheidung weder das Land noch das Empire vergessen habe, denen ich als Prince of Wales und zuletzt als König fünfundzwanzig Jahre lang zu dienen versuchte. Doch Sie müssen mir glauben, wenn ich Ihnen sage, dass es mir unmöglich erschien, die schwere Last der Verantwortung zu tragen und meine Pflichten als König in der von mir gewünschten Form zu erfüllen ohne die Hilfe und die Unterstützung der Frau, die ich liebe.«[8]

Während er weiterspricht, sitzt Wallis mit eingefrorenem Lächeln hinter ihm.

Das Parlament stimmt für den *His Majesty's Declaration of Abdication Act*, alle Parlamente des Commonwealth ratifizieren das Abdankungsgesetz, und Albert verleiht als König George VI. seinem Bruder den Titel »Seine Königliche Hoheit Herzog von Windsor«.

Lilibet schläft selig in der Nursery in Piccadilly. Sie ist nicht länger die *Little Princess* und auch nicht Elizabeth von York, sondern die *heiress presumptive*, die mutmaßliche Thronerbin Englands und des größten Reiches der Welt. Allein die Geburt eines Bruders könnte sie in den glücklichen Zustand der Anonymität zurückversetzen, in dem sich der Lauf der Dinge noch stoppen ließe.

Am nächsten Morgen steht sie an dem Fenster, das auf die hellen Flächen des Green Park hinausgeht, ihren Lieblingsort, wo ein Zauber über der Landschaft zu liegen scheint. Zusammen mit Crawfie beobachtet sie das Kommen und Gehen der Minister, Würdenträger, Bischöfe, Erzbischöfe und Politiker, die ihren Antrittsbesuch beim Vater machen. Ihre Mutter hütet mit einer schweren Grippe das Bett, und so ist es an Marion Crawford, ihr die bevorstehende Veränderung mitzuteilen: den Umzug nach Buckingham Palace.

Es fängt an zu regnen. Eine leichte Brise weht den Duft von Nässe durch das gekippte Fenster, und es scheint, als würden die Regentropfen nach und nach Lilibets Kindheit mit sich nehmen.

» Wie bitte? «, fragt sie kleinlaut nach.

» Meinst du, für immer? «, jammert die kleine Margaret.

Es bedeutet nicht das Ende der Welt, nur das Ende *ihrer* Welt.

Der Regen trommelt nun an die Scheibe.

Elizabeth geht hinunter zum Vater, um ihn zu verabschieden. Er umarmt sie ungelenk in seiner steifen Admiralsuniform. Die Gouvernante erklärt den Mädchen, dass sie ihn nach seiner Krönung anreden müssen wie früher den Großvater.

» Müssen wir auch einen Hofknicks machen? «

» Und später wirst du dann Königin? «

» Ich nehme es an «, antwortet Elizabeth ihrer Schwester mit leiser Stimme.

Worauf Margaret ein wenig altklug seufzt: » Du Ärmste. «

Einige Stunden später werden die Mädchen zu den Eltern geführt. Elizabeth und Margaret knicksen vor dem König

und der Königin. Etwas Neues, Endgültiges liegt in dem nach
Puder duftenden Kuss der Mutter und der Umarmung des
Vaters, als er den Mädchen aufträgt, sich fertig zu machen,
damit sie sofort nach Windsor aufbrechen können, wo kein
Butler, zumindest fast keiner, das letzte Wochenende von *us
four* stören wird.

Irgendetwas hat sich für immer verändert, doch Lilibet ist
noch zu klein, um die Zeichen zu deuten: Den Sonntagszei-
tungen liegen Sonderausgaben mit langen Artikeln über die
neue Königsfamilie bei, flankiert durch die Bilder von Marcus Adams und Lisa Sheridan; doch mehr noch als auf den
König konzentrieren sie sich auf Lilibet, auf » unsere Prinzessin Elizabeth «.

Ein Zimmer für sich allein

Lilibet erwacht in aller Frühe. Aufgeregt macht sie ihre Spielzeugpferde fertig. Zwar reitet sie mittlerweile am liebsten auf
Peggy, doch sie hat ihre eigene Art, sich von ihrem alten Zimmer zu verabschieden: striegeln, streicheln, satteln, die Tiere
mit Zetteln für die Umzugspacker versehen. Dookie und
Jane springen neugierig um die übereinandergestapelten
Kisten herum. Von dem Stadthaus in Piccadilly braucht der
Wagen nur wenige Minuten bis zu Buckingham Palace, wo
die Londoner seit Stunden ausharren, um die Ankunft der
neuen Königsfamilie mitzuerleben.

Die Mädchen kennen die ungeheure Weitläufigkeit gut,
die ein großer Palast mit sich bringt: ein Gewirr aus Sälen mit
schweren Vorhängen, prächtige Treppenaufgänge mit dicken
Läufern, lange, dunkle Flure. Obwohl die neue Königin
schnell einige Renovierungsarbeiten hat durchführen lassen
und zum Beispiel den großen Raum, in dem ihre Großeltern
sie immer empfingen, in ein Klassenzimmer verwandelt hat,

bleibt Buckingham Palace mit seinen zweiundfünfzig Schlafzimmern, zweiundneunzig Büros und achtundsiebzig Badezimmern ein düsterer Ort. Die elektrischen Leitungen sind veraltet, manche Zimmer feucht und der Keller rattenverseucht, die Kamine können die großen Räume nicht ausreichend heizen: An dem schaurigsten aller europäischen Königshöfe, den Edward VIII. »das Grab« nannte, ist es kalt, immer kalt, auch im Sommer.

Aus dem Palast, der einst ab 1703 in bescheideneren Ausmaßen seinem Erbauer John Sheffield, Herzog von Buckingham und Normanby, als Wohnsitz diente, muss für George VI. und seine Gattin so schnell wie möglich ein angenehmes »Zuhause« werden.

Als private königliche Residenz erstand ihn George III. 1761 für 28 000 Pfund und schenkte ihn unter dem Namen Buckingham House seiner Frau, Königin Charlotte. Sein Sohn George IV. träumte von einem neoklassizistischen London und vertraute die Anbauten dem Architekten John Nash an, der jedoch wenige Stunden nach dem Tod des Königs 1830 fristlos entlassen wurde, weil er mit Ausgaben von 500 000 Pfund das Budget deutlich überschritten hatte. Den nachfolgenden König, William IV., interessierte der Palast nicht, und erst die achtzehnjährige Victoria verwandelte ihn 1837 in den offiziellen Wohnsitz der Königsfamilie: Obwohl er weder über Badezimmer noch Heizung verfügte, sondern nur über Kamine mit hohem Brandrisiko, bot er der jungen Königin die ideale Bühne für Feste und Empfänge. 1845 beauftragte sie den Architekten Edward Blore mit dem Bau eines neuen Flügels und des berühmten Balkons, der Bühne der Königsfamilie, auf dem sie sich zu wichtigen Anlässen zeigte und bis heute Geburten feiert, Triumphe, Geburtstage und Hochzeiten inszeniert.

Nun, 1936, möchte die neue Königin den libertären Geist von Edwards VIII. kurzer Regentschaft vergessen machen

43

und ordnet größte Nüchternheit an: Mit Teenachmittagen und sonntäglichen Kirchgängen versucht sie, ihrem Mann und ihren Töchtern ein Leben zu geben, das möglichst nah an den alten Gewohnheiten ist. Die Nursery lässt sie in zarten Pastelltönen streichen; Allah und Margaret beziehen einen Schlafbereich, während Bobo im Nachbarzimmer untergebracht wird. Lilibet genießt nun einen Raum ganz für sich allein und schlägt vor, angesichts der Odysseen, die sie durch die zahllosen Korridore bis zum Vater zurücklegen muss, »für alle neue Fahrräder zu kaufen«.[9]

Die Schwestern führen nun ein vergleichsweise isoliertes Leben und trauern ihren Spielen mit Gleichaltrigen im Park nach. Wieder einmal ist es die einfallsreiche Marion Crawford, die ihnen mit dem Einverständnis des Königspaares eine Art Sozialleben ermöglicht: Sie gründet eine Gruppe von Girl Guides (die Mädchenabteilung der englischen Pfadfinder), die sich jeden Mittwochnachmittag in Uniform, mit Hütchen und Halstuch in Buckingham Palace treffen, um dort auf eigene Faust den Palastgarten sowie die Geheimnisse der Kellergeschosse zu erkunden. Adlige und Hofdamen bringen die Mädchen zum Palast, anfangs noch in Spitzenkleidern und Handschuhen. Als sie jedoch hören, dass sie auf Bäume klettern und an der frischen Luft spielen werden, vergessen sie alles Formelle und schlüpfen in das Scout-Outfit.

In der Stille ihrer gleichförmigen Tage beschäftigt Lilibet sich mit Grammatik, Mathematik, Geografie, Poesie und Zeichnen, während ihre Großmutter mit ihr den Tower of London, Kew Gardens und das British Museum besichtigt und sie mit Kunst und Kultur vertraut macht. Und obwohl sich noch niemand ihre zukünftige Rolle vorstellen mag, wird die junge Prinzessin zweimal in der Woche von dem Direktor des Eton College abgeholt, dem renommierten Historiker Henry Marten, der sie für wertvolle Unterrichtsstunden in Verfassungsgeschichte in die renommierte, westlich von London gelegene Schule bringt (die sonst nur für Jungen vorgesehen ist).

Sie ist wissbegierig und lernt schnell. Sie fragt. Sie antwortet.

»Als mögliche künftige Königin erzogen, muss sie ihren Mitmenschen mit Verständnis und der nötigen Distanz begegnen, während Margaret immer noch sie selbst sein darf.«[10]

Die unternehmungslustige Crawfie gibt sich alle Mühe, den Kindern ein weitgehend »normales« Leben zu ermöglichen. So wagt sie einmal eine abenteuerliche U-Bahn-Fahrt durch London mit ihnen, ein Tauchgang in die wirkliche Welt: Eine Weile kann sie das Inkognito der Prinzessinnen wahren, muss aber schließlich einen Chauffeur zu Hilfe rufen, um sie vor dem Überschwang der Menschen und einem aufdringlichen Fotografen zu retten, der von diesem einzigen Ausflug Elizabeths als anonyme englische Bürgerin herrliche Bilder hinterlässt.

König wider Willen

George VI. bemüht sich, seiner neuen Rolle gerecht zu werden, arbeitet sich in verfassungsrechtliche Themen ein und steht in engem Kontakt mit dem Premier. Doch er ist ein schwacher, unglücklicher Mann, »ein lebloser Monarch«, wie ihn der Diplomat und Politiker Harold Nicolson in seinen Tagebüchern nennt.[11] Oft schleicht Elizabeth auf Zehenspitzen in die väterliche Stille, wenn er in seine Unterlagen vertieft ist, und setzt sich leise neben ihn. Mit frühreifem Teenagerblick versucht sie, seine Arbeit zu verstehen, als wollte sie ihm die Mühe abnehmen, und voller Interesse betrachtet sie die *Red Box*, einen in rotes Leder gebundenen Kasten mit den tagesaktuellen Regierungsunterlagen.

Wenn er wegen seiner mangelnden Erfahrung nicht weiterweiß, gerät George VI. in Rage und lässt sich nur durch seine geduldige Frau wieder beruhigen. Mit der Liebe einer Ehefrau und dem Mut eines Berserkers nimmt sie die Zügel des Reiches in die Hand, voller Sorge, der widerborstige Bertie könne die Last der Inthronisierung ohne ihre Unterstützung emotional nicht ertragen; gleichzeitig wehrt sie jeden Vorstoß ab, die Krönungszeremonie abzukürzen.

Immer häufiger weilt auch Lionel Logue an der Seite seines prominenten Patienten. Wochenlang probt er mit ihm die Rede, die der König am Abend des 12. Mai 1937 im Radio halten soll, schwört ihn darauf ein, nicht an die vielen Millionen Untertanen vor den Geräten zu denken, sondern einzig und allein in seine Richtung zu sprechen. Während ihr Vater wieder und wieder die Worte übt und dabei in seinem Büro auf und ab geht, lauscht Lilibet ihm unruhig aus dem Nebenzimmer. Sie wird die einzige Monarchin in der Geschichte der Neuzeit sein, die der Krönungsfeier ihres Vorgängers beigewohnt hat.

Aus tiefstem Herzen spreche ich heute Abend zu Ihnen. Nie zuvor war ein frisch gekrönter König in der Lage, am Tag seiner Inthronisierung zu seinem ganzen Volk zu sprechen, während die Menschen bei sich zu Hause sind. (…) Auf diese persönliche Weise wünschen die Königin und ich Ihnen allen Gesundheit und Glück, und wir vergessen in dieser feierlichen Zeit jene nicht, die im Schatten von Krankheit oder Not leben. Ihr Vorbild an Mut und gutem staatsbürgerlichen Verhalten steht uns immer vor Augen, und ich sende Ihnen einen besonderen Gruß der Anteilnahme und Aufmunterung. Ich finde keine Worte, um Ihnen für die Liebe und die Loyalität zu danken, die Sie der Königin und mir selbst entgegengebracht haben. (…) Was ich allein sagen kann, ist dies: Wann immer ich Ihnen

in den kommenden Jahren meine Dankbarkeit bezeugen
kann, werde ich es vor allem anderen durch meinen Dienst
an Ihnen tun. (...) Stets werden die Königin und ich in
unseren Herzen die Inspiration bewahren, die von diesem
Tag ausgeht. Mögen wir uns des Wohlwollens stets würdig
erweisen, das ich zu Beginn meiner Regentschaft voller
Stolz verspüre. Ich danke Ihnen von Herzen, und Gott
segne Sie alle.[12]

12. Mai 1937. Das Datum, an dem die Krönung Edwards VIII. stattfinden sollte. Der Tag ist derselbe geblieben.

Nur der König ist ein anderer.

Lionel Logue persönlich gibt uns in seinem Tagebuch zumindest ein paar Einblicke in diesen unvergesslichen Tag: Der Wecker um drei Uhr morgens, das Festgewand mit dem Mitgliedsabzeichen des Victoria-Ordens, das der König ihm wenige Stunden zuvor für seine Dienste hat schicken lassen, die kindische Sorge, über das Schwert zu stolpern, die vor ein paar Tagen eingeweihte Chelsea Bridge, der reservierte Stuhl in Westminster Abbey, die Prinzen und Prinzessinnen, die den Seitenflügel heraufkommen, Elizabeth und Margaret in der Ehrenloge, die beiden Königinnen Elizabeth und Mary in Begleitung von sechs Hofdamen. Und dann er.

»Angekündigt von Fanfaren schreitet der Mann, dem ich seit zehn Jahren mit ganzer Seele und aus vollem Herzen diene, langsam auf uns zu. Er ist sehr blass, aber mit jeder Faser seines Körpers König.«[13]

Am Nachmittag bringt ein Wagen Logue in den Palast, wo der König seine erste Radiobotschaft als Souverän verlesen wird: Wieder und wieder haben sie die Rede geprobt, und Logue ist überzeugt, dass der König sie tadellos vortragen wird.

Draußen, im prallen, trügerischen Sonnenschein, eine Stadt in Aufruhr.

Fasziniert von dem Trubel lässt sich der junge Fotograf Henri Cartier-Bresson durch die Straßen treiben. Die Begeisterung der Engländer für ihre Königsfamilie befremdet den Franzosen: Er hat im Auftrag der Zeitung *Ce Soir* den Ärmelkanal überquert, um die Krönung Georges VI. zu dokumentieren. Doch er ist kein klassischer Porträtfotograf, seine Bilder hängt man sich nicht über den Kamin.

Bresson versucht, das Ereignis an den Gesichtern der einfachen Leute abzulesen.

Gesichter! Sie sind der natürliche Hintergrund, vor dem die Krönung abläuft. Also trifft er eine revolutionäre Entscheidung: Nicht die prachtvollen Einmärsche, die Welt des Adels, die goldenen Kutschen nimmt er in den Sucher, seine Blende umschließt mit umso größerer Schärfe ihren Widerschein in den Blicken der Londoner Bürger. Es ist nicht ganz leicht, sich der Menge entgegenzustemmen, zu Tausenden strömen die Menschen herbei, doch mit der Sicherheit eines Schlafwandlers bahnt er sich seinen Weg. Versteckt hinter seiner Leica stellt er sich nicht die Frage, was wohl seine anonymen Statisten fühlen, die wie die Waisen eines Königs sind, der keiner mehr sein wollte, und wie die Kinder eines Königs, den sie erst noch kennen-, respektieren und vielleicht eines Tages lieben lernen müssen.

Mit der handlichen Leica schiebt sich Bresson durch die Menge, er richtet sie auf eine Gruppe erschöpfter Frauen, auf einen schlafenden Mann, der in einem Meer aus alten Zeitungen liegt, weil ihn das Warten müde gemacht hat, auf Kinder, die sich an den Händen halten, er stöbert mit ihr in den Auslagen der Geschäfte, folgt den Menschen, die mit dem Rücken zur Menge stehen und kleine Spiegel auf Holzstöcke montiert haben, um die Kutsche des Königs zu sehen.

Bresson sucht nicht, er findet. Jedes einzelne Bild erzählt eine Geschichte, die er der Stadt entlockt hat, den Straßen, den Fantasien und Träumen der Menschen. Und in der endlosen Reihe namenloser Porträts hinterlässt er der Nachwelt einzigartige Bilder.

Aber der unkonventionelle Franzose ist nicht der Einzige, der neue Wege geht. Das Königshaus selbst beauftragt die extrovertierte Fotografin Dorothy Wilding mit dem offiziellen Krönungsbild. Sie hat bereits zahlreiche Bühnen- und Leinwandstars porträtiert und wird Jahre später die erste Frau sein, die den offiziellen Titel der Hoffotografin tragen darf. Sie erinnert sich noch gut an ihre erste Begegnung mit Elizabeth: »Eine sanfte Stimme sagte zu mir ›Oh, Miss Wilding, wie schön, Sie endlich zu treffen!‹, und fünf warme kleine Finger schlossen sich so lange und fest um meine Hand, dass mein Kopf einen Moment lang völlig leer war.«[14]

Als Lilibet nach Buckingham Palace zurückkehrt, voller Stolz auf ihr erstes langes Kleid, ihr Hermelinmäntelchen, die Silbersandalen und die kleine Krone, tritt sie neben dem König, der Königin und ihrer zappeligen kleinen Schwester auf den Balkon, um der Menge zu winken, die seit Stunden vor dem Palast ausharrt. Dann kehrt sie in den Thronsaal zurück, setzt sich diszipliniert in Pose und zeigt der Fotografin ihr schönstes Lächeln.

Auch Verweigerung führt manchmal zu Ruhm

1893 ist das Geburtsjahr von Dorothy Frances Edith Wilding, die als nicht erwünschte zehnte Tochter in eine arme Familie hineingeboren wird. Auf der Schwelle zum neuen Jahrhundert holen Onkel und Tante sie zu sich in den kleinen Kurort Cheltenham in der Nähe ihrer Heimatstadt Gloucester im Südwesten des Landes. Als Kind träumt sie davon, Künstlerin zu werden, doch der Onkel verweigert ihr bei allem Verständnis seine Unterstützung. Also kauft sich Dorothy mit sechzehn von ein paar Ersparnissen ihren ersten Foto-

49

apparat und verkündet der Familie, wenn sie ihr schon nicht erlaube, Schauspielerin oder Malerin zu werden, werde sie es eben mithilfe dieses »Kastens« versuchen.

Gesagt, getan.

Das dickköpfige, etwas pummelige Mädchen bringt sich selbst die Grundzüge des Fotografierens bei, bis es im Wissen um die zahllosen Möglichkeiten des »Kastens« Onkel und Tante überzeugt, es nach London gehen zu lassen. Innerhalb weniger Wochen findet sie eine Lehrstelle bei der Fotografin Marion Neilson im Studio von Henry Walter Barnett, zu dessen Modellen die göttliche Sarah Bernhardt und Mark Twain zählen. Neilson weiht sie in die Kunst des Retuschierens ein, »in die erhabene Lüge«, für die es heute Photoshop gibt. 1915 hat die mittlerweile volljährige Wilding genug zusammengespart (genauer gesagt 60 Pfund), um am Portman Square ein eigenes Fotostudio zu eröffnen. Sie lässt sich ein selbst entworfenes Schienensystem an die Studiodecke montieren, an das sie riesige Scheinwerfer mit großen blauen Reflektoren hängt, die ihren Fotos eine einzigartige Strahlkraft verleihen. Sie arbeitet unermüdlich Tag und Nacht, und dank ihres Geschicks in der Nachbearbeitung erhalten die Bilder den gewünschten Schliff. Mit einer Fotoapparatur, die groß und schwer wie ein Kühlschrank ist, prägt sie die Mode der »Perlen-Mädchen« – junge Frauen in strengen Posen, denen sie eine lockere Miene abverlangt –, deren Fotos in *Country Life* und anderen Zeitschriften erscheinen.

Ihr geschickter Umgang mit Licht begründet den sogenannten »Wilding Look«, eine Mischung aus Hell-Dunkel und Halbschatten, der sich durch ihr ganzes Œuvre zieht. Sie ist sich ihres Talents so sicher, dass sie Jahre später dem aufstrebenden Antony Armstrong-Jones, der Bilder im Freien vorzieht, erwidern wird: »Mister Jones, in meinem Studio scheint die Sonne, wo und wann ich will.«[15]

1929 beschäftigt sie sieben Assistenten und ist ebenso berühmt wie ihre Kundschaft: Dichter und Leinwandstars wie Noël Coward, George Bernard Shaw, Aldous Huxley, Jessie Matthews, Maurice Chevalier, Douglas Fairbanks jr., Barbara Hutton.

Das erste royale Fotoshooting findet im neuen Studio in der Bond Street statt. Der Herzog von Kent, jüngerer Bruder des zukünftigen George VI., lässt ein Porträt von sich machen, das Wilding dann 1937 an den Hof bringt, damit sie die junge Königin Elizabeth fotografiert. Während des Shootings betritt der König in Admiralsuniform den Raum. Wilding nutzt ihre Chance und bittet Seine Majestät ohne Scheu, sich neben seine Frau zu stellen, denn ohne ihn an ihrer Seite sehe die Königin doch recht einsam aus. Ihr Überzeugungsversuch ist erfolgreich, und so entsteht außerhalb des Protokolls ein Doppelporträt, das später Briefmarken, Münzen und Geldscheine schmücken wird.

Nach dem erfolgreichen Einstand bricht die Beziehung zum Königshof nie mehr ab. Seit Lilibets erstem Händedruck an jenem 12. Mai ist Wilding bei wichtigen Anlässen immer an ihrer Seite, auch dann noch, als sie schon gut gebucht ist und in New York ein Fotostudio mit siebenunddreißig Assistenten und zwölf Retuscheuren eröffnet.

Der Zauber des Kadetten

Auktionen sind manchmal wegweisend.

»Zum ersten Mal begegnete ich Philip am Royal Naval College in Dartmouth, im Juli 1939 kurz vor Kriegsbeginn. Ich war damals 13 und er 18. Ein Kadett.«[16]

Diese Zeilen schrieb Elizabeth 1947 mit ihrer kleinen, runden Handschrift auf ein weißes Blatt Papier mit royalem Wappen für die Autorin Betty Spencer Shew, die ein Buch über Königshochzeiten verfasste. Am 23. April 2016 werden sie in Chippenham in der Grafschaft Wiltshire für 14 400 Pfund in den Chippenham Auction Rooms versteigert. In Wahrheit hatten Elizabeth und Philip sich schon vorher gesehen, auf der Hochzeit ihres Onkels George, des Herzogs von Kent, mit seiner Cousine Marina aus Griechenland, Lilibet war damals acht. Und drei Jahre nach der Krönungszeremonie kreuzten sich ihre Wege erneut. Doch das erste Kapitel im gemeinsamen Leben der beiden beginnt am 22. Juli 1939.

Die dreizehnjährige Lilibet besucht mit Mutter, Vater und Schwester das Royal Naval College in Dartmouth, und ein schlaksiger Kadett mit flotter Haartolle hat den Auftrag, die zwei Mädchen zu unterhalten. Der hoch aufgeschossene Kerl, »schön wie ein Wikingergott, mit schmalem Gesicht und eindringlichen blauen Augen«,[17] verfügt über den passenden Stammbaum, um den beiden Prinzessinnen unter Marion Crawfords wachsamen Blicken die Zeit zu vertreiben: Philip von Schleswig-Holstein-Sonderburg-Glücksburg, geboren am 10. Juni 1921 auf einem Küchentisch auf Korfu, hat als Prinz Verwandtschaftsbeziehungen nach Dänemark, Griechenland und Russland. Lilibet könnte ihn genauso gut mit »mein lieber Cousin« anreden, da sie durch die gemeinsame Ururgroßmutter Königin Victoria dritten Grades mit ihm

verwandt ist. Als Sohn des abgebrannten Andreas von Griechenland (der wiederum viertes Kind von König Georg I.
von Griechenland ist) und der Adligen Alice von Battenberg
wird er 1922 auf einem britischen Schiff zusammen mit den
Schwestern und den Eltern in Sicherheit gebracht, als die
Türken die Insel Korfu bedrohen. Er ist noch klein, als seine
Eltern sich trennen: Der Vater lebt ab jetzt an der Côte d'Azur
mit seiner Geliebten und reichlich Alkohol, während die
durch die Trennung traumatisierte Mutter mit religiösen
Delirien und Anzeichen einer Schizophrenie in der Psychiatrie endet. Der hübsche Junge wächst ohne seine Eltern
in Kensington Palace in der Obhut eines Onkels mütter-
licherseits, Lord Louis » Dickie « Mountbatten (der seinen
ursprünglichen Nachnamen Battenberg einfach ins Englische
übersetzt hat), und der Großmutter Viktoria Alberta von
Hessen auf. Nachdem er seine Schullaufbahn auf Schloss
Salem in der Nähe des Bodensees und der Privatschule Gordonstoun in Schottland mit mäßigem Erfolg beendet hat,
geht er zur Royal Navy und erwirbt sein Diplom am Britannia Royal Naval College von Dartmouth.

Als bester Kadett seines Jahrgangs.

Er ist stark, ehrgeizig und ohne einen Pfennig Geld in der
Tasche.

Doch an jenem Tag erobert der Sohn einer Schizophrenen
und eines Schürzenjägers bei Ingwerkeksen und Rätselraten
Elizabeths Herz. Als er sie auffordert, über das Netz des Ten-
nisplatzes zu springen und » mal richtig Spaß zu haben «,[18]
kann sie nicht den Blick von ihm lassen und wiederholt voller
Bewunderung » Ist er nicht toll, Crawfie? « und » Wie hoch
er springen kann «.

Als ob es plötzlich nur noch ihn gäbe.

Die fünf Jahre, die er älter ist, sind für sie nicht der Rede
wert.

Am Ende des Tages legt die königliche Jacht *Victoria and*

Albert von Dartmouth ab. Den Kadetten wird gestattet, das Schiff zu Ehren des Königshauses in ihren Booten zu begleiten. Rund hundert Boote gehen zu Wasser, entfernen sich aber so weit vom Ufer, dass der König den Kadetten rät umzukehren. Alle gehorchen, bis auf Philip, der weiter auf die Jacht zurudert. »Der Kerl ist verrückt«, ruft der König, »er soll umkehren.« Doch erst, als seine Offiziere ihn brüllend zurückbeordern, lenkt Philip ein und verabschiedet sich mit erhobenen Rudern.

Elizabeth steht auf dem Oberdeck und richtet ihren milden blauäugigen Blick durch das Binokel auf das Boot, das bald nur noch ein fernes Pünktchen ist. Sie hält die Luft an, ganz gefangen von einem bislang unbekannten Gefühl; sie weiß, dass sie ihn irgendwo, irgendwie und irgendwann wiedersehen wird.

Und Philip? Vielleicht ahnt er seine Chance, das große Glück aufzuholen, an dem es seiner Kindheit fehlte, doch die eigentlichen Fäden zieht im Hintergrund Lord Mountbatten. Dieser Amor möchte seinen Namen mit dem der Windsors vereinen und hat geschickt wie ein Puppenspieler alles in Bewegung gesetzt, damit sein Neffe der junge Mann ist, der die Prinzessinnen unterhalten durfte.

Die scheue und vorsichtige Lilibet, die trotz ihrer Jugend nur selten jungen Männern begegnet, wird es ihm später danken.

Weiße Rosen von Cecil Beaton

Als Erbin der narzisstischen Queen Victoria, die das Empire mit ihren Porträts flutete, ahnt die neue Königin, dass die Familie nach der Katastrophe des Jahres 1936 ein neues Image braucht, um der Krone frischen Glanz zu verleihen. Und wer könnte den Durst nach Glamour besser stillen als Cecil Walter Hardy Beaton, der mindestens so bekannt ist wie die Menschen, die er fotografiert?

Der 1904 geborene Sprössling einer Familie von Holzhändlern kann sich nichts Besseres vorstellen: Die Royals fehlen seiner Karriere noch. Seit ihm der Vater seine erste Kodak-Balgenkamera schenkte, hat er sich Settings ausgedacht und fotografiert und davon geträumt, den Königshof zu betreten. Was ihm übrigens schon in Elizabeths Geburtsjahr 1926 von einer Kartenlegerin prophezeit wurde, der er damals nicht glaubte.

Aber jetzt.

»Das Telefon klingelte: ›Hier spricht die Hofdame Ihrer Majestät. Die Königin lässt fragen, ob Sie sie morgen Nachmittag fotografieren können.‹ Zuerst hielt ich es für einen Scherz. Dann war ich ganz trunken vor Aufregung und Glück. Es war ja recht kühn von der Königin, ausgerechnet mich für die Aufnahmen zu wählen ... immerhin hatten meine Fotos den Ruf, revolutionär und unkonventionell zu sein.«[19]

Es ist der 13. Juli 1939.

Beruht ihre Wahl auf einer genialen Eingebung? Oder stecken die (kaum verhohlene) Rivalität mit der »Amerikanerin« Wallis Simpson und die sechsseitige Fotoreportage in der *Vogue* vom Juni 1937 dahinter, die Beaton in Frankreich im Schloss von Candé gemacht hat? Oder die Bilderstrecke ihrer Hochzeit mit dem Herzog von Windsor, an der er die Weltrechte hält? Obwohl Beaton Wallis Simpson mit snobistischer Herablassung als »grässlich, gewöhnlich, vulgär, schrill, eine zweitklassige Amerikanerin ohne Charme«[20] beschreibt, stellt er sie auf seinen Bildern nicht als kalte Manipuliererin dar, die sich den ehemaligen König geschnappt hat – anders als die Leser sie bisher kennen. Als Meister der Retusche gelingt es Beaton, ihrer Miene einen versonnenen Ausdruck zu verleihen und sie mit einem weichen, vertrauenswürdigen Touch zu adeln.

Auch George VI. möchte in seiner Frau einen Gegenpol zu der allzu modernen Wallis sehen. Und niemand eignet sich besser für diese ästhetische Absetzung als Norman Hartnell, der Schneider, der die Krönungskleider der Prinzessinnen entworfen und sein Genie im Jahr 1938 bewiesen hat: In nur drei Wochen schuf er den berühmten »weißen Kleiderschrank« für den Staatsbesuch des Königs in Frankreich mit der trauernden Gattin, die fünf Tage zuvor ihre Mutter verloren hatte; seine Kleider werden wenige Jahre später einen berühmten Franzosen zu eigenen Kreationen inspirieren, Monsieur Christian Dior.

Hartnell ist der richtige Mann, um einen hoheitlichen und zeitlosen Look zu entwerfen. George VI. besucht mit ihm die Porträt-Ausstellung des bei den Herrschern und Adligen des zurückliegenden Jahrhunderts hoch im Kurs stehenden Schwarzwälder Malers Franz Xaver Winterhalter, um ihm seine Vorstellungen zu veranschaulichen, er schwelgt in der Rückkehr der Krinoline, dem Wiederaufleben von Frauen, die in ihren Kleidern wie Blumensträuße wirken. Für George VI. ist das alles Symbol einer Vergangenheit, die er sich zurückwünscht. Das Duo Hartnell-Beaton verkörpert seine Vorstellung von Restauration, Tradition und Größe.

»Als ich zum ersten Mal die Tore von Buckingham Palace durchschritt, war ich fest entschlossen: Meine Fotografien sollten ein glühendes Abbild der Natur sein, mit leuchtenden Augen wie Maiglöckchen auf einer Wiese, mit strahlendem Lächeln, sie sollten den verblüffenden Effekt widerspiegeln, den die Königin mit ihrer Anwesenheit bewirkt. Sie sollten ganz anders werden als alle bisherigen Königsporträts, die schrecklich förmlich und oft anonym sind.«[21]

Nachdem Beaton den Fotoapparat auf das Stativ montiert hat, genügen wenige einvernehmliche Blicke. Fotograf und Hoheit verstehen sich auf Anhieb.

Beaton wurden anfangs zwanzig Minuten zugestanden.

Doch nach drei Stunden ist er immer noch da und hat viele Hundert Fotos geschossen: die Königin im Palastgarten mit Sonnenschirm, in den königlichen Gemächern vor einem Blumenmeer, mit dem Diadem auf den Locken und dem Rücken zum Fenster, das mit Blättern und weißen Rosenknospen umrankt ist. An diesem Nachmittag entsteht ein Band zwischen der Königin und Beaton, das es dem Fotografen ermöglicht, der Monarchie einen nostalgischen Anstrich zu verleihen, der für die nächsten dreißig Jahre seine » Handschrift « wird. Als die Bilder zwei Monate nach Kriegsbeginn erscheinen, sieht die Öffentlichkeit ein unbesiegbares Paar.

Kaum vorstellbar, dass Cecil als Kind seine Mutter und seine Schwestern sowie ein Kindermädchen zum Modell nahm, das ganz vernarrt in die damals noch neue Kunst war! Er ließ sie vor Betttüchern posieren, vor plissierten Gazestoffen und Paravents und experimentierte mit den Effekten von Spiegeln und Stanniolpapier. Nach der Schule studiert das junge Talent Geschichte, Kunst und Architektur in Cambridge, macht jedoch keinen Abschluss und bekommt vom Vater eine Anstellung im Familienunternehmen. Cecil ist wie besessen von dem Wunsch, zur High Society zu gehören, und geht auf alle Partys, von denen er hört, um jeden Adligen abzulichten, der ihm vor die Linse kommt. Erfolglos schickt er die Bilder an alle größeren Modezeitschriften, bis die *Vogue* schließlich ein winziges und unbedeutendes Bild der Herzogin von Amalfi für ihre Celebrityseite kauft. Seine Fotos der Schönen, Jungen und Berühmten, die vor dem kleinen Studio Schlange stehen, werden in einer wenig bekannten Galerie in London präsentiert. Die Ausstellung hat einen solchen Erfolg, dass der ehrgeizige Cecil sich ein Herz fasst, dem Vater und der Schreibtischarbeit den Rücken kehrt und sich im Winter 1928 nach New York einschifft, im Gepäck ein schlankes Stativ, seine Kodak und einen Vorrat an Tüll und Stoffbahnen. Angesteckt von der Energie der Stadt, die niemals schläft, findet er endlich Zugang in die Welt des Glamours. Er zeichnet und fotografiert für *Vanity Fair*, *Harper's Bazaar* und das Flaggschiff der Modezeitschriften, *Vogue*. Gary Cooper, Katharine Hepburn, Marlene Dietrich und Greta Garbo stehen vor seiner Linse, und mit Letzterer unterhält er Gerüchten zufolge eine komplizierte Liebesgeschichte. Beaton ist homosexuell, extravagant, melancholisch und immer elegant, Abend für Abend notiert er alle Settings in seinem Tagebuch, beschreibt die manische Vorbereitung für das perfekte Bild und ergeht sich in sarkastischen und amüsanten Kommentaren über die VIPs, die ihn umjubeln (nicht umsonst nennt Jean Cocteau ihn »Malice im Wunderland«[22]).

1939 muss Beaton überraschend das warme Nest der *Vogue* verlassen: Wegen eines unglücklichen Kommentars auf einer seiner Skizzen feuert ihn das Magazin unter dem Vorwurf des Antisemitismus. Verbittert und reuig kehrt er nach London zurück, bekommt aber keine Vergebung. So vergräbt er sich in seinem Apartment am Pelham Place Nummer 8.

Wenige Monate später erhält er den alles verändernden Telefonanruf.

Nur während des Zweiten Weltkrieges weicht Beaton von seiner ästhetischen Linie ab, als er vom britischen Informationsministerium den Auftrag erhält, die Einsätze der Royal Air Force zu dokumentieren. So wird aus dem Fotografen der Stars ein Fotograf derjenigen, die keine Stimme haben, sein Blick richtet sich nun direkt auf Schrecken und Zerstörung. Von ihm stammt eines der ausdrucksstärksten Fotos über das britische Kriegsleid: Das Bild der dreijährigen Eileen Dunne, die, ihre Puppe im Arm und einen Verband um den Kopf, mit großen traurigen Augen in die Kamera schaut, erscheint Ende September 1940 auf der Titelseite des amerikanischen Magazins *Life*: Das Foto des jungen Opfers der deutschen Luftangriffe trägt mit dazu bei, die öffentliche Meinung in den USA

über einen möglichen Kriegseintritt des Landes zu beeinflussen.

Trümmer

3. September 1939, die Straßen des Königreiches sind wie leer
gefegt. Etwas wird passieren.

Und es ist absehbar, was.

Die ganze Nation sitzt an den Radiogeräten, als George
VI. in der wichtigsten Rede seines Lebens mit vom jahrzehn-
telangen Rauchen rauer Stimme den Eintritt Großbritanniens in den Krieg verkündet.

London ist nun kein sicherer Ort mehr, wer kann, verlässt
England Richtung Kanada. Ende 1939 werden die Kinder aus
bedrohten Städten evakuiert, doch wer den Royals rät, den
Rauchschwaden über der Hauptstadt den Rücken zu kehren,
erhält von der Königin, die nun auch Oberkommandierende
des weiblichen Arms der Kriegsmarine (Women's Royal
Naval Service) und des Heeres (Auxiliary Territorial Service,
ATS) ist, eine klare Antwort: » Die Mädchen werden nicht
ohne mich gehen. Ich werde nicht ohne den König gehen.
Und der König wird niemals gehen. «[23]

Auch in den Monaten des grauenerregenden Blitzkrieges
zwischen dem 7. September 1940 und dem 11. Mai 1941 verlässt das Königspaar Buckingham Palace nicht; unter den
nicht enden wollenden Bombardierungen werden eine Million Gebäude in London zerstört, von den Arbeitervierteln
des East Ends bis zum Palast von Westminster, von der
St. Paul's Cathedral bis zur Kapelle des » guten alten Buck «.

Gekleidet in Beige, Blassrosa oder Lavendelblau – niemals
Schwarz, das sie für defätistisch und deprimierend hält –,
schreiten die Königin und ihr immer weniger labiler Gatte
durch das am Boden liegende London, vorbei an den Men-

schen, die in leer gebombten Gebäuden Schutz suchen, den zerbrochenen Schaufenstern der Geschäfte und den notdürftig mit Holzlatten geschützten Häusern. Fotos, die sie zwischen den Trümmern zeigen, prangen wochenlang auf den Titelseiten der Zeitungen und machen sie zum Symbol für den Widerstandsgeist der Engländer. Sie leiden gemeinsam mit ihrem Land und ernten dafür Popularität und vorbehaltlose Liebe.

Niemand bleibt vom Krieg verschont, auch nicht Lilibet und Margaret auf Schloss Windsor, das fernab in der Grafschaft Berkshire über dem Themse-Tal thront, 36 Kilometer westlich von London.

Es ist zu jener Zeit mehr ein Zufluchtsort als ein Schloss (die Kronjuwelen wurden eingesammelt und, in Zeitungspapier gewickelt, in einer Dose im Keller versteckt), auch wenn die Kriegsfolgen nur in abgeschwächter und vom besorgten Umfeld gedämpfter Form hier ankommen.

In Windsor verlaufen die Tage der beiden Prinzessinnen in scheinbar normalen Bahnen. Zusammen mit ihren Kindermädchen führen sie hinter den unüberwindbaren Mauern ein Leben abseits der übrigen Welt, Allah, Bobo und Crawfie organisieren Unterrichtsstunden in Französisch und europäischer Geschichte mit der Viscountess Antoinette de Bellaigue und Ausflüge im riesigen Park mit Hunden und Pferden.

Die erzwungene Isolation hält Lilibet aber nicht davon ab, zu den Kindern Englands zu reden, und auf Churchills Bitte hält sie am 13. Oktober 1940 ihre erste Radioansprache in der Sendung *Children's Hour* der BBC. Der Jahrhundertkrieg ist auch ein Krieg der Kinder, die ihrer Kindheit beraubt werden; an sie wendet sich Elizabeth aus ihrem privilegierten Zufluchtsort, gekleidet in schlichtes Grau und nach stundenlangen Sprechproben: »Tausende von euch in diesem Land mussten ihr Zuhause verlassen und sind nun getrennt von

60

Mama und Papa. Meine Schwester Margaret Rose und ich sind euch nahe, denn wir wissen aus eigener Erfahrung, was es heißt, fern von denen zu sein, die man am liebsten hat.«²⁴ Die Rede ist ein solcher Erfolg, dass die BBC eine Plattenaufnahme davon in den Vereinigten Staaten und den Ländern des Commonwealth veröffentlicht. Auch sonst dient Elizabeth ihrem Land so gut sie kann: Sie strickt, näht Kleider für die Armen, sammelt Spenden für die Zigaretten der Streitkräfte und organisiert Spiele und Scharaden für evakuierte Kinder.

Und in Windsor übt Elizabeth auch ihr Schauspieltalent.

Das erfährt die Welt allerdings erst sechzig Jahre später, als auf einer Auktion bei Dominic Winter ein Fotoarchiv mit einigen noch unveröffentlichten Bildern von Lisa Sheridan versteigert wird, außerdem Notizen und Szenenbilder, die dem Direktor der Royal School Robert Tannar gehörten, sowie von Cyril Woods, einem Jugendfreund der Monarchin. Wie die wiedergefundenen Fotografien von Marcus Adams sind sie ein kostbarer Baustein in Elizabeths Ikonografie und lassen aus der Distanz der Jahrzehnte ein neues Bild entstehen.

Während des Krieges verlangen die Zeitungen immer wieder nach Sheridans Fotos, man will die Königsfamilie sehen. Die Fotografin verbringt ganze Tage auf Schloss Windsor und lichtet Lilibet beim Zeichnen, im Geografieunterricht vor einer großen Weltkarte oder beim Puzzeln ab, umringt von ihren treuen Corgis. Die Fotos der Auktion hingegen zeigen eine unbekannte Elizabeth, mit weißer Perücke und selbst genähten Kostümen für die Theateraufführungen vor der königlichen Familie und ein paar Freunden im Waterloo Chamber des Schlosses. Der Erlös geht an den Royal Household Wool Fund, der die Frontsoldaten mit warmer Kleidung versorgt. Es ist der 30. Dezember 1941, auf dem Programm stehen *Aladins Wunderlampe, Die Schöne und das Biest*, *Aschenputtel* und andere gängige Märchen, doch die Hauptrolle spielt in Männerkleidern eine künftige Königin – da werden selbst verwackelte Schnappschüsse zur Sensation!

Frau und Mutter
(1940 – 1951)

London, Buckingham Palace, 1943. Ihre Königliche Hoheit Prinzessin Elizabeth. [4]

Auf der anderen Seite des Atlantiks

Ebenfalls am 30. Dezember 1941 hält Winston Churchill eine Rede vor dem kanadischen Parlament in Ottawa. Währenddessen wartet in einem kleinen Hinterzimmer ungeduldig ein junger Fotograf namens Yousuf Karsh. Er ist schrecklich nervös, obwohl er den Umgang mit hohen Politikern gewohnt ist. Sowohl der amerikanische Präsident Franklin Delano Roosevelt als auch Lokalpolitiker und ausländische Diplomaten sind schon in seinem winzigen Fotostudio ein und aus gegangen, das mit alten Möbeln und mit Affenfellen bedeckten Obstkisten vollgestellt ist. Trotzdem jagt ihm die bevorstehende Begegnung mit dem britischen Premierminister, der ja nicht gerade für einen entgegenkommenden Charakter bekannt ist, geradezu Angst ein.

Sicher, der junge Karsh hat in seinem kurzen Leben schon Schlimmeres erlebt. Auf der Flucht vor den Gräueln des Völkermordes an den Armeniern kam er nach Kanada, ohne ein Wort Französisch oder Englisch zu sprechen. Das war 1923, und sein großzügiger Onkel Nakash, ein unverheirateter Fotograf, erwartete ihn im eisigen Halifax in Neuschottland und nahm ihn zu seiner Arbeit mit, auch wenn der junge Mann viel lieber Arzt werden wollte. Stattdessen stand er nun die Woche über im Laden und zog wochenends mit einem kleinen Fotoapparat durch die Straßen von Sherbrooke. Langsam fand er Gefallen an der Fotografie und ging nach Boston in die Staaten, zu einem Freund seines Onkels, John H. Garo, dem besten Porträtfotografen seiner Zeit. Armenier wie Karsh, weihte er ihn nicht nur in das komplizierte Platindruckverfahren und die Geheimnisse der Porträtfotografie ein, sondern machte ihn auch, weil er selbst zugleich Maler war, mit den großen Künstlern bekannt, vor allem mit Rembrandt und Velázquez. Karsh verliebte sich rückhaltlos in ihre Werke. 1931 verließ er Boston wieder Richtung Kanada, ging nach Ottawa, wo die Begegnung mit dem kanadischen Premierminister Mackenzie King seiner Laufbahn eine neue Wendung gab: Dieser beauftragte ihn, Winston Churchill zu fotografieren – ohne dessen Autorisierung!

Bei ihrem Treffen nun gesteht der britische Premier ihm spontan » zwei Minuten zu, in denen ich versuchen musste, den Mann auf Film zu bannen, der schon ganze Bibliotheken geschrieben oder inspiriert hatte, der seine Biografen düpierte, der die ganze Welt in Ehrfurcht versetzte und mich in Angst und Schrecken «.[1]

Während der Vorbereitungen zündet sich Churchill eine Zigarre an. Schüchtern hält Karsh ihm einen Aschenbecher hin, den der Politiker geflissentlich übersieht. Doch die Zigarre stört die Bildästhetik, darum murmelt der junge Fotograf nach einer Weile ein verlegenes » Gestatten, Sir «, beugt sich vor und nimmt Churchill die Zigarre aus dem Mund; dann verschwindet er hinter der Kamera und verewigt einen wutentbrannten Blick.

Life kauft das Bild für 100 Dollar. Die spontane Geste – die zu dem meistreproduzierten Bild in der Geschichte der Fotografie führte – verändert Karshs Leben. Denn Mackenzie King, der der Welt zeigen möchte, wie entschlossen Kanada sich an den Kriegsanstrengungen beteiligt, schickt ihn nach England, um die großen Protagonisten abzulichten – darunter auch die Königsfamilie.

Karsh erinnert sich: »1943 unternahm ich die erste meiner zahllosen Foto-Odysseen. Nachdem ich an Bord einer norwegischen Fregatte, die, wie sich herausstellte, mit hochexplosivem Material beladen war, den Atlantik überquert hatte, wurde ich im Londoner Savoy Hotel von Tom Blau empfangen, dem Gründer der größten britischen Fotoagentur Camera Press. Er hatte bereits – und so hielt er es auch in den folgenden Jahrzehnten – Termine mit diversen namhaften Persönlichkeiten vereinbart und die Sets vorbereitet und spendete mir den nötigen moralischen Beistand. Wenn Bomben fielen, setzten Tom und ich die Arbeit im Keller fort.«[2] Dort im Untergeschoss, im schwachen Licht einer Glühbirne und im Kopf seine Idole Rembrandt und Velázquez, trifft Karsh die namhaftesten Persönlichkeiten Englands, von George Bernard Shaw bis zum Erzbischof von Canterbury. Nichts ist dem nüchternen Dokumentarstil einer Lisa Sheridan ferner oder Beatons frivolen »Pinselstrichen«: Karsh macht kohärente, ästhetisch ernsthafte Porträts, passend zu den schweren Zeiten.

Schwarz-Weiß ist sein Metier.

In Schwarz-Weiß verewigt er sich als Fotograf, der mit dem Licht malt, und am 1. November 1943 leuchtet er die junge Elizabeth für ein betont schlichtes Bild aus: Im strengen grauen Kostüm, um den Hals eine Perlenkette, setzt die lächelnde Elizabeth vor der Kamera einen unschuldigen und vertrauensvollen Blick auf, wie sie ihn ihrem Volk in diesen Zeiten schenken muss. Ein erster Moment der Intimität, die Karsh und die zukünftige englische Königin für die nächsten fünfundvierzig Jahre in Porträts, die in die Geschichte eingehen, miteinander teilen werden.

Ein besonderer Gast

Elizabeth ist seit dem frühen Nachmittag so aufgeregt » wie nie zuvor «[3]: » Glaubst du, er will uns Theater spielen sehen? « Es ist Donnerstag, der 23. Dezember 1943, und auf Schloss Windsor steht *Aladins Wunderlampe* auf dem Programm. Elizabeth hat die Kostüme entworfen, hat wochenlang die abgelegten Jacken und Kleider der Mutter ausprobiert, nun möchte sie » ihren « Gast, Philip Mountbatten, in Seidentunika und -hose bezaubern. Es werden » traumhafte « Tage für die Prinzessin, zwischen den Tuscheleien des Hofes trifft sie immer wieder den hoch aufgeschossenen jungen Mann mit den blauen Augen. Philip nimmt mit großer Lässigkeit an Bällen und Familienessen teil, obwohl er Löcher in den Schuhen hat und eine sehr überschaubare Kleiderauswahl, für die seine Großmutter, die Marquess von Milford Haven, und sein Onkel Louis Mountbatten sorgen. Zufrieden beobachtet dieser, wie sein Meisterwerk, das er vor vier Jahren bei dem königlichen Besuch in Dartmouth begonnen hat, langsam an Kontur und Farbe gewinnt. Aus dem Teenager von damals ist nun eine junge Dame von herbem Liebreiz geworden.

Wenn sie zusammen sind, legt Elizabeth ihre Zurückhaltung ab, und der diskrete Charme der Siebzehnjährigen hinterlässt offenbar auch bei Philip Eindruck. Als er nach einigen Tagen an Bord des Torpedobootzerstörers *Whelp* in Richtung Pazifik aufbrechen muss, hat er ein ledergerahmtes Foto der Prinzessin im Gepäck.

Für Elizabeth ist es nur noch eine Frage der Zeit.

Der Winter auf Windsor droht lang und hart zu werden, doch Lilibets Tage erstrahlen in neuem Glanz. Der abgebrannte griechische Prinz und die voraussichtliche englische Thronfolgerin beginnen eine intensive Korrespondenz; den ganzen Krieg über tauschen sie kurze Botschaften und lange Briefe aus, und in Windsor steht sein Bild auf ihrem Nachttisch.

»Hältst du das für klug? Damit gibst du nur Anlass zu Gerede«, warnt Crawfie sie.

Fast ein wenig dreist ersetzt Elizabeth das Foto mit einem anderen Bild von Philip, auf dem er einen hellen Flaum auf Kinn und Oberlippe trägt: »Den soll erst mal jemand erkennen!«, meint sie triumphierend.[4]

Doch sie irrt sich.

Erste Gerüchte über das Paar dringen nach außen, und der junge Mountbatten gerät ins Visier der Presse.

Königin Mary erahnt die Gefühle ihrer Enkelin, der Bursche gefällt ihr, doch sie fürchtet die Reaktion des englischen Volkes wegen der ausländischen Wurzeln des Prinzen und des entschieden »ungewöhnlichen« Hintergrundes. Alarmiert schreibt sie ihrem Sohn. Doch der König, der weiß, dass seine Töchter seit ihrem Rückzug nach Windsor selten Menschen treffen, reagiert gelassen: Sie hätten ja eh nicht viel Spaß, so der väterliche Tenor. Seine Frau hingegen (die Philip privat nur »den Hunnen« nennt) bemüht sich sehr darum, Elizabeth mit anderen Kandidaten aus den englischen Adelskreisen abzulenken. Ganz oben rangiert ihr Favorit Hugh Euston, Erbe des Herzogtums Grafton und sieben Jahre älter als Elizabeth. Ihn trifft sie häufiger auf Schloss Windsor. Doch befragt von neugierigen Reportern streitet sie jegliches Interesse an ihm ab. Dann gibt es noch Johnny Dalkeith, Erbe des Herzogtums Buccleuch; Charles Manners, den zukünftigen Herzog von Rutland; Sonny Bleford, Erbe des Herzogtums Marlborough-Blenheim Palace; Simon Phipps, den zukünftigen Bischof von Lincoln; Lord Brabourne und schließlich Lord Wyfold, der Elizabeth später, am Abend des Sieges, zusammen mit anderen Offizieren durch die Straßen Londons eskortieren wird. Die Prinzessin trifft sie in Lokalen wie dem *400 Club* am Leicester Square oder, vor dessen Bombardierung, im nahe gelegenen *Café de Paris*, doch aufgrund ihrer Schüchternheit wirkt sie häufig nur wie Dekoration. Wohler fühlt sie sich auf Festen, die in den königlichen Räumlichkeiten stattfinden und wo sie die jungen Männer fernab der neugierigen Blicke der Presse treffen kann, selbst wenn sie kein besonderes Interesse an dem » Spaß « zu hegen scheint, auf den ihr Vater anspielt. Obwohl sie die Haltung der Familie zu Philip kennt, bleibt sie dem Versprechen treu, das sie sich insgeheim gegeben hat. Und füllt ihr Warten mit stiller Hoffnung, ganz wie im Gebet.

Dienstnummer 230 873

Krieg.

Die Zeitungen drucken nun Bilder von Frauen in Uniform – Köchinnen, Lageristinnen, Sekretärinnen, Telegrafistinnen, Funkabhörspezialistinnen, Frauen im Hilfsdienst an der Front. Auch Elizabeth beteiligt sich an der Propaganda für ihr Land, sie posiert für die Titelseiten von *Life* und *Time* und lässt sich bei Truppenbesuchen in ihrer Funktion als Staatsrat ablichten. Doch damit nicht genug, sie möchte gegen den erklärten Willen des Vaters ihren Dienst im Krieg leisten. So wird sie im Februar 1945 als » Second Subaltern Elizabeth Windsor « in einem niederen Offiziersrang Angehörige des Auxiliary Territorial Service mit der Dienstnummer 230 873, die erste Frau einer Königsfamilie, die in Uniform aktiv ihrem Land dient, und beim Blick auf die Geschichte Britanniens erinnert sie damit ein klein wenig an die Keltenkönigin Boudicca, die sich um 60 n. Chr. gegen die römischen Eroberer erhob.

Von Motoren versteht sie nichts, doch nach einem zehnwöchigen Kurs als Mechanikerin kann sie Fahrzeuge steuern,

lernt, Karten zu lesen, und wird zum »Junior Commander
ehrenhalber« befördert. Lange muss sie die Uniform nicht
tragen: Am 30. April erobert die Rote Armee den Reichstag,
und sieben Tage später kapituliert die deutsche Wehrmacht.
7. Mai 1945, 19:40 Uhr.

Die BBC unterbricht ein Klavierkonzert für die Durch-
sage, dass der 8. Mai zum landesweiten Feiertag erklärt werde – eine hübsche Umschreibung dafür, dass der Krieg den
finalen Akt erreicht hat. Tags darauf um 15 Uhr bestätigt
Winston Churchill das Kriegsende in Europa, den *Victory in
Europe Day* (VE-Day): Seine dröhnenden Worte fegen die
dunklen Wolken hinweg, die sechs Jahre lang die Welt ver-
düstert haben. So viel Freude war seit der Krönung Georges
VI. nicht mehr: Ganz London strömt auf die Straßen, ein
Klangteppich läutender Glocken liegt über der Stadt, das
Hupen von Bussen und Automobilen und der Lärm von
Kochlöffeln, die gegen Töpfe geschlagen werden, schwillt
von Minute zu Minute an.

Alles wird Musik.

Um 18 Uhr spricht George VI. zur Nation. Gleich darauf
zeigt sich die Königsfamilie mit dem Premierminister auf
dem Balkon von Buckingham Palace. Elizabeth in ihrer Hilfs-
dienstuniform steht beispielhaft für die vielen jungen Eng-
länderinnen, die nun bald aus dem Krieg zurückkehren können.

»Ich erinnere mich an die Aufregung und die Erleichterung (...) Meine Eltern traten als Reaktion auf die riesige
Menschenmenge draußen auf den Balkon hinaus. Ich glaube,
wir gingen jede Stunde auf den Balkon – sechs Mal. Und als
dann die Begeisterung zu uns hinaufdrang, nachdem die
Scheinwerfer angegangen waren, merkten meine Schwester
und ich, dass wir nicht richtig erfassen konnten, wie sich die
Menschen freuten ... so fragten wir meine Eltern, ob wir hin-
ausgehen und es uns selbst ansehen könnten.«[5]

Den Prinzessinnen wird gestattet, unter dem Schutz von sechs Begleitern Buckingham Palace zu verlassen, darunter Lord Porchester (der spätere königliche Hofstallmeister) und der junge Royal-Air-Force-Pilot Peter Townsend. Unerkannt mischen sie sich unter die Menge. Abgesehen von der U-Bahn-Fahrt als Kind mit Crawfie ist es Elizabeths erste – und einzige – »Flucht« aus dem Palast, sie ist aufgeregt, und um nicht erkannt zu werden, zieht sie sich die Schirmmütze des ATS tiefer ins Gesicht. Doch dem Gardeoffizier an ihrer Seite missfällt, »in Gegenwart eines unordentlich gekleideten anderen Offiziers gesehen zu werden«, und so muss die Prinzessin die Mütze wieder richtig aufsetzen.

»Ich weiß noch, wie sich Menschen, die einander nie gesehen hatten, unterhakten und in langen Reihen Richtung Whitehall liefen, wir wurden alle von einer Welle des Glücks und der Erleichterung getragen.«

Der geheime Ausflug dauert Stunden. Nichts ist geplant, keine Paraden, keine Feierlichkeiten, nur spontane Glücksbekundungen, wenn die Menschen sich lachend in den Armen liegen.

Überall wird gesungen und getanzt.

Das Licht kehrt zurück nach der Dunkelheit des Krieges.

Diese Nacht gehört den Menschen.

Und der Geschichte.

Elizabeth und Margaret kehren nach Buckingham Palace zurück, vor dem die Leute einen letzten Auftritt des Königspaares fordern. Es ist nach Elizabeths eigenen Worten »eine der denkwürdigsten Nächte meines Lebens«.

Am anderen Ende der Welt liegt die *Whelp* mit Philip an Bord bei Tokio vor Anker. Für ihn ist es unvorstellbar, dass die Gefühle seiner künftigen Braut sich in den kommenden Monaten jemand anderem zuwenden könnten.

Und auch die Welt hätte nie davon erfahren, gäbe es nicht einen Brief von Elizabeth an ihre Cousine Diana Bowes-

Lyon, der bei einer Auktion für fast 6000 Pfund unter den Hammer kommt. In ihm findet ein attraktiver schottischer Infanterieoffizier namens Roderick Cameron Robertson-Macleod Erwähnung, der die Aufmerksamkeit der neunzehnjährigen Prinzessin und ihrer Schwester auf Balmoral weckt, wo sie sich vom Krieg erholen sollen: »Ein junger Riese, unfassbar gut aussehend, der Roddy heißt. Er hat das Herz meiner lieben Margaret in Aufruhr versetzt (und meins auch ein bisschen).«[6]

Der sechsundzwanzigjährige schottische Hauptmann ist der perfekte Traumprinz: zwei Meter groß, blond und blauäugig, lässt er Margaret und Elizabeth, die er bewachen soll, keinen Moment aus den Augen. Sie verbringen so viel Zeit miteinander, wie die Hofregularien es gestatten, auf Bildern sieht man die drei bei einem schottischen Tanz (der Ursprung von Elizabeths Leidenschaft für den »Ghillies Ball«) oder wie Elizabeth und er aus einer Theatervorstellung kommen, sie in Abendkleid und Pelz, er in der Tat wie ein Riese in Uniformjacke und Kilt unmittelbar hinter ihr. Doch anderes als der Brief liegt nicht vor, und wir werden niemals erfahren, ob sie mehr verband als eine Freundschaft. Denn dann kehrt Philip in Elizabeths Leben zurück und nimmt den ihm zustehenden Platz ein.

Braut

Schloss Balmoral.

Es ist Sonntag, der 11. August 1946, abends.

Elizabeth, die sich aufgrund ihrer Erziehung und ihres Temperaments gerne an Regeln hält, gönnt sich eine ungewohnte Freiheit: Auf einem Spaziergang durch die Palastgärten nimmt sie Philips Heiratsantrag an, ohne vorher, wie vom Protokoll vorgeschrieben, das Einverständnis ihres

Vaters eingeholt zu haben. » Es war so wunderbar. Ich habe ihm die Arme um den Hals geschlungen und ihn geküsst, er hat mich an sich gedrückt und hochgehoben «, vertraut sie ihrer Bobo an.[7] Erst später, bei einer Treibjagd auf Rebhühner, hält Philip beim König um ihre Hand an. Er ist sich sicher, das Elizabeths Herz längst ihm gehört.

Die Königin betrachtet den jungen Mann und seine ungeduldige Art mit einer Mischung aus Staunen und Tadel, sie ist alles andere als begeistert von der Verbindung: der deutsche Akzent, und überhaupt – dieser Nachname! Beides spricht gegen ihn, außerdem ist er entschieden zu mittellos für eine künftige Königin. Damit liegt sie nicht ganz falsch, denn auf seinem Konto befinden sich gerade mal 6,10 Pfund[8], als Offizier verdient er 11 Pfund die Woche, und sein gesamtes Hab und Gut passt in zwei Koffer.

Elizabeth will nichts davon wissen und verteidigt ihn gegen alle Widerstände.

Dabei kennt sie ihn kaum.

Doch wie gern geht sie mit ihm ins Bagatelle in London, um auf die Klänge von *People Will Say We're in Love* aus dem Musical *Oklahoma!* zu tanzen, oder kurvt mit ihm in seinem kleinen, dröhnenden MG durch die Stadt.

Obwohl er nicht überzeugt ist, dass dieser gut aussehende junge Mann mit der intelligenten Miene wirklich der Richtige für seine Tochter ist, wenn sie erst mal auf dem Thron sitzen wird, willigt George VI. in die Hochzeit ein. Allerdings unter der Bedingung, mit der Bekanntmachung noch bis zu ihrem 21. Geburtstag zu warten. Der Hof hält die Neuigkeit geheim, doch die Fotografen verfolgen die beiden durch ganz London in der Hoffnung auf eine Sensation. Die folgt am 26. Oktober 1946: das erste Bild des Paares, auf der Hochzeit von Onkel Dickies Tochter Lady Patricia Mountbatten mit John Knatchbull, dem 7. Baron Brabourne. Die sinnliche Anmut, mit der Philip bei dieser Gelegenheit seine Hände auf die Schultern der Prinzessin legt, sagt mehr als jede offizielle Bekanntmachung.

Ich erkläre vor Ihnen allen

Wir wollten heiraten, doch es ging noch nicht, und so unternahmen wir nichts bis nach dem Besuch in Südafrika – teils wegen der anstehenden Reise, teils weil ich noch keine einundzwanzig war.

April 1947. Großbritannien bibbert in einer späten Kältewelle, wie sie sonst nur im härtesten Winter vorkommt. Vor den Läden bilden sich lange Schlangen verarmter Stadtbewohner: Brot, Kartoffeln, Fleisch, Speck und Schinken sind rationiert, genauso Kleidung und Benzin. Das Land ächzt unter den Entbehrungen der Nachkriegszeit, und George VI. fragt auf seinem Weg nach Südafrika bei der britischen Regierung nach, ob er die Reise abbrechen soll, um bei seinem Volk zu sein. Die Antwort lautet weitermachen, nie zuvor brauchte Großbritannien die Symbole von Glanz und Macht dringender, und der Besuch eines der wichtigsten Länder des Commonwealth ist für die Krone wichtiger als jede Rede. Für Elizabeth ist es die erste Auslandsreise, und sie verschafft ihr ein wenig Abwechslung nach der Einsamkeit in Windsor. » Du würdest dich köstlich amüsieren, wenn du dabei wärst«, schreibt sie Marion Crawford.[9]

21. April 1947, Kapstadt.

An ihrem 21. Geburtstag sitzt Elizabeth vor einem Mikrofon am Tisch, im Rücken den Schatten eines großen Baumes. Eine Kamera der BBC fährt langsam an ihr Gesicht heran. Ihre helle Stimme klingt durch das Empire, als sie ein Versprechen abgibt, das sie für den Rest ihrer Tage halten wird: » Ich erkläre vor Ihnen allen, dass ich mein ganzes Leben, möge es kurz oder lang sein, in Ihren Dienst und den unserer großen Empire-Familie stellen werde, der wir alle angehören.«[10]

Gleich nach der triumphalen Afrikareise wird am 9. Juli 1947 die Verlobung von Elizabeth und Philip bekannt gegeben, die Churchill als »einen bunten Lichtstrahl auf dem harten Weg, der vor uns liegt«,[11] begrüßt. Dabei haben sich 40 Prozent der von der Presse befragten Engländer gegen diese Ehe ausgesprochen und damit die Zweifel der Königin bestätigt. Auf einem der Verlobungsfotos lächelt das untergehakte Paar um die Wette: sie gelöst und offen, während er verschmitzter wirkt und mit spitzbübischem Blick den Eindruck macht, als würde er sich schnell in die neue Rolle einfinden.

Am nächsten Tag geben der König und die Königin in Buckingham Palace eine Gartenparty zu Ehren von Tochter und Schwiegersohn in spe.

Philip muss schnell einen Verlobungsring besorgen, der einer zukünftigen Königin angemessen ist, doch da er vom Sold eines Marineoffiziers lebt, reichen seine finanziellen Mittel nicht. Also bittet er seine Mutter um Hilfe, die seit Jahren zurückgezogen in einem griechischen Kloster lebt und ihm ihr altes Brillantdiadem anbietet. Aus ihm fertigt der Juwelier Philip Antrobus einen Solitär von drei Karat und ein Jugendstilarmband. Während einer Zeremonie durch den Erzbischof von Canterbury, Geoffrey Fisher, konvertiert Philip vom griechisch-orthodoxen zum anglikanischen Glauben, verzichtet auf seine Thronrechte in Griechenland und legt endgültig seinen alten Nachnamen ab, der zu sehr an die deutschen Wurzeln erinnert. George VI. verleiht dem künftigen Schwiegersohn die Titel eines Barons von Greenwich, Grafen von Merioneth und Herzogs von Edinburgh und überreicht dem Brautpaar den Hosenbandorden, zuerst Elizabeth und sieben Tage später Philip: Damit ist die Rangfolge zwischen den Brautleuten von Beginn an klargestellt.

Die Hochzeit wird für den 20. November angekündigt. In dem von den Kriegsfolgen gebeutelten Land fordern die Abgeordneten der Labourpartei eine private und dezente Zeremonie, und um den Wiederaufbau nicht zu verzögern, beschließt die Regierung, den 20. November nicht zum landesweiten Feiertag zu machen. Hunderte britische Frauen schicken Elizabeth die Abschnitte ihrer Rationierungsmarken für den Erwerb des Stoffes des Hochzeitskleides, doch da dies als Schwarzhandel gilt, werden sie mit einem Dankesschreiben zurückgesendet. Schließlich bestimmt die Königin eine prunkvolle Feier, die eine Art Wiedergeburt der Nation darstellen soll. Und für Glanz und Glorie gibt es in London nur einen Schneider: Norman Hartnell.

In der Bruton Street, in direkter Nachbarschaft zu Elizabeths Geburtshaus, prangt noch heute das historische Ladenschild Hartnell über der damaligen Nähwerkstatt, die er 1923 mit der finanziellen Unterstützung des Vaters und der Schwester Phyllis eröffnete. Seit 1935 geht Hartnell im Königspalast ein und aus und fertigt Kleidungsstücke für die ganze Familie: Von ihm stammt das Brautkleid von Lady Alice Montagu Douglas Scott, Tochter des Herzogs von Buccleuch, als sie die Ehe mit dem Herzog von Gloucester eingeht, dem dritten Sohn von George V. und Bruder der zukünftigen Könige; von ihm stammen auch die Kleider der damaligen Brautjungfern Elizabeth und Margaret von York. Sein Stil spiegelt in Perfektion das strenge Hofprotokoll wider: tagsüber gerade geschnittene Kleider bis übers Knie, keine Jacken oder Blusen, die in die Röcke gesteckt werden müssen, abends dann opulente Stickereien auf Roben und Festkleidern. Unter Hartnells Führung fordert London die Vorherrschaft der Modestadt Paris heraus, des aufstrebenden Reiches von Christian Dior, mit dem er die Verachtung für das Haus Chanel und seine Modelinie teilt, die für die moderne Frau designt ist, die »sogar arbeiten geht«. Er kleidet lieber die Elite, Marlene Dietrich, die Schriftstellerin Barbara Cartland und die Schauspielerin Vivien Leigh, wird aber auch von französischen Sternchen wie Alice Delysia und Mistinguett geschätzt und von der von ihrem Volk heiß geliebten argentinischen »First Lady« Evita Perón.

Ein Brautstrauß aus Myrte und Maiglöckchen

20. November 1947.

Millionen Menschen haben sich mit warmen Decken an den strategisch wichtigen Punkten der Stadt postiert, über ihren Köpfen bunte Luftballons. Wer Glück hat, findet einen Balkonplatz, doch die Preise steigen stündlich: Kostete ein Fensterplatz mit Sicht auf die Parade gestern noch 35 Pfund, werden heute schon 100 Pfund verlangt.

Alle warten.

Alle außer einem Mann mit schwarzem Jackett, weißem Hemd und Krawatte, der sich keuchend seinen Weg durch die Reihen glänzender Rolls-Royce und volksnäherer Taxen bahnt, die langsam Richtung Westminster Abbey rollen. Sein Name ist John Rupert Colville, und ursprünglich wollte er im Daimler des norwegischen Königs Haakon VII. fahren; doch dieser steckte schon nach wenigen Metern zwischen den Menschenmassen fest, sodass Colville sich zu Fuß in das Getümmel stürzte. Er muss so schnell wie möglich St. James's Palace erreichen, wo man die zweireihige Perlenkette der Braut zwischen den 2583 ausgestellten Hochzeitsgeschenken vergessen hat. Auf ihre Perlen kann Elizabeth nicht verzichten! Sie sind ein Geschenk von George VI. und werden seit Generationen in der Familie weitervererbt: Die kürzeste Kette gehörte Anne, der letzten Königin der Stuarts, die längste Caroline von Ansbach, Gemahlin von König George II. Trotz hektischer Erklärungsversuche lässt das misstrauische Sicherheitspersonal den Mann erst durch, als sein Name auf der langen Personalliste des Königshauses gefunden ist: Colville, Prinzessin Elizabeths Sekretär; gerade noch rechtzeitig zurück in Buckingham Palace übergibt er die Kette einer Hofdame.

Während solche Pannen am Hochzeitstag für die meisten ein böses Omen wären, wartet Elizabeth in aller Seelenruhe, bis die Kette da ist. Nun ist die Stunde des Diadems gekommen, das traditionell zum ersten Mal bei der Hochzeit getragen werden darf. Das berühmte Fringe-Diadem gehörte schon Königin Victoria, wurde dann von Großmutterkönigin Mary getragen und 1936 der Schwiegertochter gegeben, die es nun an ihre Tochter weiterreicht. Doch kaum wird Elizabeth die schwere Schmuckkrone auf den Kopf gesetzt, verrutscht sie und fällt scheppernd zu Boden, sodass eine Metallhalterung bricht.

Noch sechsundfünfzig Minuten bis zur Zeremonie. Der in aller Eile herbeigerufene Hofjuwelier bringt das Schmuckstück zum Löten in seine Werkstatt. Perlenkette besorgt, Diadem repariert, die Ohrringe aus Perlen- und Brillantentrauben angelegt – da bricht plötzlich Panik aus im Palast: Der Brautstrauß ist nicht auffindbar! Endlose Minuten verstreichen, die Pagen und Kammerzofen vergehen fast vor Scham. Kurz darauf ist das Rätsel gelöst: Ein übereifriger Hausdiener hat die Blumen in das Eisfach in der Küche gelegt, damit sie frisch bleiben.

Nach einem sehr » lebhaften «, alkoholreichen Junggesellenabschied hat Philip die letzte Nacht als freier Mann in der Wohnung seiner Großmutter in Kensington verbracht. Bevor er in einem geliehenen Cutaway in den Wagen nach Westminster steigt, gönnt er sich den bittersüßen Genuss der letzten Zigarette: Aus Liebe zu Elizabeth hat er versprochen aufzuhören.

In Begleitung des Trauzeugen, seines Cousins David Marquis von Milford Haven, steht er dann an der Tür zum Poets' Corner von Westminster Abbey. In der Abtei sitzen 2250 geladene Gäste. Außer seiner Mutter im Ornat eines von ihr gegründeten religiösen Ordens ist niemand von Philips Familie anwesend: Zu peinlich wäre die Präsenz der Schwestern Margarita, Theodora und Sophie (die vierte Schwester, Cecilie, ist zehn Jahre zuvor bei einem Flugzeugunglück ums Leben gekommen), die alle mit ehemals hohen Nazibeamten verheiratet sind. Auch Elizabeths Onkel David und Wallis Simpson fehlen, genau wie Tante Mary, die Gräfin von Harewood, die offiziell unter gesundheitlichen Problemen leidet, in Wirklichkeit aber zu eng mit ihrem ältesten Bruder, dem »Rücktrittskönig«, verbunden ist.

Durch den Nebel lässt Big Ben elf Schläge ertönen.

Das Korps der Marineinfanterie intoniert *Lili Marleen* in einer feierlichen A-cappella-Version. Mit zwei Automobilen biegt die Kolonne von Königin Mary langsam auf die Prachtstraße The Mall ein, gefolgt von den Wagen von Prinzessin Juliana und Prinz Bernhard der Niederlande, dem Kronprinzen von Schweden und seiner Frau, dem Herzog und der Herzogin von Gloucester. Der Applaus der Menge galt zuvor schon einer Kutschenkolonne, die von der Mutter und der Schwester der Braut angeführt wurde: Margaret in einem elfenbeinweißen Kleid aus Satin und Tüll, die Königin mit dem blauen Hosenbandorden über einem beige- und goldfarbenen Lamékleid und die Brautjungfern. Dann endlich kommt die Kolonne der Prinzessin, eskortiert von den Gardereitern der Household Cavalry, die zum ersten Mal seit 1939 wieder ihre rote Galauniform tragen.

Alle wollen die Braut sehen.

Und ihr Kleid.

Unter größter Geheimhaltung haben dreihundertfünfzig Schneiderinnen sieben Wochen lang hinter den mit schwarzen Tüchern verhängten Fensterscheiben in Hartnells Werkstatt daran genäht. Inspiriert von Botticellis *Primavera* ist es ein Traum aus elfenbeinfarbener Seide von chinesischen Seidenraupen (also weder aus Japan noch aus Italien, gegen die England bis vor Kurzem noch Krieg geführt hat), verziert mit über zehntausend winzigen Perlen, Kristallen und Blumenstickereien, mit einem prächtigen Tüllschleier und einer fünf Meter langen Schleppe. Statt des traditionellen, ins Korsett genähten oder an den Unterrock gehefteten blauen Bandes, das die Geburt eines Jungen begünstigen soll, hat sich Elizabeth den blauen Hosenbandorden umgelegt.

Die Klänge von Mendelssohns Hochzeitsmarsch verkünden den Einmarsch des Königs und der Braut in Westminster Abbey. Gefolgt von acht Brautjungfern – Prinzessin Margaret, Prinzessin Alexandra von Kent, Lady Caroline Montagu Douglas Scott, Lady Mary Cambridge, Pamela Mountbatten, Margaret Elphinstone und Diana Bowes-Lyon – und zwei Pagen – Prinz William von Gloucester und Prinz Michael von Kent –, tritt Elizabeth am Arm ihres Vaters vor den Altar.

In den Händen hält sie den Brautstrauß, für den der Florist Marin Longman Maiglöckchen ausgewählt hat, drei Arten weißer Orchideen und einen Myrtenzweig, der aus dem Garten von Osborne House auf der Isle of Wight stammt, dem Landsitz Königin Victorias.

Feierlich verspricht Elizabeth ihrem Philip, ihn zu lieben und zu ehren und vor allem ihm zu gehorchen.

Um 13:08 Uhr werden Elizabeth, Herzogin von Edinburgh, und Philip mit den Klängen von *God Save the Queen* zu Mann und Frau erklärt. Die Eheleute unterschreiben die Standesregister, die ihren in der St.-Edward-Kapelle geschlossenen Ehebund bezeugen, dann bewegt sich die Festgesellschaft zu den feierlichen Klängen eines Hochzeitsmarsches zum Ausgang, und die beiden jungen Leute nehmen in der Kutsche Platz, die sie, begleitet von der Eskorte des Königs, nach Buckingham Palace bringt. Elizabeth macht aus ihrem Glück keinen Hehl, sie strahlt und winkt in die applaudierende Menge, dieses unglaubliche Meer aus Köpfen, zu der sich noch zweihundert Millionen Zuhörer an den Radiogeräten gesellen.

Zum Hochzeitsmahl sind nur hundertfünfzig Ehrengäste geladen, serviert werden Seezungenfilet, geschmortes Rebhuhn, Langusten aus Neuschottland und natürlich die Hochzeitstorte. Sie ist zwei Meter und vierundsiebzig Zentimeter hoch, hat vier Etagen und wurde von der Edinburgher Konditorei McVitie & Price mit Zutaten aus verschiedenen Ländern des Commonwealth gefertigt: Butter aus Neuseeland, Mehl aus Kanada, Rum aus Jamaika, Zucker und karamellisierte Früchte aus Australien.

Dann ist es Zeit für die Fotos. Stirling Henry Nahum, besser bekannt unter dem Namen »Baron«, erwartet das Brautpaar bereits mit einem Kollegen von der *Times*.

Bei Fotografen verliert Philip oft die Geduld, doch Baron ist ein Freund von ihm, den er vor Monaten im Haus von Dickie und Edwina Mountbatten kennengelernt hat; er durfte schon einige inoffizielle Bilder von ihm machen, und manchmal essen sie zusammen zu Mittag. »Philip war selbst an Fotografie interessiert und machte ganz ordentliche Fotos mit seiner kleinen Kamera. Als wir uns kennenlernten, kursierten bereits Gerüchte über seine Verlobung mit Prinzessin Elizabeth, aber er selbst sprach nie darüber. Er war absolut diskret, und obwohl ich ihn öfter als andere traf, erfuhr auch ich von der Verlobung erst aus den Zeitungen!«[12]

Wenn Baron hinter der Kamera steht, ist auch Elizabeth ungewöhnlich geistreich und lächelt ohne jede Scheu.

Im Thronsaal ist alles bereit. Elizabeth und Philip wirken glücklich, heiter, entspannt. Vom Vorplatz schallen die Stimmen der Menschen herauf, aus dem undeutlichen Gewirr erhebt sich schnell ein Chor, der nach den frischgebackenen Eheleuten ruft.

»Die Braut! Wir wollen die Braut sehen!«

Baron steht hinter seiner vertrauten Kodak Century, »der ollen Quetschkommode«[13], wie er selbst sagt, sie ist seine beste Kamera und gibt ihm die nötige Sicherheit. Das ist wichtig bei dem engen Zeitplan des Brautpaares, der ihm nur wenige Minuten für ein Dutzend Fotos zugesteht – und bestimmt soll das nicht der tragischste Moment seiner beruflichen Laufbahn werden!

»Sie waren gerade vom Podest gestiegen, als mir in einem scheinbar endlosen Schreckensmoment klar wurde, dass ich vergessen hatte, die Schärfe zu kontrollieren. Ein historischer Moment verstrich, und höchstwahrscheinlich hatte ich gerade das Wort ›Ende‹ unter meine Karriere geschrieben.«[14]

Baron bittet die beiden um weitere Fotos, doch dafür bleibt keine Zeit, schon stehen die Brautleute auf dem Balkon vor der jubelnden Menge. Tief erschüttert und ohne sich zu verabschieden, verlässt er den Palast, ein gebrochener Mann. Eilig betritt er sein Studio, übergibt dem Assistenten die Filme und lässt sich verzweifelt in das Sofa vor der Dunkelkammer sinken. Jetzt braucht er etwas Starkes zu trinken.

»Die schrecklichste halbe Stunde meines Berufslebens endete durch die strahlende Miene meines Chefentwicklers: ›Mr Baron! Wie haben Sie nur diese wunderbaren Bilder hinbekommen?‹«[15]

Es ist alles gut gegangen, die Aufnahmen des Brautpaars sind scharf, seine Karriere ist gerettet. Und die Fotos gehen zu Recht in die Geschichte der englischen Krone ein.

Andere Fotografen jedoch (und die Unbeherrschtheit des Herzogs von Edinburgh) werden den Honeymoon empfindlich stören. Am Nachmittag verlässt das Paar Buckingham Palace in einer offenen Kutsche, gewärmt von mehreren Dutzend Flaschen heißem Wasser, und durchquert die Stadt bis Victoria Station, wo der *Royal Train*, der königliche Privatzug, sie zur ersten Etappe ihrer Flitterwochen bringen wird: nach Broadlands, auf den prächtigen Landsitz von Lord Mountbatten in Hampshire. Elizabeth trägt Kleid und Mantel in mattem Blau von Hartnell und hat ihre Corgihündin Susan und fünfzehn Koffer dabei. Philip lediglich zwei Reisetaschen.

Im Zug denkt Elizabeth vielleicht noch einmal an die Augenblicke, als ihr Vater sie zum Altar führte. Im Herbst 2015 wird auf dem Twitter-Kanal der Königlichen Familie der Wortlaut eines rührenden Briefes veröffentlicht, den George VI. seiner Tochter kurz nach der Hochzeit schickte: » Ich war so stolz und so aufgeregt, Dich auf unserem langen Weg durch Westminster Abbey so nah an meiner Seite zu haben. Aber als ich Deine Hand in die des Erzbischofs legte, fühlte ich, dass ich etwas sehr Wertvolles verloren hatte. Während der Zeremonie warst Du so ruhig und gefasst, Du hast Deine Worte mit solcher Überzeugung gesprochen, dass ich wusste, alles ist gut. (...) Ich kann, das weiß ich, immer auf Dich zählen, und nun auch auf Philip, uns bei unserer Aufgabe zu helfen. Dein Abschied hat eine große Leere in unserem Leben hinterlassen, aber denke daran, dass Dein altes Zuhause immer noch Deines ist ... «[16]

Auf Broadlands werden nun allerdings die Fotografen zum Problem.

Bislang war Elizabeth ihnen wohlgesonnen, stellte sich bereitwillig ihren Objektiven. Fotografiert zu werden galt ihr als Pflicht, die sie gerne erfüllte. Doch mit der Hochzeit scheinen alle Dämme gebrochen: Die Paparazzi lauern überall, in den Büschen des Anwesens, auf den Bäumen und Zäunen, um einen Blick zu ergattern. Philip, der nicht an Fotografen gewöhnt ist, schickt sie mit deutlichen Worten weg, beschimpft und bedroht sie vergeblich, bis er begreift, dass Elizabeth und ihm nur die Flucht bleibt.

»Philip ist ein Engel – er ist so liebevoll und aufmerksam ... «,[17] schreibt sie verzückt ihrer Mutter und verschweigt die lästigen Streitereien mit den aufdringlichen Reportern.

Um die Flitterwochen in größerer Ruhe fortzusetzen, zieht das Paar nach Birkhall um, in das Landhaus auf dem Gelände des schottischen Schlosses Balmoral, das besser abgeschirmt ist als Onkel Dickies Haus.

Als sie nach London zurückkehren, ist ihre neue Unterkunft Clarence House noch nicht fertig renoviert. So ziehen sie zunächst nach Buckingham Palace, von wo es Philip durch den St. James Park nicht weit zur Admiralität hat, dem Amtssitz der Royal Navy.

Die Wochenenden verbringen sie auf einem Landgut in Surrey, das sie gemietet haben.

Sie sind glücklich.

Die Frau eines Seemanns

Ihren ersten offiziellen Besuch in Paris im April 1948 behält Elizabeth in wenig guter Erinnerung: Immer wieder leidet sie unter heftiger Übelkeit. Sie ist schwanger, was aber niemand wissen darf, denn das königliche Protokoll sieht eine offizielle Bekanntmachung nicht vor dem Ende des dritten Monats vor. Es ist unschicklich, über eine royale Schwangerschaft zu reden, und die einzige Verlautbarung des Palastes übt sich in größtmöglicher Zurückhaltung: »Prinzessin Elizabeth wird ab Ende Juni keine öffentlichen Verpflichtungen mehr wahrnehmen.«[18]

Als am 14. November 1948 die Fruchtblase platzt, spielt Philip gerade Squash mit seinem Privatsekretär und engen

Freund Michael Parker. Gerade noch rechtzeitig trifft er in Buckingham Palace ein, um in kurzer Sporthose und -shirt die Geburt des Thronerben zu feiern, wie die Presse genüsslich berichtet: » Der König im Frack, die Königin im Abendkleid, Philip im Freizeitdress und Urgroßmutter Mary – so warteten sie im Nebenzimmer und nippten Champagner.« Hektisch wird der Privatsekretär des Königs gesucht, der die offizielle Bekanntmachung der Geburt absegnen muss, doch er ist im ganzen Palast nicht auffindbar, da das Kind viele Stunde vor dem errechneten Geburtstermin zur Welt gekommen ist.

Am nächsten Morgen überquert ein livrierter Page den Hof, raunt der Wache am Tor etwas zu (wahrscheinlich » Es ist ein Junge, alles gut«) und befestigt die erste Mitteilung über Gesundheit von Mutter und Kind am Gitter: » I. K. H. Prinzessin Elizabeth hat in der Nacht einige Stunden geruht. Ihr und dem Neugeborenen geht es den Umständen entsprechend gut.«[19] Dann werden im Hyde Park und vom Tower of London einundvierzig Salutschüsse abgegeben, und die Glocken von Westminster Abbey und St. Paul's Cathedral läuten drei Stunden lang. Am Nachmittag verkündet eine zweite Mitteilung das Geburtsgewicht des Kindes: dreieinhalb Kilo. Zur selben Zeit erfüllt auch Corgihündin Susan ihre Mutterpflichten und gebärt zwei Welpen, Sugar und Honey, die der Anfang einer königlichen Hundedynastie sind.

Cecil Beaton ist am 13. Dezember der Erste, der Elizabeth in ihrer neuen Rolle als Mutter fotografieren darf, im Music Room von Buckingham Palace. Doch er ist nicht der Einzige, der Charles, den Thronerben und künftigen König von England, aufwachsen sieht, auch » die anderen« (wie Beaton sie nennt) versorgen die sensationslüsterne Presse regelmäßig mit Klatsch und Bildmaterial: Baron, Marcus Adams und Lisa Sheridan.

Elizabeth ist nun Mutter, doch vor allem ist sie eine verliebte Ehefrau. Philip, der zum stellvertretenden Kommandanten des Torpedobootzerstörers *Chequers*, des Flaggschiffs des Zerstörergeschwaders der britischen Mittelmeerflotte, befördert wurde, will seine Marinekarriere fortsetzen. Ohne langes Zögern lässt Elizabeth 1949 Charles bei den Großeltern und Kindermädchen in London zurück, um mit ihrem Mann nach Malta zu gehen.

Die Villa Guardamangia in der Nähe von Valletta wird ihr privates Paradies. Nirgendwo anders kann sie einfach nur die Frau eines Marineoffiziers sein. Hier herrscht kein Zwang zur Disziplin, der ständige Begleiter ihrer Jugend; hier kann sie nach Belieben schwimmen gehen und sich am Strand sonnen, Auto fahren und einmal die Woche ihren Friseur Tony in Sliema aufsuchen, Waschen und Legen für kleines Geld; sie kann die samstäglichen Tanzabende im Hotel Phoenicia besuchen, mit Freundinnen einen Kaffee trinken gehen und mit ihrer ersten Kodak kleine Filme drehen, was sie neben der Fotografie zu ihrem Hobby macht.

Auf Malta gibt es das Meer und vor allem ihren Seemann, und » auf Malta die Frau eines Seemanns zu sein war die glücklichste Zeit ihres Lebens «,[20] erzählt Margaret Rhodes, Elizabeths Cousine und Busenfreundin.

Auf Malta lebt auch Onkel Dickie und genießt seine Stellung als Kommandant.

Und auf Malta wird Elizabeth mit Anne Elizabeth Alice Louise schwanger, die dann am 15. August 1950 in Clarence House zur Welt kommt. Auf einem berühmten Foto hält Elizabeth ihre gerade geborene Tochter im Arm, während Philip mit beschützendem Blick an ihrer Seite sitzt – ein Moment scheinbar endlosen Glücks.

Eine Polopartie

In der milden Mittagssonne des 11. April 1951 landet am römischen Flughafen Ciampino die zweimotorige Viking mit der Herzogin und dem Herzog von Edinburgh an Bord zu ihrer ersten Italienreise. Der Anlass ist privat: der Länderpokal, bei dem der italienische Roma Polo Club gegen die maltesischen Optymists spielt, bei denen Philip Verteidiger ist. Offiziell eingeladen ist nur er. Elizabeth begleitet ihn in ihrer Rolle als Ehefrau, nimmt aber parallel ein paar öffentliche Termine wahr: ein Abstecher nach Florenz, ein Besuch im Tierheim und einer im Waisenhaus, ein paar Galaabende in der britischen Botschaft und ein Ball, auf den der römische Adel sich seit Monaten vorbereitet.

Neben der Landebahn wartet ein Rolls-Royce auf das Paar. Scharen von Fotografen drängeln sich an den Absperrungen, die unter dem Druck fast nachgeben, dann schwingen sie sich auf ihre Motorräder und verfolgen den Wagen der Royals bis zum Quirinalspalast, wo das Paar bei Staatspräsident Luigi Einaudi und Ministerpräsident Alcide De Gasperi eingeladen ist. Das Menü: starker Espresso, Raviolipastete, Schinkenmousse, gegrilltes Perlhuhn auf Salat, sizilianisches Eis mit Erdbeeren. Die Fotografen erwarten das Paar am Ausgang des Quirinals, und hier geschieht, was für Engländer undenkbar ist: Elizabeth bleibt lächelnd am Fuß der großen Treppe stehen, lange genug für Dutzende Fotos. Skandal! Die drei britischen Korrespondenten schäumen vor Empörung, vielleicht einfach aus Neid auf die römischen Kollegen: »Vor Buckingham Palace sind Fotografen grundsätzlich verboten!« Kurz darauf erscheint der erste vernichtende Artikel, dem viele weitere folgen. Die englische Presse verurteilt die Tour als »kompletten Reinfall«, auf der die Thronerbin von »kriecherischen Aristokraten belagert« wurde. Den scharfen Verurteilungen durch angelsächsische Reporter schließen sich mehrere Gruppe englischer Protestanten an, die die »private« Unterredung zwischen Elizabeth, Philip und Papst Pius XII. kritisieren: Die Prinzessin habe sich »mindestens drei Mal« vor dem Pontifex verbeugt, klagen sie.

Elizabeth und Philip kümmern sich nach außen hin nicht um die Vorwürfe der Presse, besichtigen wie ganz normale Touristen Kolosseum und Kaiserforen und verbringen besonders viel Zeit auf dem römischen Polofeld Acqua Acetosa, wo Philip mit den drei Füllen trainiert, die er aus Malta hat einfliegen lassen.

Nach tagelangen »Vorbereitungsspielen«, die Elizabeth von den Zuschauerrängen aus mit ihrer kleinen Filmkamera aufzeichnet, kommt endlich das Finale, in dem das Team der Optymists, das in der Hinrunde in Malta vernichtend geschlagen wurde, Revanche fordert. Philip spielt mit der Nummer vier, sehr elegant in weißer Hose, Lederstiefeln und blauer Tuchjacke mit Goldknöpfen. Er ist »ein grandioser Verteidiger«, ein »korrekter und präziser Spieler« (so die anwesenden Reporter), doch die italienische Mannschaft ist auch diesmal überlegen, und die Partie endet mit neun zu vier. Bei der Siegerehrung überreicht Elizabeth (blaues Kostüm, Bluse im Schottenmuster mit Schleife) den Pokal an den Kapitän der Sieger und schenkt ihrem Mann als Trostpreis ein bezauberndes, schelmisches Lächeln.

Die sorglose Zeit währt nur wenige Monate, bis zum Sommer 1951, als Elizabeth Malta verlassen und nach London zurückkehren muss: George VI. ist schwer krank, sie muss bei ihm sein und Philip bei ihr, in London oder auf Reisen, bei denen Elizabeth ihren Vater vertritt. Im Oktober 1951 besuchen sie zum ersten Mal Kanada; bei dieser Gelegenheit treffen sie Yousuf Karsh, der sich in seinem Fach einen Namen gemacht hat und seine außerordentlichen Fähigkeiten dem letzten Porträt von Prinzessin Elizabeth als Herzogin von Edinburgh widmet, das am 30. Juli in Clarence House in London entsteht: Brust, Schultern und Oberarme von einem breiten, schärpenartigen Dekolleté umhüllt, wirkt sie bereits unnahbar, doch in ihrem Blick und dem fast unmerklichen Lächeln auf ihrem von Diadem und Collier eingerahmten Gesicht liegt der melancholische Abglanz einer unwiederbringlichen Zeit.

Königin
(1952 – 1955)

Rom, 15. April 1951. Prinzessin Elizabeth und Prinz Philip, Herzog von Edinburgh, verlassen das Gelände des Roma Polo Club, nachdem der Herzog für das maltesische Poloteam um den Länderpokal gekämpft hat. [5]

Der Abschied

31. Januar 1952.

Kein Fremder ist auf dem Bild zu sehen, das ein Fotoreporter auf der Landebahn des Londoner Flughafens Heathrow macht: die Königin im pelzbesetzten, wehenden Mantel, ein klein wenig hinter ihr Prinzessin Margaret und daneben, mit etwas Abstand zu den beiden, sichtlich mitgenommen der König. Er hält den Kopf gesenkt, ist blass, hat eingefallene Wangen und fahle Lippen, mit müdem Lächeln winkt er kurz darauf Elizabeth und Philip zu, die auf der Gangway der Argonaut Atalanta G-ALHK der British Overseas Airways stehen. Ziel: Kenia, die erste Etappe des Staatsbesuchs in Afrika, Australien und Neuseeland.

Abschiede sind manchmal kalt und einsam wie eine Schwarz-Weiß-Fotografie, und als die Tür sich hinter Elizabeth schließt, liegt eine rätselhafte Melancholie im Blick des Souveräns. Wie die Ruhe vor dem Sturm ist die Abreise aufgeladen mit bösen Vorahnungen; vielleicht erkennt George VI. in diesem bittersüßen Abschied das, was keiner sich vorstellen mag: den letzten Blickwechsel zwischen Vater und Tochter.

Elizabeth weiß nicht, dass sie ihrem Schicksal entgegengeht.

94

Sie erwartet es nicht.

Und wird es doch akzeptieren.

1. Februar. Das Paar landet in Nairobi und wird von Gouverneur Philip Mitchell empfangen. Die Reporter beschreiben die Prinzessin als »glücklich und sorglos«, Fotografen und Kameramänner nehmen die fröhlich feiernde Menschenmenge mit Fähnchen und Luftballons zu beiden Seiten der Straße auf, die Gartenpartys, die Festessen zu Ehren der Gäste, die abenteuerliche Fahrt durch den Nairobi-Nationalpark. Philip behandelt die Reporter wie immer von oben herab und zögert die Fototermine mit seiner umjubelten Gemahlin immer wieder hinaus: »Ihr bekommt später eure verdammten Bilder.« Doch die Presse ist an die wenig charmanten Manieren des streitbaren Herzogs gewöhnt und lässt sich nicht einschüchtern: Die englischen Zeitungen gieren nach Neuigkeiten, und Kenia ist erst der Anfang vieler ausführlicher Reportagen.

4. Februar. Elizabeth und Philip legen einen längeren Aufenthalt auf der Sagana Lodge ein, einer Zedernholzfarm im Jagdreservat des Aberdare-Nationalparks, die wenige Jahre zuvor das Hochzeitsgeschenk der kenianischen Regierung für das Brautpaar war. Die beiden ruhen sich aus und warten auf das bevorstehende Spektakel, das sie in der Nacht darauf im nahen Treetops Hotel bestaunen möchten – einem Baumhaus mit drei Schlafräumen, einem Esszimmer und einem Raum für die Leibwächter, alles in einem riesigen alten Feigenbaum! Sobald der Mond aufgeht und die geheimnisvollen Laute des Urwalds gen Himmel steigen, wird Elizabeth mit ihrer kleinen Kamera Elefanten, Nilpferde und Giraffen filmen, die zum Saufen an die benachbarte Wasserstelle kommen.

6. Februar. England. Der Morgen auf Sandringham ist kalt und windig. Ein Diener betritt um 7:30 Uhr das königliche Schlafgemach, um Seine Majestät zu wecken. Heute ist Jagd.

Er zieht die Vorhänge auf und lässt das blasse Morgenlicht herein. Spricht den König einige Male an. Geht näher. Rüttelt ihn sanft, doch der Körper ist totenstarr, sein geliebter und so labiler König ist fern. Auf dem Nachttisch steht der Aschenbecher mit der letzten Zigarette.

Albert ist sechsundfünfzig Jahre alt geworden.

England verliert einen König.

Elizabeth verliert einen Vater.

Die Regierung wird in Kenntnis gesetzt.

Als Elizabeth früh am Morgen erwacht, ist es noch dunkel: Michael Parker, Philips Privatsekretär, hat sie überzeugt, dass es unverzeihlich wäre, den Sonnenaufgang über der Savanne zu verpassen. Rote Wolken ziehen über das zarte Blau des Himmels. Ein schwarz gefiederter Vogel gleitet an der Prinzessin vorbei. Das schöne, stolze Tier streift sie, erschreckt sie, schwingt sich steil empor und verschwindet im rosafarbenen Lichtschein.

Ein Omen?

Man wird nie genau sagen können, wann die Regentschaft von Elizabeth II. begann, doch dies mag der Augenblick sein, da 11 000 Kilometer entfernt der König stirbt.

Hyde Park Corner

Königin Elizabeth hat ihren Bertie verloren, die Krone, das Empire und alles, was ihr am Herzen lag. Aus Sandringham schickt sie eine mit zitternder Hand geschriebene Nachricht nach Marlborough House, der Residenz ihrer Schwiegermutter in London-Westminster: »Der Diener konnte ihn nicht wecken. Ich eilte in sein Zimmer und dachte, er sei in tiefem Schlaf, er sah so friedlich aus – und dann verstand ich, was geschehen war.«[1] Auch für Königin Mary ist es ein bitterer

96

Schlag; sie hat ihren Mann überlebt, unter der Abdankung des Erstgeborenen gelitten und bereits den Tod von zwei anderen Kindern aushalten müssen: Der erst vierzehnjährige John starb am 18. Januar 1919 nach einem epileptischen Anfall und George, Herzog von Kent, bei einem Flugzeugabsturz am 25. August 1942.

Zur gleichen Zeit informiert der Privatsekretär Georges VI., Edward Ford, den Premierminister: »Ich habe eine schlechte Nachricht. Heute Nacht ist der König verstorben.«

»Eine schlechte Nachricht? Das ist die schlimmste.«[2]

John Colville, Churchills Privatsekretär, weiß, dass der Tod des geliebten Königs für den alten Löwen nicht leicht ist, und als er sein Zimmer betritt, findet er ihn mit tränenverschleierten Augen auf dem Bett sitzend. Er hat weder die Regierungsunterlagen für den Tag studiert noch die Zeitungen durchgeblättert. Gebetsmühlenhaft murmelt er vor sich hin: »Ich kenne sie überhaupt nicht. Sie ist doch noch ein Kind.«[3]

In der Kolonialverwaltung in Nairobi trifft eine Nachricht ein. Sie ist verschlüsselt; der Operateur kann nicht wissen, dass »Hyde Park Corner« der Geheimcode für den Tod des Monarchen ist. Der Gouverneur, der als Einziger den Schlüssel zum Tresor mit den Codes hat, ist bereits auf dem Weg nach Mombasa, um die Prinzessin zu verabschieden, die sich zur Weiterfahrt auf der *SS Gothic* einschiffen wird.

Vier Stunden später steht der Direktor des Treetops Hotel, Norman Jarman, mit dem Privatsekretär der Prinzessin, Martin Charteris, an der Bar. Da erreicht ihn der Anruf des Chefredakteurs des *Nairobi Standard* mit der dramatischen Nachricht, die gerade über Fernschreiber bei der Zeitung eingegangen ist. Ein paar Hocker weiter hört der Fotograf John Jochimsen zufällig ein Telefonat von Granville Roberts mit, dem Korrespondenten des *East African Standard*. Die Zeit scheint stehen zu bleiben, aber die Botschaft ist klar: »Der

König ist tot.« Elizabeth weiß noch nichts, doch die BBC kann nicht länger warten, und Churchill gibt grünes Licht, um die Bevölkerung zu informieren.

Nach einigen endlosen Minuten ruft Martin Charteris Michael Parker an, dann steigt er in seinen Wagen und rast zur Sagana Lodge, wo sich Elizabeth und Philip auf ihre Abreise nach Mombasa vorbereiten. Parker schaltet das Radio ein, alle fünfzehn Minuten wiederholt sich wie ein müder Herzschlag die Nachricht der BBC:

Hier ist London. Mit dem allergrößten Bedauern haben wir folgende Mitteilung zu machen: Aus Sandringham wurde um 10:45 Uhr am heutigen Tag, dem 6. Februar 1952, verkündet, dass der König, der sich gestern Abend bei gewohnter Gesundheit zu Bett legte, in den frühen Morgenstunden friedlich entschlafen ist.[4]

In London ist es 11:45 Uhr, in Kenia 14:45 Uhr. Weiße Wölkchen ziehen über den Himmel. Philip liegt auf dem Sofa, die aufgeschlagene *Times* über das Gesicht gebreitet. Unter Entschuldigungen reißt Parker ihn aus dem Mittagsschlaf. Einige Minuten vergehen, und als Philip mit Elizabeth zu einem Spaziergang durch den Park aufbricht, halten alle die Köpfe gesenkt. Es hat den Anschein, als wären die Geräusche des Dschungels um sie herum verstummt, als gäben Vögel und andere Tiere keinen Laut von sich. Die Zeit füllt sich mit Einsamkeit und Stille. Philip legt sanft den Arm um seine Frau, lauscht ihren Atemzügen. Der Verlust überrollt die junge Prinzessin wie eine Welle: Ihr sie bislang immer behütender Schutzwall ist unversehens zerbrochen, der Tod ist an sie herangetreten und hat ihr einen der Menschen genommen, die sie liebt.

Ob der Schmerz sie mit Trostlosigkeit erfüllt, ist nicht zu erkennen. Wenige Minuten später hat sich die Frau, die die

Welt bald die Queen nennen wird, wieder gefasst und akzeptiert ihr Schicksal tränenlos.

» Ich fragte sie, welchen Namen sie als Königin tragen wolle, und sie erwiderte: > Meinen natürlich < «, berichtet Martin Charteris.[5]

Nun geht alles sehr schnell.

London trauert

Das Herz der Nation ist stehen geblieben. Die Menschen scheinen sich vorsichtiger durch die Straßen zu bewegen. Wer kann, geht nach Hause. Am frühen Nachmittag bringt der *Evening Star* eine Sonderausgabe mit einem Bild der Einfahrt von Sandringham und den vierzehn Worten der offiziellen Bekanntmachung von Buckingham Palace. Winston Churchill ruft sein Kabinett zusammen. An öffentlichen Gebäuden und auf den Schiffen auf See wehen die Fahnen auf halbmast. Kinos und Theater bleiben geschlossen, in den Schaufenstern der großen Geschäfte ist Trauerdekoration zu sehen, Sportveranstaltungen wurden abgesagt. Langsam versammeln sich die Menschen vor dem Königspalast.

In Kenia geht Elizabeth hoch aufgerichtet und mit kleinen, würdevollen Schritten zu dem Wagen vor der Sagana Lodge, der sie zum Nanyuki Airport bringen wird. Den Blick nach vorn gerichtet, auf den Lippen ein dezentes Rot und ein sanftes Lächeln, mit Handschuhen und einem weißen Täschchen am Arm.

Sie ist *schon* perfekt. Und schutzlos.

Vor dem Tor der Lodge stehen aufgereiht die Fotografen, mit angehaltenem Atem und fragenden Blicken, die Kameras im Anschlag: Auch für sie ist dies ein historischer Moment.

Von ihr kein Wort.

Ein kaum vernehmliches Rascheln.

Ein Blick genügt, und John Jochimson gibt als Erster auf. Er neigt den Kopf, legt die Fotokamera auf den Boden. Die anderen folgen seinem Beispiel, aus Respekt vor dem Moment. Der Scoop bleibt aus.

Um 18:57 Uhr Ortszeit hebt das Flugzeug ab.

7. Februar. Winston Churchill wendet sich im Radio an die Nation:

Am Ende kam der Tod als Freund, nach einem glücklichen Tag voller Sonnenschein und Sport, und nachdem er allen, die ihn am meisten liebten, eine gute Nacht gewünscht hatte, schlief er ein wie jeder Mann und jede Frau, die bestrebt sind, Gott zu fürchten, und deren höchste Hoffnung auf der Welt dies ist (...) An mir ist es nun, die Schätze der Vergangenheit loszulassen und in die Zukunft zu schauen. Ruhmreich waren die Regentschaften unserer Königinnen. Unter ihren Zeptern entfalteten sich einige der größten Epochen unserer Geschichte. Nun, da wir die zweite Königin Elizabeth haben, die den Thron gleichfalls in ihrem 26. Lebensjahr besteigt, wandern unsere Gedanken nahezu vierhundert Jahre zurück zu jener großartigen Gestalt, die (...) die Größe und Genialität des elisabethanischen Zeitalters verkörperte und erweckte. Wie ihre Vorgängerin hat Königin Elizabeth II. ihre Kindheit nicht in Erwartung des Thrones verbracht. Doch wir kennen sie bereits gut, und wir verstehen, warum ihre Gaben – und die ihres Gatten, des Herzogs von Edinburgh – den einzigen Teil des Commonwealth bewegt und berührt haben, den zu besuchen ihr bislang möglich war. Sie wurde bereits zur Königin von Kanada ausgerufen. Auch wir erheben unseren Ruf, und andere werden dies ebenfalls tun, und morgen wird die Proklamation ihrer Regentschaft die Loyalität ihres Geburtslandes und aller anderen Teile des Britischen Commonwealth und Empire einfordern. Ich, dessen

Jugend noch der erhabenen, unangefochtenen und friedlichen Größe der viktorianischen Ära angehörte, fühle einen Schauder, wenn ich erneut die Bitte ausrufe, die zugleich unsere Hymne ist: » God save the Queen! «[6]

Sechsundzwanzig Stunden Flug

London. Das Flugzeug landet im Nieselregen. Selbst der Himmel scheint zu trauern.

Am Boden wartet die massige Gestalt Winston Churchills auf Ihre Majestät, mit Zylinder und Stock, neben ihm Regierungsmitglieder und der frühere Premier und jetzige Oppositionsführer Clement Attlee. Eine Rolls-Royce-Kolonne steht in der Nähe. Es herrscht gespenstische Stille, dann kommt eine schmale, schwarz gekleidete Figur die Gangway herab. Betont ruhig, das Ergebnis jahrelang trainierter Selbstkontrolle. Obwohl sie erst fünfundzwanzig Jahre alt ist, scheint doch schon alles vorhanden, was sie brauchen wird: Persönlichkeit, Temperament, Charakter.

Philip folgt ihr mit gesenktem Blick, eine Strähne fällt ihm in die Stirn. Das Schicksal hat dem Admiralsanwärter und seiner Marinekarriere einen Strich durch die Rechnung gemacht. Nun geht der Prinzgemahl – wie für den Rest seines Lebens – zwei Schritte hinter ihr zu dem Wagen, der mit laufendem Motor wartet.

Tags darauf die Proklamation Elizabeths II. zur Königin:

Wir, die geistlichen und zeitlichen Lords dieses Reiches, mit Unterstützung von Mitgliedern des Kronrates Seiner verstorbenen Majestät, mit Vertretern anderer Mitglieder des Commonwealth, mit anderen erstrangigen Herren von Größe, mit dem Lord Mayor, Aldermen und Bürgern Londons, verkünden und verlautbaren mit einer Stimme

*und Einverständnis der Zunge wie des Herzens, dass die
hohe und mächtige Prinzessin Elizabeth Alexandra Mary
nun, durch den Tod unseres verstorbenen Souveräns glücklichen Andenkens, Queen Elizabeth II. geworden ist, von
Gottes Gnaden Königin dieses Reiches und aller Ihrer anderen Reiche und Gebiete, Oberhaupt des Commonwealth,
Verteidigerin des Glaubens, die Ihre Lehnsleute ihres Vertrauens und ständigen Gehorsams versichern, mit herzli-
cher und demütiger Zuneigung, und bitten Gott, durch
den Könige und Königinnen herrschen, die königliche
Prinzessin Elizabeth II. mit langen und glücklichen Jahren der Herrschaft über uns zu segnen.*[7]

Die drei Königinnen

Um sechs Uhr morgens am 15. Februar ist ein kleiner Junge,
der zwölf Stunden lang im Regen ausgeharrt hat, der letzte in
der langen Reihe vieler Tausend Untertanen, die in Westminster Hall am Sarg des Königs vorbeidefiliert sind.

Um 9:30 Uhr erlöst der erste von sechsundfünfzig Kanonenschüssen die Stadt aus der kollektiven Lähmung. Von
Big Ben schallen gleichzeitig sechsundfünfzig Glockenschläge herab, und im Rhythmus dieses Zweiklangs atmet
London weiter. Die prächtigen Begräbniszeremonien Georges VI., des scheuesten aller englischen Herrscher, können
beginnen.

Die künstlich langsamen Schritte der Soldaten wirken wie
Zahnräder eines perfekt geölten Uhrwerks. Es ist anstren-
gend, so zu marschieren, und ihre Gesichter sind angespannt.
Über einem Meer von Köpfen schwebt der Sarg. Die Säume
der königlichen Standarte flattern im Wind. Der Kranz des
Empires ist auf dem Holz befestigt, daneben der Kranz der
Witwe aus weißen Rosen, Orchideen und Maiglöckchen. In

einer Kutsche sitzen vier schwarz verschleierte Frauen: Elizabeth II., ihre Mutter Elizabeth, die Schwester des verstorbenen Königs Mary und Prinzessin Margaret. Königin Mary ist mit ihren vierundachtzig Jahren zu schwach, um teilzunehmen. Als der Trauerzug auf die Mall einbiegt und Marlborough House passiert, sind vor fast allen Fenstern die Vorhänge zugezogen. Nur an einem sitzt die betagte Königin auf einem Stuhl, das Binokel auf der Nase, und verfolgt die Prozession; längst ist sie nicht mehr die Königin mit der Miene aus Stein, sondern eine Mutter, von der das unbarmherzige Schicksal erneut verlangt, auf den Sarg eines ihrer Kinder zu blicken. Ein Jahr später wird sie selbst sterben, am 24. März 1953, und per Testament verfügen, dass ihre Beerdigung nicht der Krönungszeremonie ihrer Lieblingsenkelin in die Quere komme.

Hinter der Kutsche schreiten Philip von Edinburgh, der Herzog von Gloucester, der Herzog von Kent sowie der Herzog von Windsor in Admiralsuniform, der die Blicke der schweigenden Menge auf sich zieht. Es ist das erste Mal seit seiner Abdankung, dass er an einer öffentlichen Zeremonie teilnimmt. Chopins *Trauermarsch* begleitet den Zug vier Kilometer weit, neuntausend Schritte in zwei Stunden und zwanzig Minuten.

An Paddington Station stehen die Uhren auf Null, die Werbetafeln sind mit violetten Tüchern verhängt. Der Bahnhofsvorsteher in Gehrock und Zylinder nimmt den Sarg in Empfang und lässt ihn in den mittleren Waggon des Königlichen Zuges verladen. Die Vorhänge an den Scheiben sind zugezogen. Da öffnet sich einer: Die junge Queen Elizabeth grüßt ihre stramm stehenden Soldaten. In tiefer Stille rollt der Zug an. Durch das Fenster sieht Elizabeth auf den Bahnsteigen die Liebe des Volkes für seinen König: Kinder an den Händen ihrer Eltern, frierende junge Frauen in schwarzen Mänteln, Männer mit gesenkten Köpfen, die Hüte ans Herz gepresst. Die Melancholie des Abschieds löst sich auf dem langsamen Weg über die Gleise bis zum Grab.

Um Punkt 14 Uhr verkünden sechsundfünfzig Salutschüsse die Ankunft in Windsor. Im gesamten Königreich und in allen Ländern der Welt, über denen die britische Flagge auf halbmast weht, wird der Taxi-, Bus- und Autoverkehr eingestellt, Fußgänger bleiben stehen, die BBC unterbricht ihr Programm. In ganz England ist für diesen Tag kein anderes Begräbnis zugelassen. Der Sarg wird von der Geschützlafette gehoben und den Wachsoldaten auf die Schultern geladen. Neunhundert Menschen haben bereits in der St. George's Chapel Platz genommen. Sechsundzwanzig Minuten später nimmt Elizabeth eine Handvoll Erde aus einer Silberschale und lässt sie auf den Sarg des Vaters fallen, der – ohne Kranz und Standarte – in das Dunkel der Krypta hinabgelassen wird; hier findet George VI. an der Seite seines Vaters und seines 1942 verunglückten Bruders die letzte Ruhe.

Dann geht sie zum Ausgang, ohne sich noch einmal umzudrehen.

Von dem langen Abschied bleibt uns eine Schwarz-Weiß-Fotografie. Keine Pose, kein künstliches Licht, sondern ein Schnappschuss vom kurzen Weg zwischen Pforte und Kutsche. Gelungen ist er Ron Case, Fotograf der Keystone Press Agency, der seit Stunden mit zahlreichen Kollegen vor der Kapelle wartet. Er hat eine recht ungewöhnliche Kamera dabei, die von der Royal Air Force im Krieg benutzt wurde, und hat sie für diesen Anlass auf ein Stativ aus leeren Flaschen montiert, das er am Morgen schnell in einem Pub in Windsor zusammengebastelt hatte.

Dieses Bild erzählt mehr als tausend Worte von diesem unvergesslichen Moment.

Three Queens in Mourning lautet sein Titel. Drei trauernde Königinnen, drei Generationen: eine Mutter, eine Ehefrau und eine Tochter, die Gesichter teils hinter schwarzen Schleiern. Das Licht höhlt ihre Mienen aus und lässt ihren Schmerz noch lebendiger hervortreten.

Mehrere Tausend Abzüge werden von dem Foto erstellt und auf den Titelseiten der Zeitungen vom 17. Februar 1952 gedruckt.

Es wird zum Symbol.

Und Ron Case, der keinen Penny daran verdient, da sämtliche Rechte bei seiner Agentur verbleiben, wird weltberühmt.

God Save the Queen

Es ist ein feierlicher Umzug.

Über Buckingham Palace wird die neue Königsflagge gehisst. Die dreihundert Uhren im Palast, die bereits zur Verlobung von Elizabeth und Philip geschlagen haben, zur Geburt von Prinz Charles und der Taufe von Prinzessin Anne[8] – wichtige Etappen in der Biografie der jungen Queen –, zeigen nun zwölf Uhr mittags an. Kammerzofen, Butler und Pagen stehen wie ein Ballettkorps zu beiden Seiten der Korridore.

Sucht Elizabeth an diesem Ort zwischen zwei Welten die unsichtbaren Bande zu ihrem Vater, die zärtlichen Gesten und Farben, die ihre Kindheit erleuchtet haben?

Wie nah ist ihr noch das kleine Mädchen, das sie war?

Die ledergebundene *Red Box*, in die sie so oft mit ihm zusammen hineingeschaut hat, wartet im Arbeitszimmer auf sie.

Obwohl sie ursprünglich diesen Palast nie als Königin betreten sollte, möchte Elizabeth nun » ihre Rolle erfüllen «. Als Ehefrau und Mutter würde sie lieber im gemütlicheren Clarence House wohnen bleiben, das unter Philips energischer Führung modernisiert wurde. In Sitzungsmarathons der Regierung wird darüber gestritten, bis Elizabeth sich nach einigen Wochen dem Rat des Premiers beugt und auf ihre Berater und ihren neuen Privatsekretär Tommy Lascelles hört, der schon für George VI. und Edward VIII. gearbeitet hat: Die Idee ist nicht durchführbar, eine Königin muss in Buckingham Palace residieren.

Alles muss nun geändert werden.

Die Postfächer der Royal Mail, die Pässe und die Uniformen tragen das Monogramm GVIR (die Initialen von König George VI.); auf Briefmarken, Geldscheinen und Münzen prangt das schmale Konterfei des Königs. Und da wir ja so gerne in den Vorzeichen das erkennen, was wir suchen, ist es vielleicht auch ein Widerhall aus der Kindheit, dass Elizabeth ihre ersten Porträts als Königin ausgerechnet Dorothy Wilding anvertraut, der Lieblingsfotografin des Vaters in den Anfangsjahren seiner Regentschaft.

Neunundfünfzig Fotos in Outfits von Norman Hartnell, aufgenommen an einem einzigen Nachmittag: Wildings Bilder präsentieren Elizabeth als starke Frau, beeindruckend in ihrer obligatorischen Unnahbarkeit. Die Doppelversion ihres unverwechselbaren Profils, einmal vor schwarzem und einmal vor weißem Hintergrund, wirkt wie aquarelliert. Ihre Augen glänzen ohne Wärme, in königlicher, unnahbarer Distanz. Dieses Porträt kommt auf eine gängige Dauermarke der Royal Mail (unter Sammlern sind die bis Anfang der Siebzigerjahre ausgegebenen Briefmarken der Serie als » die Wildings « bekannt) und hängt weltweit in jeder britischen Botschaft.

Alles wird nun anders.

Seit Wochen debattiert die englische Presse über die Diskrepanz zwischen der Jugend des Paares und der traditionellen Welt bei Hofe, wo Pagen, Schatzmeister, Hofdamen und Butler die strenge Einhaltung der Konventionen überwachen. Der »Buck« wartet nervös auf Elizabeths und Philips Ankunft. George Villiers, der 6. Graf von Clarendon, als Lord Chamberlain of the Household oberster Hofbeamter, kann sich gut an die revolutionären Schauer erinnern, für die das Paar in dem ersten Jahr nach seiner Hochzeit im Palast sorgte; er hat die freigeistige Ader des vorlauten Prinzgemahls kennengelernt, seine unkonventionellen Ansichten, seine spezielle Eleganz, die nicht der eines Adligen entspricht. Und Philip gibt das unterschwellige Misstrauen seines Umfelds, das er sich nicht ausgesucht hat, nur zu gern zurück.

Ausgesucht hat er sich Lilibet, die Krone war für später geplant. Nun ist aus Lilibet »Ihre Majestät« geworden, und sie leben in einer einsamen Blase mit einem strengen, völlig verstaubten Reglement. Das verunsichert ihn. Er möchte seine Familie und sein Privatleben vor den lähmenden Beschränkungen aus Formalitäten und Protokoll schützen. Er braucht frischen Wind und möchte Zimmer und Säle renovieren, neue Möbel und Lampen anschaffen. Auch seine Vorstellungen über die Kommunikation innerhalb des Palastes wirken radikal: Warum sollte man beschriebene Zettel auf das Silbertablett des Pagen legen, wenn es etwas so Praktisches wie Haustelefone gibt? Nach und nach gelingt es ihm, eine Telefonzentrale mit genügend Verbindungen einzurichten, um Anrufe auf Privatgemächer und Büros zu verteilen. Tagelang fragt er sich, was es mit der Whiskeyflasche auf sich hat, die jeden Abend auf geheimnisvolle Weise auf dem Nachttisch der Queen auftaucht, bis er irgendwann erfährt, dass es sich dabei noch um eine nie rückgängig gemachte Anordnung von Königin Victoria handelt.

Philip beklagt sich bei seiner Frau, er sei »nicht mehr als eine verfluchte Amöbe, der einzige Mann auf der ganzen Welt, der seinen eigenen Kindern nicht seinen Namen geben darf«.[9] Umgeben von einem matriarchalen Triumvirat (in einem Seitenflügel wohnen Margaret und die Königinmutter, die nicht die geringste Absicht hat, ihre Wohnung zu räumen, und beste Verbindungen zu Tommy Lascelles pflegt), begreift Philip schnell, dass der Name Windsor unantastbar ist. Erst am 8. Februar 1960 wird eine Verfassungsänderung dafür sorgen, dass alle Nachkommen, die keine Königlichen Hoheiten sind, Mountbatten-Windsor heißen dürfen.

Den Vater hat Elizabeth immer als Foto in ihrer Handtasche dabei. Hinter den Kulissen ist es jedoch Queen Mum, die alles daransetzt, die viktorianischen Züge ihrer Tochter zu stärken, um sie gegen Veränderungen immun zu machen. Die junge Königin ist einerseits offen für Neues, betrachtet aber die Umstellungen, die Philip anstrebt, aus dem Blickwinkel der Tradition. Ihre mangelnde Erfahrung wiegt sie mit tadelloser Haltung und perfekten Umgangsformen auf. Doch sie ist klug genug, um zu ahnen, wie schwer es für Philip sein muss, sich untätig mit seinem neuen Status abzufinden.

Dem Status einer » verfluchten Amöbe «.

Mit einem genialen Einfall (dem ersten einer langen Reihe) will sie den Frust des Ehemannes mildern: Am 28. April 1952 vermeldet Buckingham Palace, dass Elizabeth II. am 2. Juni des darauffolgenden Jahres zur neununddreißigsten Monarchin Englands gekrönt werden wird und dass der Herzog von Edinburgh als Planungschef der *Coronation Commission* eingesetzt wurde.

Bis dahin sind es noch vierzehn Monate, doch die Diskrepanz zwischen Philips Vorstellungen und denen des Zeremonienmeisters Bernard Fitzalan-Howard, dem 16. Herzog von Norfolk, der dieses Amt traditionell bekleidet, ist unübersehbar. In der Kommission fliegen die Fetzen. Die Königinmutter mit ihren zuckersüßen Worten und ihrem kühlen Herzen möchte, dass die Krönung ihrer Tochter sich an der von George VI. orientiert.

Ihr Schlüsselwort lautet: Tradition.

Das von Philip: Innovation.

Der ebenfalls der Kommission angehörende Churchill ist Elizabeth völlig ergeben. Ihre Jugend weckt in ihm beinah ritterlich-romantische Gefühle (erinnern wir uns an seine Worte über die zweijährige Lilibet, der er im September 1928 in einem Brief an seine Frau » eine für ein Kleinkind überraschende Ausstrahlung an Autorität und Nachdenklichkeit «[10] bescheinigte), doch bei Philip verhält es sich völlig anders. Und so versucht er in einer heftigen Auseinandersetzung in seinem Amtssitz 10 Downing Street dessen Überschwang mit dem historischen Ausspruch zu mäßigen: » Sie werden es auf unsere Art machen müssen, nicht auf Ihre. «[11]

Vor allem die Liveübertragung liegt Philip am Herzen, ein Horrorszenario für den Erzbischof von Canterbury, für den das Fernsehen » eine der größten weltlichen Gefahren «[12] ist. Auch Churchill äußert öffentlich seine Sorge, dass » eine religiöse Zeremonie zum Bühnenspektakel «[13] verkommen könne. Elizabeth zögert, gelähmt von dem Wissen, dass sie noch viel lernen muss. Sie fürchtet die Blicke der Welt, die sich während der heiligen Zeremonie auf sie und mögliche Patzer richten könnten. Doch als Norfolk im Oktober 1952 ankündigt, nur den Ein- und Ausmarsch aus Westminster Abbey live übertragen zu lassen, entfacht die BBC, die das Fernsehmonopol in Großbritannien hat, mithilfe der Presse und damit der öffentlichen Meinung eine Revolte von unten. *No, no, Norfolk*, titelt der *Daily Express*, und der *Daily Herald* fordert die Abgeordneten zum Protest auf. Die Volkseinflüsterung funktioniert, und unter Aufbietung all seines Charmes und Einflusses überzeugt Philip seine junge Frau schließlich, die Welt am wichtigsten Akt des neuen » elisabethanischen « Zeitalters teilhaben zu lassen.

Auf der Titelseite

Sechs Monate vor dem großen Tag löst sich die Sorge der Engländer im Abendnebel auf. Die Zeitungsschreier auf Londons Straßen verkünden die Schlagzeilen der Abendausgaben: Zum ersten Mal in der Weltgeschichte wird eine Krönung weltweit im Fernsehen übertragen. Elizabeth verteidigt die Entscheidung gegenüber Churchill, macht aber bei ihrem Ehemann zur Bedingung, dass ihr » Moment mit Gott « den Blicken der Welt verborgen bleibt. Keine Nahaufnahmen im heiligen Moment der Salbung. Die zweite Schlagzeile betrifft die Strecke des Festzuges: Damit Tausende Londoner Bürger die Königskutsche bejubeln können, wird der traditionelle Weg Westminster – Buckingham verlängert.

Die Zeitungen sind innerhalb weniger Minuten ausverkauft, und am nächsten Tag schnellen die Verkaufszahlen von Fernsehgeräten drastisch in die Höhe. In den folgenden Wochen werden die Häuser rot, weiß und blau gestrichen, in allen Vierteln der Hauptstadt und sämtlichen Ortschaften werden Straßenfeste vorbereitet. Der Bauminister David Eccles, dem die logistischen Planungen unterliegen, wird mit Anfragen und Höchstgeboten für Tribünenplätze bombardiert. Nicht alle Wünsche können erfüllt werden: Die Länder des Commonwealth und die Kolonien haben bereits einen Platz, ebenso wie internationale Gewerkschaftsorganisationen, Schulen und Kommunen. Die übrigen Plätze werden von den Reisebüros verkauft, und der Schwarzmarkt blüht mit astronomischen Preisen.

London erwartet Millionen von Besuchern, dabei gibt es nur vierhunderttausend Hotelzimmer, das Dorchester und das Savoy sind seit Monaten ausgebucht; Grosvenor House hat die Warteliste geschlossen, nachdem sechstausend Anfragen für fünfhundert Betten eingegangen sind, und selbst im

80 Kilometer entfernten Brighton gibt es keine Unterkünfte mehr, sodass nach Lösungen auf Schiffen und schwimmenden Hotels auf der Themse gesucht wird. Flugtickets aller größeren Linien sind innerhalb weniger Wochen ausverkauft. Trotz der immensen Kosten für die Staatskasse entwickelt sich die Krönung zu einem glänzenden Geschäft, an dem nicht zuletzt Souvenirhändler verdienen: Tassen, Unterteller, Teekannen, Aschenbecher, Tabletts, Kalender und Knöpfe – alles mit dem Konterfei der Queen. Auch Künstler leisten ihren Beitrag: Benjamin Britten komponiert die Oper *Gloriana*, einen Dreiakter mit einem Libretto aus der Feder von William Polder, das auf Lytton Stracheys *Elizabeth and Essex: A Tragic History* basiert, einer Teilbiografie über die berühmte Vorgängerin der jungen Königin, die im 16. Jahrhundert über England herrschte. Als die Oper am 8. Juni 1953 im Royal Opera House im Beisein von Elizabeth und Philip uraufgeführt wird, bleibt der Applaus verhalten; die Kritiker äußern sich zwar lobend über Inszenierung und Kostüme, verurteilen aber Musik und Libretto scharf als allzu realistisch.

Philip koordiniert die Vorbereitungen in der Abtei. Elizabeth konzentriert sich im Palast auf den wichtigsten Moment ihres Monarchenlebens, mit Texten aus einem Gebetbüchlein, das der Erzbischof von Canterbury für sie zusammengestellt hat. Um sich an das Gewicht der Krone zu gewöhnen, trainiert sie fleißig und unter den belustigten Blicken ihrer Kinder Charles und Anne, indem sie mit einem Sack Kartoffeln auf dem Kopf in Buckingham Palace auf und ab geht. Jede noch so winzige Kleinigkeit des Rituals wird eingeübt, auch gemeinsam mit den *Maids of Honour*, ihren Hoffräulein, die traditionell ledige Töchter von Grafen, Marquisen und Herzögen sein müssen und zwischen siebzehn und dreiundzwanzig Jahre alt sind: Lady Anne Coke, Tochter des Grafen von Leicester; Lady Moyra Hamilton, Tochter des

Herzogs von Abercorn; Lady Jane Vane-Tempest-Stewart, Tochter des Marquis von Londonderry; Lady Mary Baillie-Hamilton, Tochter des Grafen von Haddington; Lady Jane Heathcote-Drummond-Willoughby, Tochter des Grafen von Ancaster; Lady Rosemary Spencer-Churchill, Tochter des Herzogs von Marlborough.

Die Krönung

2. Juni 1953.

»Die Wetteraussichten für heute: Uns erwarten eher kühle Temperaturen mit gelegentlichen Schauern und Gewittern, dazwischen aufgelockerte Bewölkung.«

News Chronicle hält dagegen: »Regen, Hagel, Donner oder Schnee, wen interessiert's?«

Und genauso ist es.

Bei Morgengrauen sieht London aus wie ein riesiges, regennasses Nachtasyl. Elizabeth erwähnt Philip gegenüber die Nachricht, die sie über das Außenministerium Richtung Himalaja hat schicken lassen: »Meine herzlichsten Glückwünsche zu Ihrer großen Leistung«.[14] Denn gerade noch rechtzeitig zum feierlichen Anlass war die Nachricht eingetroffen, dass die aktuelle britische Everest-Expedition erfolgreich war: Mit Edmund Hillary und Tenzing Norgay standen wenige Tage zuvor die ersten Menschen auf dem höchsten Gipfel der Welt.

Neun Uhr. Eine milde Sonne trocknet die Mall, aus den Lautsprechern mischt sich *Singin' in the Rain* mit den Klängen von Dudelsackpfeifern, am Marble Arch steht plötzlich ein Klavier auf dem Bürgersteig. Zwei Millionen Menschen in einem Meer aus bunten Fähnchen warten an der Umzugsstrecke auf ihre Queen.

Während sich anachronistisch wirkende Gäste nach Westminster begeben (die Herren tragen Schwert und die Damen Diadem), wartet vor der Abtei bereits Miss Jacqueline Bouvier, die zukünftige First Lady der USA und aktuelle Auslandskorrespondentin des *Washington Times-Herald*, zusammen mit sechshundert anderen akkreditierten Fotografen und zweihundertfünfzig Journalisten. Die berühmte Fotoagentur Magnum stellt die Besten: Inge Morath, Werner Bischof und Robert Capa, die auf den Spuren des großen Cartier-Bresson von 1937 das Geschehen aus dem Blickwinkel der einfachen Leute erzählen: Tweed statt Hermelin, Regenschirm statt Hellebarde, Bobbys, die gefühls- und bierselige Mädchen nach Hause bringen, winkende Arme, ein Meer aus regennassen Zeitungsseiten. Unter den Zuschauern, die sich aus Papierrollen ein Fernrohr gebastelt haben, befindet sich auch die Schauspielerin Lauren Bacall mit einer Filmkamera in der Hand, und Humphrey Bogart und Regisseur John Huston drängeln sich wie kleine Jungs durch die Menschenmenge. Die Amerikaner lieben Elizabeth: Selbst die giftigste Journalistin ihrer Zeit, Elsa Maxwell, die »heilloseste Klatschbase Amerikas«, beschreibt sie in einem Magazin als »ein wunderbares Mädchen, das wahrscheinlich einmal die größte Königin des Landes sein wird seit der Ära der früheren Elizabeth«.

Um 10:30 Uhr öffnen sich die Tore von Buckingham Palace auf den wohl verhangensten und zugleich leuchtendsten Tag des Vereinigten Königreiches seit dem VE-Day 1945. Elizabeth tritt zu ihren *Maids of Honour*, in den Händen hält sie einen Blumenstrauß aus englischen Maiglöckchen, schottischem Jasmin, walisischen Orchideen und Wiesenklee aus Nordirland und von der Isle of Man.

Applaus brandet auf, als die Gold State Coach durch das Hoftor fährt, eskortiert von Soldaten aus über fünfzig Staaten des Commonwealth. Gezogen wird die Kutsche von acht grauen Wallachen: Cunningham, Tovey, Noah, Tedder,

Eisenhower, Snow White, Tipperary und McCreery, die die
Queen persönlich ausgesucht hat. Neben Elizabeth sitzt Philip in der Paradeuniform der Marine. Hinter der Kutsche die
zwei Onkel, der Herzog von Gloucester und Louis Mountbatten, beide im Admiralszweispitz. In der Ehrenloge der
Abtei sitzen ganz vorne die Königinmutter, Prinzessin Margaret und der kleine Charles, in zweiter Reihe die Schwiegermutter, Prinzessin Alice von Griechenland. Auf Churchills
Wunsch nicht geladen wurden der Herzog und die Herzogin
von Windsor. Letztere kommentiert das gegenüber Reportern spitz: »Warum sollte mein Mann zu dieser Krönung
gehen, wenn er nicht einmal bei seiner eigenen war?«

Elizabeth und Philip trennen sich vor dem Tor der Abtei,
während siebenundzwanzig Millionen Engländer (bei einer
Gesamtbevölkerung von damals etwa fünfzig Millionen)
erwartungsvoll vor ihren kleinen, grobkörnigen Mattscheiben sitzen.

Um 11:15 Uhr betritt Elizabeth die Kirche, in einem weißen Satinkleid mit herzförmigem Ausschnitt und kurzen
Ärmeln, einem Glockenrock und von Roger Vivier entworfe-
nen offenen Pumps Größe 37 aus goldfarbenem Ziegenleder,
die Absätze sind mit Rubinen besetzt. Die über achttausend
Gäste erheben sich auf den Tribünen. Elizabeth tritt zu den
Maids of Honour, die ihr in den rund fünfeinhalb Meter langen roten Samtmantel mit Hermelinbesatz helfen. Wie es
dann weiterging, daran erinnert sich Lady Anne Glencon-
ner – damals noch Lady Anne Coke – zum sechzigsten Krö-
nungsjubiläum 2013: »Sie hatte so eine schmale Taille, wun-
derbare Porzellanhaut und helle, leuchtende Augen. Sie
drehte sich zu uns um und sagte: ›Fertig, Mädels?‹, und
damit liefen wir los. Wir waren alle Nervenbündel, aber sie
war so ruhig, dass wir begriffen, alles werde gut gehen.«[15]

Hartnells unglaubliches Kleid, das mit Symbolen aus den
vier Ländern des Vereinigten Königreiches bestickt ist – die

Rose für England, die Distel für Schottland, der Lauch für Wales und das Kleeblatt für Nordirland –, gilt als eines der schönsten des Jahrhunderts. Bei seinem Entwurf dachte der Hofschneider »an Lilien und Rosen, an Margeriten und Goldmais. Er dachte an das Ornat von Heiligen. An das Firmament, die Erde, die Sonne und den Mond, an die Sterne und alle Himmelskörper, die sich auf ein Kleid sticken ließen, welches für die Ewigkeit gemacht ist«[16]. Und ganz im Geheimen (was auch Elizabeth erst 1993 entdecken wird, als sie das Kleid einer Ausstellung zur Verfügung stellt) näht er in den Rock ein vierblättriges Kleeblatt als Glücksbringer ein.

Zu den Klängen lateinischer Lobgesänge schreitet sie in die Mitte des Kirchenschiffes bis zu dem Punkt, der »Theater« heißt; der Erzbischof von Canterbury, Geoffrey Fisher, dreht sich nacheinander in alle vier Himmelsrichtungen und erklärt dabei viermal: »Eure Herren, ich zeige Euch hiermit Queen Elizabeth, Eure unumstrittene Königin (...)«[17], damit die Anwesenden mit lauter Stimme erwidern, dass sie sie anerkennen. Reverend James Pitt-Watson, Vertreter der presbyterianischen Kirche, reicht ihr die Bibel als Ermahnung, sich beim Lenken ihres Königreiches an die Heilige Schrift zu halten. Die Queen legt den Eid ab, England und die dazugehörigen Territorien gemäß ihren jeweiligen Gesetzen und Bräuchen zu regieren. Vierzig Minuten später sitzt sie auf dem King Edward's Chair, dem Krönungsstuhl, und ist offiziell gekrönt zu »Ihrer Majestät Elizabeth die Zweite, durch Gottes Gnaden, Königin des Vereinigten Königreiches Großbritannien und Nordirland und Ihrer anderen Königreiche und Territorien, Oberhaupt des Commonwealth, Verteidigerin des Glaubens«, Staatsoberhaupt von sechzehn Ländern (Antigua und Barbuda, Australien, die Bahamas, Barbados, Belize, Kanada, Grenada, Jamaika, Neuseeland, Papua-Neuguinea, St. Kitts und Nevis, St. Vincent und die Grenadinen, die Salomonen, St. Lucia, Tuvalu und natürlich das Vereinigte Königreich), Oberhaupt der Kirche von England, Oberbefehlshaberin der Streitkräfte und Lord der Isle of Man. Doch sie verliert ihre Staatsangehörigkeit: Die britischen Bürger sind per definitionem Untertanen der Königin, und sie kann schlecht ihr eigener Untertan sein.

Ein Baldachin senkt sich herab, um sie vor den Fernsehkameras abzuschirmen, die *Maids of Honour* nehmen ihr Umhang, Handschuhe, Schmuck und Diadem ab und helfen ihr in das *colobium sindonis*, ein schlichtes weißes Leinengewand als Zeichen ihrer Demut und Reinheit, und in die *supertunica*, einen langen, goldfarbenen Seidenumhang; sie wird mit heiligem Öl gesalbt (eine Mischung aus Orangen-, Rosen-, Zimt-, Moschus- und Amberöl) und gesegnet. Mit ernster Miene, ganz in den feierlichen Moment vertieft, scheint sie einem » neuen Selbst zuzuschauen, verletzlich wie eine Novizin «,[18] wie sich Jahre später Lady Jane Vane-Tempest-Stewart erinnern wird. Nach der Salbung erhält die Queen die goldenen Armreife als Symbol für Aufrichtigkeit und Weisheit, das Zepter mit einem 530-Karat-Diamanten an der Spitze, den Stab der Macht, den Reichsapfel mit aufgesetztem Kreuz, das an die Vorherrschaft Gottes über die Welt gemahnt, einen weißen Handschuh, der dazu ermutigt, sanft bei den Tributforderungen vorzugehen, ein Schwert und einen Ring mit Rubinen und Saphiren, der die eheliche Verbundenheit der Regentin mit der Nation versinnbildlicht.

Um 12:32 Uhr tritt der Erzbischof zusammen mit den Bischöfen von Durham und Bath vor den Thron, hebt die Krone, die 1661 für Charles II. geschaffen wurde, in Richtung Himmel, und setzt sie der Queen auf das Haupt. Danach spricht er die Worte: » Gott schenke dir diese Krone der Herrlichkeit und Gerechtigkeit (...) «[19] Wenig später kniet ein Adliger nach dem anderen vor ihr nieder und schwört ihr seine Treue.

Ein Zittern geht über Elizabeths sonst regloses Gesicht, als

Philip mit langsamen, fast zögernden Bewegungen seine kleine Krone ablegt, sich vor ihr niederkniet, sanft ihre Hände nimmt und feierlich verspricht: »Ich, Philip, Herzog von Edinburgh, werde Euer Lehnsmann sein mit Leib und Seele und irdischer Huldigung (...)«[20] Dann steht er auf, berührt die Krone, die er verteidigen wird, und küsst seine Frau entgegen dem Protokoll zart auf die Wange.

Elizabeth, die Queen, und dann wieder Elizabeth, die Frau, ganz menschlich und kein transzendentales Symbol Gottes.

Nachdem sie die Krone des Heiligen Edward gegen die leichtere Imperial State Crown getauscht hat und sich mit einem Imbiss aus eingelegtem Huhn mit Currymayonnaise und Aprikosen gestärkt hat (das Rezept geht als »Coronation Chicken« in die Geschichte ein), verlässt Elizabeth mit Philip zu den Klängen von *God Save the Queen* die Abtei und fährt mit der Kutsche »nach Hause«.

Die Zeichen der Macht

Zu Hause lässt sich Elizabeth aufs Sofa sinken: »Es war einfach großartig. Und es hat alles geklappt.« Der kleine Charles nimmt die Krone, setzt sie sich auf den Kopf und fällt unter ihrem Gewicht hin, Prinzessin Anne turnt um Philip herum, während Queen Mum die Enkel zur Ruhe anhält: Es ist Zeit für das offizielle Krönungsfoto, und die Kinder laufen hinter ihrer Mutter her in den Green Drawing Room, wo bereits ein sehr aufgeregter Cecil Beaton mit seinen Assistenten John Drysdale und Ray Harwood wartet.

Monatelang hat Philip sich für Baron starkgemacht, gegen den erklärten Willen der Königinmutter. Und während er seinen Kampf um die Fernsehübertragung gewonnen hat, siegte Queen Mum bei der Wahl des Fotografen. Obwohl diese immer schon Beatons Lieblingsmotiv war, hat er die junge Elizabeth seit 1942 viele Male fotografiert und ihre Entwicklung vom Kind zur Frau ins Bild gesetzt. In Wahrheit findet er sie als Motiv wenig faszinierend, wie er 1948 seinem Tagebuch anvertraut: »Sie wäre eine perfekte Krankenschwester«[21], doch auch der beste Porträtist muss von irgendetwas leben, und so definiert er die Queen später »als heitere Person mit freundlicher Ausstrahlung, leuchtender Miene, klarem Blick und einem äußerst einnehmenden Lächeln«.

Für Beaton kommt der Auftrag eher unerwartet: »Ich fragte mich schon, ob meine Tage als Fotograf bei Hofe Vergangenheit seien. Alle neueren Bilder hatte Baron geschossen, der unberechenbarste unter Prinz Philips Freunden. Als dann der Anruf kam, die Queen wolle mich für das Krönungsbild, war ich natürlich sehr erleichtert. Am selben Abend hatte ich auf einem Ball der amerikanischen Botschaft eine kurze Begegnung mit Queen Elizabeth, bei der ich ihr dankte. ›Aber nein, ich bin sehr glücklich, dass Sie die Fotos machen werden‹, sagte sie zu mir, ›auch wenn ich schreckliche Augenringe haben werde.‹«

Schwarze Augenbrauen, lange Wimpern, die Lippen scharf konturiert, weiße Wangen und noch weißere Hände: Unter Beatons Anweisungen wird Elizabeth noch durchscheinender, während sie sich – völlig erschöpft – auf dem goldenen Stuhl zurechtsetzt, als wäre alles normal und natürlich. Dabei ist das Artifizielle die wichtigste Zutat des Fotos. Etwas Geheimnisvolles, Verführerisches liegt in dem Bild. Im Hintergrund ein Gemälde von der Kapelle Henrys VII. in Westminster Abbey, das weiche Licht und die Nachbearbeitung lassen die Embleme, Schmuckstücke und Insignien in all ihrem Glanz erstrahlen. Doch aus dem Bild spricht auch Einsamkeit, als könnte die Queen ihre Reinheit nur in der Abstraktion bewahren, körperlos und abgeschirmt von der Realität.

Nach der Porträtsitzung fotografiert Beaton weiter, und

ihm gelingt ein kleines, spontanes Bildjuwel von der gerade mal dreijährigen Prinzessin Anne, als sie über die hermelinbesetzte Schleppe ihrer Mutter hüpft.

Wenige Monate später prangt das Antlitz von Elizabeth II. auf der Titelseite des *Time*-Magazins, das sie wieder einmal zur Frau des Jahres kürt.

Eine Fluse auf der Uniform

Cecil Beaton ist nicht der Einzige, der den Festtag mit seinen Bildern prägt.

Während die Londoner noch ganz verzaubert Roben, Kronen und Kutschen hinterherschauen, macht sich ein Journalist der *Sunday People* Notizen. Dem Fotoreporter neben ihm ist gerade ein Schnappschuss von Prinzessin Margaret gelungen, wie sie eine Fluse von der Uniform des Group Captain Peter Townsend wegstreicht, Rechnungsprüfer von Queen Mum und ruhmreicher ehemaliger Kampfpilot im Rang eines Luftwaffenobersts.

Ein Gänsehautmoment. Und das unterschwellige Gefühl des Verbotenen.

Innerhalb weniger Stunden verbreitet sich die Nachricht über die unbedachte Geste in der ganzen Stadt, doch über die englischen Medien legt sich der Mantel des Schweigens. Traditionell wartet die heimische Presse erst einmal ab, während die amerikanische *Daily News* am 6. Juni die Frage aufwirft: »Wenn es Liebe ist, wann heiraten die beiden?«[22] Auch das *New York Journal* spart nicht mit der »Skandalgeschichte«, ebenso wenig die Regenbogenpresse in Italien und Frankreich.

Elizabeth gibt öffentlich keinen Kommentar ab. Sie weiß, dass dies ihre erste große Herausforderung als Königin wird: die richtige Balance finden zwischen ihrer bedingungslosen

Liebe zu Margaret auf der einen Seite und der Krone und ihren ehernen Prinzipien auf der anderen. Elizabeth erinnert sich noch gut an die erste Begegnung von Margaret und Townsend im Februar 1944, als sie selbst noch witzelte: »Schade, dass er verheiratet ist.« Und sie hat auch nicht die Reise nach Südafrika 1947 vergessen, als er als Oberstallmeister und Zeremonienmeister zur Entourage Georges VI. gehörte und ihre Schwester und er viel Zeit miteinander verbrachten. Und auch nicht, dass Townsend seit seiner Ernennung zum stellvertretenden Haushofmeister 1950 mit Büro in Buckingham Palace quasi mit Margaret unter einem Dach wohnt. Doch nun, da sie von ihrer ersten Reise als Queen zurückkehrt – in sechs Monaten um die halbe Welt –, muss Elizabeth ihre Schwester zur Rede stellen.

Es ist das Jahr 1953, und Group Captain Townsend ist seit Kurzem auf Wunsch seiner Frau geschieden. Nun hat er Margaret gebeten, seine Frau zu werden, ungeachtet des Skandals um den Herzog von Windsor und des strikten Wiederverheiratungsverbots der Church of England für Geschiedene. Nach den Statuten des *Royal Marriage Act* von 1772 muss Margaret, bevor sie Ja sagt, die Queen um Erlaubnis bitten. Elizabeth vertraut auf die Macht der Zeit und sucht nach einer Möglichkeit, die beiden auseinanderzubringen: Sie schickt die Schwester auf royale Reise nach Rhodesien und bietet Townsend hinter Margarets Rücken eine ranghohe Rückkehr zur Royal Air Force und einen Posten an der Botschaft von Brüssel an. Das Kabinett beurteilt die Heirat als »in keiner Weise konform mit den königlichen und christlichen Traditionen«,[23] es sei denn, Margaret verzichtet nach ihrem 25. Geburtstag auf ihre Rechte. Als das fragliche Datum, der 21. August 1955, näherrückt, wächst die Spannung zwischen den Schwestern. Die Presse zittert, und die englischen Zeitungen verfolgen ebenso wie die ausländische Presse die Etappen der traurigen Geschichte, wobei die Öffentlichkeit immer noch auf ein Happy End für die Prinzessin hofft. Der inzwischen amtierende Premierminister Anthony Eden bestätigt der Queen, dass Margaret, sollte sie Townsend heiraten, augenblicklich ihre Rechte auf die Thronfolge verlöre, außerdem den Titel Königliche Hoheit und die Apanage des Staates.[24] Als Elizabeth das hört, weiß sie, dass Margaret vor die Wahl gestellt niemals auf ihren Status und die damit einhergehenden Annehmlichkeiten verzichten würde. Peter Townsend wird nicht ihr Ehemann, und die Zeitungen sollen sich gefälligst damit abfinden.

Und wirklich: Am 31. Oktober, nach einer äußerst unangenehmen Unterredung der beiden in Clarence House, wird eine von Margaret unterschriebene Bekanntmachung veröffentlicht: »Ich möchte bekannt geben, dass ich entschieden habe, Group Captain Townsend nicht zu heiraten.«[25]

Und die Queen?

Während sie immer mehr in ihre Rolle als Königin hineinwächst und sich dabei den immensen Anforderungen ihres Amtes gegenübersieht, reagiert sie auf den wilden Zorn der Schwester, indem sie sich mit einem Schutzpanzer der Unnahbarkeit umgibt.

Einsamkeit
(1955 – 1970)

Sandringham 1964. Elizabeth II. mit ihrem Lieblingspferd Betsy. [6]

Seitensprünge?

In der königlichen Ehe tun sich erste feine Risse auf. Elizabeth und Philip laufen nebeneinanderher, nicht alle Geheimnisse werden geteilt, sie scheinen nicht dieselben Ziele zu verfolgen, und der Herzog von Edinburgh fühlt sich vom Leben am Hof zunehmend eingeengt. In den Privaträumen von Buckingham Palace haben beide ihre eigenen großzügigen Gemächer, jeder seine eigene Welt. Philip verschafft sich Abwechslung und Unterhaltung mit seinem extrovertierten Freund Baron, dem Fotografen, abends gehen sie oft gemeinsam aus, was Jahre später Michael Dunne offenbaren wird, sein Assistent in jenen Jahren: »Sie gingen oft auf Partys, wo immer viele hübsche Frauen waren, Baron war der perfekte Begleiter für diese kleinen Fluchten. Außerdem spielten sie zusammen Squash und besuchten den Donnerstagsklub.«[1] Diesen Klub hat Baron nach dem Krieg gegründet, um »ein wenig Licht in die Dunkelheit um uns herum zu bringen«. Zu seinen Mitgliedern gehören die Schauspieler David Niven und Peter Ustinov sowie Stephen Ward, ein Osteopath, der vor allem dafür berühmt ist, dem zukünftigen Premier John Profumo Prostituierte zuzuführen. Der exquisite Klub trifft sich einmal wöchentlich über der *Wheeler's Oyster Bar* im

Londoner Ausgehviertel Soho, nur wenig entfernt von Barons Wohnung, die er verschiedene Male auch Philip überlässt. Der Ruch der Libertinage umweht die Freunde, und Philips Sekretär Michael Parker gibt ihnen Rückendeckung. Die Presse tobt und unterstellt Baron einen schlechten Einfluss auf den Herzog, den er angeblich mit » Showgirls « und anderen » liederlichen Personen « in Kontakt bringe; Philip wird eine lange Liste an Eroberungen zugeschrieben. Um ihn von schädlichen Freundschaften fernzuhalten und ihm endlich eine offizielle Rolle zu geben, überträgt ihm Elizabeth die Eröffnung der im November und Dezember 1956 im australischen Melbourne stattfindenden Olympischen Spiele. Außerdem bittet sie die Regierung darum, ihrem Ehemann den Titel eines Prinzen zuzuerkennen. Dazu kommt es erst 1957, und Philip wird zum » Prinzen des Vereinigten Königreiches « ernannt, bleibt aber weiterhin » Prinzgemahl « und als solcher eben nur der Mann an ihrer Seite.

Als er sich für eine viermonatige Reise auf der königlichen Motorjacht *Britannia* einschifft, munkelt die Presse vom » Ehe-Aus «.

Doch gemunkelt wird so vieles – sicher wissen kann man nichts.

Denn über allem, was auch nur entfernt mit der Queen zu tun hat, liegt bleiernes Schweigen: Informationen über ihr Leben unterliegen dem Staatsgeheimnis. Kein Wort zu Gerüchten am Hofe, zu Spekulationen oder Mutmaßungen über ihr Liebesleben. Erst Jahrzehnte später tauchen die mutmaßlichen Fakten in Biografien auf, manchmal mit Autorisierung, manchmal ohne: *The Royal Marriage* beispielsweise von Lady Colin Campbell oder *Queen Elizabeth II: A Woman Who is Not Amused*, worin der Autor Nicholas Davis behauptet: » Elizabeth hatte mit zwei Männern intimere Beziehungen, deren Namen in Adelskreisen tabu sind. «[2]

Nie im Leben würde die Queen sich offiziell dazu äußern,

doch die beiden Namen, die von Biografen und Historikern genannt werden, sind die des Oberhofstallmeisters Henry George Reginald Molyneux Herbert, Graf von Carnarvon und bekannt als Lord Porchester (von Elizabeth zärtlich Porchie genannt), und Patrick Terence William Span, 7. Baron von Plunket, ein Freund aus Kindertagen mit breiten Schultern zum Ausheulen, der über fünfundzwanzig Jahre an Elizabeths Seite ist und 1975 viel zu früh verstirbt.

In der Ehekrise zwischen Elizabeth und Philip spielt Lord Porchester keine unbedeutende Rolle. Sie kennen sich seit ihrem siebzehnten und seinem zwanzigsten Lebensjahr und verbringen viel Zeit miteinander, wenn Philip unterwegs ist. Dabei ist Porchie bereits mit seiner späteren Ehefrau Jean Margaret Wallop verlobt. Er ist nicht nur Elizabeths bester Freund, sondern hat auch eine Standleitung nach Buckingham Palace und in andere royale Wohnsitze. So kann er zu jeder Tageszeit persönlich mit ihr telefonieren, ohne den Umweg über die Telefonzentrale des Palastes nehmen zu müssen. Porchester wird 1969 Oberhofstallmeister, doch er kennt die königlichen Ställe von Hampton Court schon aus Jugendtagen, ebenso die Zucht in Sandringham und Wolferton in Norfolk. Elizabeth züchtet Vollblüter, und Porchester begleitet sie beim Kauf von neuen Tieren, gemeinsam besprechen sie alle Aspekte der Zucht, wählen die Stuten aus, die zum Decken nach Amerika gebracht werden, versorgen die Fohlen, bis sie alt genug sind, um angeritten zu werden. Gemeinsam besuchen sie Pferderennen wie das Epsom Derby und die Royal-Ascot-Rennwoche. Doch ob sie sich über das Thema Pferde und ihre enge Freundschaft hinaus näherkamen, ist ungewiss, und erst sehr viel später kommt es deshalb zum Skandal.

Unter den wenigen Fotos mit ihnen beiden gibt es eines, aus dem eine besondere Vertrautheit spricht. Es entstand auf der Pferderennbahn von Epsom, wo seit fast zweihundert

Jahren das berühmteste Pferderennen der Welt stattfindet. Das Epsom Derby ist eine Art Volksfest ohne die strenge Etikette von Ascot: Feine Kleider für die Damen und Zylinder für die Herren sind hier nicht zwingend vorgeschrieben, auf der Wiese dürfen die Menschen lärmen und feiern, ohne dass sich jemand echauffiert. Elizabeth verfolgt von der Tribüne aus das Rennen, an ihrer Seite der stets elegant gekleidete Porchester mit den edlen Gesichtszügen. Ein Pferd aus Elizabeths Stall steht in den Startboxen, und die Art, wie sich die Queen von dem Rennen mitreißen lässt, ist das Äußerste, was sie der Kamera anzubieten hat: Nervös knetet sie ihre Handschuhe, geht auf die Zehenspitzen, um besser sehen zu können, schlägt mit der Faust in die Luft und lässt sich schließlich beinah verzweifelt auf ihren Stuhl sinken: Ihr Pferd hat verloren.

Und Porchie? Tröstet sie.

Schlank und gut aussehend, mit dunklen Haaren und aristokratischem Profil – auch Patrick Plunket kennt die Queen wie gesagt bereits seit ihrer Kindheit: Sein Vater war ein enger Freund ihrer Eltern, und er selbst gehört nun als Master of the Household, als Haus- und Hofmarschall, zu ihren engsten Vertrauten. Im Zweiten Weltkrieg diente er der britischen Armee im Infanterieregiment Irish Guards und kam dann an den Hof Georges VI.; der Royals-Autor Christopher Wilson berichtet, dass kein Mann außer Philip der Queen näherstand als er. Eine diskrete, offensichtliche Nähe, eine platonische Beziehung, die ihr in diesen einsamen Zeiten hilft, Philips auch emotionale Distanz besser auszuhalten. Bei Plunket fühlt sie sich wohl, er besitzt ihr volles Vertrauen und behandelt sie ohne jede Schmeichelei. Sie pflegen ein besonderes Verhältnis, und er ist der einzige Beschäftigte des Hofes, der auf Augenhöhe mit ihr redet. Ihre Beziehung basiert auf Respekt, Freundschaft und der Fähigkeit, über sich selbst zu lachen. Als Kunstkenner berät er sie bei ihren Neuerwerbungen für die Royal Collection. Sie sind sich immer nahe; als Plunket 1975 mit einundfünfzig Jahren stirbt, ordnet Elizabeth für ihn ein königliches Begräbnis in St. James's Palace an und lässt einen kleinen Erinnerungstempel im Park von Windsor errichten.

Auch wenn weder der eine noch der andere Vertraute jemals namentlich genannt wird, kursiert unter Journalisten das Gerücht vom Bruch zwischen Elizabeth und Philip. Doch Scheidung ist für sie keine Option, wie die Historikerin Lady Campbell feststellt: » Sie waren für den Rest des Lebens aneinander gebunden, und ganz unabhängig davon, was sie füreinander empfanden oder wie sich ihr Leben in Zukunft gestalten würde, vor der Welt mussten sie sich stets als Einheit präsentieren. «[3]

Niemand beherrscht die Kunst des Schweigens besser als Elizabeth, die allen Menschen aufmerksam zuhört, ihre Worte abwägt und sich vor allem Zeit lässt. Als es 1957 darum geht, alle Spekulationen über eine mutmaßliche Ehekrise totzuschweigen und das böse Gerede, das ihren Alltag vergiftet, von sich fernzuhalten, holt Elizabeth den überschäumenden, ruhelosen Ehemann bei seiner Rückkehr aus Australien am Anleger der *Britannia* in Portugal ab.

Sie ist blass, die Sonne brennt herab, Elizabeth geht an Bord und taucht erst eine Stunde später wieder auf, gefolgt von Philip. Sie hat ihn seit 124 Tagen nicht gesehen. Die Intimität von einst muss erst wieder hergestellt werden. Entgegen der goldenen Schweigeregel veröffentlicht der Palast eine Stellungnahme, dass es keinerlei Beziehungskrise zwischen der Queen und dem Herzog von Edinburgh gebe.

Ihre Unstimmigkeiten bleiben geheim. Und vielleicht ist der störende Dritte zwischen ihnen auch etwas ganz anderes: die Krone.

Geheimnis um Andrew

Am 19. Februar 1960 erblickt Andrew Albert Christian Edward das Licht der Welt.

» Seine Ähnlichkeit mit Lord Porchester ist ganz und gar frappant «, wird Lady Campbell Jahre später feststellen, » und sie beschränkt sich nicht nur auf die Gesichtsform; im Gegensatz zu Elizabeths anderen Kindern ist er nicht so hager wie Philip, sondern von eher kräftiger Statur wie Porchie und die zwei Kinder aus dessen Ehe. Ich weiß nicht, wer zum ersten Mal über Andrews wahren Vater spekulierte. Ich dachte immer, die Gerüchte seien auf das engste Umfeld der Queen beschränkt, doch dann reiste ich nach Irland und wurde von Terry Keane vom *Sunday Independent* ganz unverblümt gefragt, ob ich bestätigen könne, dass Andrew der Sohn von Lord Porchester sei. Ich wich aus und musste zu meinem Entsetzen am nächsten Tag eine detaillierte Beschreibung unserer Begegnung lesen, die nicht den leisesten Zweifel an Mrs Keanes eigener Meinung zu dem Thema ließ. «[4]

Noch weiter geht der gefürchtete König der Regenbogenpresse Nigel Dempster, der in einem Interview des *New York Times Magazine* verkündet:[5] » Man braucht sich doch nur ein Foto von Andrew und eins von Lord Porchester in dessen Alter anzuschauen, um zu begreifen, dass Philip nicht der Vater sein kann. « Auch Elizabeths Biografin Sarah Bradford[6] untermauert die Gerüchte um Lord Porchesters Vaterschaft, und die US-Journalistin Kitty Kelley schreibt: » 1993 stimmt Philip einem Treffen mit der Journalistin Fiammetta Rocco vom *Independent on Sunday* zu. Als die Reporterin im Gespräch auf die Vermutungen anspielt, Andrew sei nicht Philips, sondern Lord Porchesters Sohn, reagiert der Herzog einfach gar nicht. Er weiß, dass alles, was er sagen könnte, tags darauf schön ausgeschmückt in den Zeitungen stehen würde – und verzieht daher keine Miene.«[7]

Philips Biograf John Parker setzt noch eins drauf. Er stellt sich die Frage, warum mehrere Akten des Kabinetts Macmillan aus dem Jahr 1959 (also dem Jahr, in dem Andrew gezeugt wurde) länger als üblich unter Verschluss bleiben müssen. »Am 1. Januar 1990 belegten die von der Regierung Macmillan freigegebenen Unterlagen des Jahres 1959, dass das Thema dreier Ratssitzungen in diesem Jahr derart sensibel war, dass eine längere Geheimhaltung angeordnet wurde als normalerweise üblich. Eine der Akten ist mit einer Schutzfrist von fünfzig Jahren belegt, obwohl dreißig normal wären, zwei können sogar erst ab 2059 wieder eingesehen werden. Ein in Friedenszeiten beispielloser Vorgang – und 1959 herrschte weder Krieg noch gab es politische Verwerfungen oder Verfassungskrisen.«[8]

Andeutungen, Spekulationen, Unterstellungen, die vom Königshaus auf die ihm einzig mögliche Art behandelt werden: mit Schweigen.

Ein Fotograf in der Familie

Die Geburt des dritten Kindes der Königin ist auch für Prinzessin Margaret von großer Bedeutung, die damit in der Thronfolge einen weiteren Schritt zurücktreten muss. Doch auch für die vom Liebespech heimgesuchte Schwester soll sich der eine oder andere Wunsch erfüllen. Als die Affäre Townsend unter dem Stichwort »Gebrochene Herzen« ad acta gelegt ist, lernt Margaret auf einer Dinnerparty, die Lady Elizabeth Cavendish, eine Kindheitsfreundin der Queen und nun Hofdame Margarets, für sie organisiert hat, einen interessanten Mann kennen. Am Tisch sitzen vor allem Künstler, Musiker, Dichter und Literaten, außerdem ein heiß umschwärmter Fotograf des Swinging London, Antony Armstrong-Jones. Der Fotograf hat zwar im Jahr zuvor bereits Fotos von der Queen selbst und ihren Kindern gemacht, doch Margaret sieht ihn an diesem Abend das erste Mal[9]: achtundzwanzig Jahre alt, blaue Augen, filmreifes Lächeln und der perfekte Gegenpol zu dem Leben, das die Prinzessin so hasst, auf das sie aber auch nicht verzichten kann.

Es ist das Jahr 1958. Die eigenwillige Prinzessin und der Bohemien verlieben sich auf Anhieb ineinander. Antony lädt sie in sein Studio im Londoner Stadtteil Pimlico ein, wo Models und Freunde ein und aus gehen. Er unterhält sie, hört ihr zu, zeigt Verständnis für ihre Verletzungen durch den Verlust des Vaters und der Liebe, die auf dem Altar der königlichen Regularien geopfert wurde. Antony tröstet sie, mit seelischen Wunden kennt er sich aus. Er erzählt ihr von seiner Kindheit, in der er zwischen den geschiedenen Eltern, dem Anwalt Ronald Armstrong-Jones und der schönen Anne Messel, hin- und hergeschoben wurde, doch vor allem von der Einsamkeit in einem Liverpooler Krankenhaus, als er wegen einer Polioerkrankung wochenlang keinen Besuch empfangen durfte. Tony erobert Margarets Herz, weil er anders ist als die Aristokraten, mit denen sie sonst zu tun hat, ein äußerst verführerischer Junggeselle. Auch in seinem Stammbaum gibt es ein paar Adlige, außerdem Berühmtheiten aus Psychiatrie und Pädagogik, nicht zu vergessen einen Comiczeichner. Zusammen mit Prinzen und Promikindern ging er auf renommierte Colleges. Einen Abschluss hat er allerdings nicht, da sein Onkel Oliver Messel, ein Bühnenbildner, ihn früh zu sich in die Londoner Künstler- und Theaterwelt holte. Er wuchs auf zwischen Blaublütigkeit, Streit und Stil: ein explosiver Cocktail, von dem auch die Prinzessin kosten wird und der sich auf seine extravaganten Fotografien auswirkt, die in Hochglanzmagazinen erscheinen. »Tony ist an den Umgang mit hübschen Mädchen gewöhnt, mit

Models und Schauspielerinnen, und er weiß, welche Anziehungskraft seine sexuelle Reife auf die Frauenwelt ausübt. Doch Margaret ist anders. Sie umgibt die geheimnisvolle und mythische Aura des Königtums.«[10]

Sie sind verrückt nacheinander.

Tonys unkonventioneller Beruf sorgt bei Hofe für manch hochgezogene Augenbraue. Nicht alle finden, dass ein junger Mann, der für seinen Lebensunterhalt arbeiten muss, in die königliche Familie passt, doch Margaret lässt sich nicht beirren, und bald schon kursieren Hochzeitsgerüchte. Weihnachten 1959 bittet Armstrong-Jones um die Einwilligung der Queen, die mit Andrew schwanger ist und die offizielle Bekanntmachung auf die Zeit nach der Geburt verschiebt.

Margaret muss also warten.

Ihre Rache an der Schwester liegt in der Sache selbst: Armstrong-Jones ist ein *commoner*, also ein »Bürgerlicher« ohne Adelstitel, und als solcher seit vierhundertfünfzig Jahren der Erste, der eine Königstochter ehelicht. Außerdem hat er den Ruf eines Lebemanns und Schwerenöters, es gibt viel Gerede über unzählige Frauengeschichten und seine angebliche Bisexualität, manchen gilt er gar als ausschließlich homosexuell. Gut möglich, dass Elizabeth sich wegen all dieser Gerüchte sorgt, andererseits möchte sie ihrer Schwester wohl nicht erneut verwehren, endlich ihr Glück zu finden. Margaret ist eine komplizierte Frau, einerseits überzeugte Vertreterin des Klassensystems, andererseits unkonventionell und antikonformistisch, und sie steht immer im Schatten ihrer Mutter und ihrer Schwester. Elizabeth kann sie nicht noch einmal verletzen und gibt, ohne auf weitere Enthüllungen zu warten, ihr Einverständnis zur Hochzeit. Der zukünftige Schwager bekommt den Titel Graf von Snowdon verliehen. Und was sollte die Queen auch mehr wissen? Dass Tony eine Geliebte hat, nämlich Jacqui Chan (Model und Tänzerin), sowie ein Verhältnis mit dem jungen Mannequin Gina Ward und eines mit der Frau seines Freundes Jeremy Fry, Camilla, die ein Kind erwartet? Die Wahrheit über diese Schwangerschaft wird erst Jahre später ans Licht kommen, als Lord Snowdon einer DNA-Analyse zustimmt, die ergibt, dass Polly Fry seine Tochter ist und während der Verlobungszeit mit Margaret gezeugt wurde.

Beaton ist erleichtert, dass die Freundin seinen größten Konkurrenten aus dem Weg geräumt hat, doch als Margaret ihm eröffnet, dass Tony nicht die Absicht hat, mit dem Fotografieren aufzuhören, fürchtet er, bei Hofe bald ersetzt zu werden. Dies geschieht auch, als die Prinzessin zur allgemeinen Empörung an ihrem 29. Geburtstag Tony mit dem offiziellen Foto betraut: fort mit Diadem und Abendrobe, in denen Beaton sie jahrelang abgelichtet hat, als wäre sie ein Möbelstück im hübsch dekorierten Salon, stattdessen eine Nahaufnahme, die weniger eine Prinzessin als vielmehr eine wunderschöne junge Frau zeigt – mit bloßen Schultern und bloßem Rücken in einem suggestiven Bildausschnitt.

Die Verlobung wird am 26. Februar 1960 bekannt gegeben, eine Woche nach Prinz Andrews Geburt. Tony und Margaret werden zum Aushängeschild einer frischen Monarchie, was Elizabeth mit ihrem alten Beraterstab nicht leisten kann. Die rebellische Prinzessin und ihr Fotograf sind das Lieblingsmotiv der Paparazzi. Großbritannien brennt für das junge Paar, seine Streitereien und anschließenden Versöhnungen sind das Stadtgespräch der besseren Londoner Kreise. Und trotz des unaufhörlichen Fotohagels und der nächtlichen Fluchten der Schwester nach Pimlico empfindet Elizabeth doch eine Art von Zuneigung für diesen so reizend exzentrischen Schwager. Sie schätzt an ihm, dass er die Etikette einhält, sie mit »Ma'am« anredet und den Kopf beugt, wenn sie sich treffen, und dass er ein gutes Verhältnis zu den Männern der Familie pflegt. Wenn er sie fotografiert, fühlt sie sich wohl. Er ist der raffinierteste Fotokünstler seiner Generation, lässt sich von Cartier-Bresson und Irving Penn beeinflussen, greift Anregungen von Richard Avedon und dem impertinenten David Bailey auf (ohne dessen Dreistigkeit). Und er hat einen sicheren Instinkt für den Werbeeffekt. Wenn er Fotos macht, tritt er selbst völlig zurück, und seine Inszenierungen haben etwas von Familientreffen, in denen die Queen auch mal ihre weiche Seite zeigt und entspannt lächelt. Tony gelingt die Darstellung einer modernen Familie, wie auf dem viel diskutierten Bild, auf dem die Kinder Charles und Anne unter den liebevollen Blicken der Monarchin und Prinz Philips auf einem Felsen vor einem steinernen Brückenbogen sitzen und in einem Buch blättern.

Am 6. Mai 1960 heiraten Margaret und Tony in Westminster Abbey. Es ist die erste Fernsehhochzeit mit über zwanzig Millionen Zuschauern. Philip führt die Schwägerin vor den Traualtar. Sie trägt ein Seidenkleid von Norman Hartnell mit Jäckchen, V-Ausschnitt, schmaler Taille und weitem Rock, und endlich, nach vielen Stürmen der Rebellion und Erneuerung, ist sie einmal die Hauptperson.

Italienreise

Es ist ein klarer Vormittag im Mai 1961. In den Straßen von Rom heißen die Italiener Elizabeth auf ihrer ersten Staatsreise ins Bel Paese mit lautem Jubel willkommen: »Bella! Viva la regina!« Der königliche Terminplan ist gut gefüllt, doch über allem liegt der Geist der klassischen Bildungsreise wie zu Zeiten des alten Europa, man kann es an den Etappen ablesen: in Rom das Staatsbankett mit dem Präsidenten Giovanni Gronchi und dreitausend geladenen Gästen, anschließend ein Besuch bei Papst Johannes XXIII. (»ihr« zweiter Papst von den sieben, die während ihrer langen Regentschaft bis heute amtieren werden); dann Neapel und Florenz; in

Venedig die typische Gondelfahrt auf den Kanälen (»I would love to ride in a gondola«, verkündet Elizabeth und wird sofort erhört); in Mailand ein Konzert an der Scala; in der einstigen Hauptstadt Turin ein Empfang beim inoffiziellen italienischen »Königspaar« Gianni und Marella Agnelli, dem Fiat-Chef und seiner kunstliebenden Frau. Und das Husarenstück eines blutjungen Fotoreporters, Michelangelo Rossi, der in Italien für eine englische Presseagentur arbeitet.

Elizabeth und Philip werden bei ihrem Besuch in der piemontesischen Metropole streng bewacht, selbst der Journalistenausweis, der dem Fotografen sonst alle Türen öffnet, erweist sich als nutzlos: Er braucht eine Einladung. Rossi ist verzweifelt, er hat seiner Agentur Bilder von der Queen versprochen und will liefern. Was er dank seines Ideenreichtums und seiner Courage auch tun wird.

Rossi lebt eigentlich in Rom, hat aber eine kleine Wohnung in Turin. Als ihm klar wird, dass ihm keine Zeit bleibt, sich eine offizielle Einladung zu beschaffen, wendet er einen Kunstgriff an, den er als Klatschreporter gelernt hat: Er läuft nach Hause, schlüpft eilig in eine weiße Hose und ein weißes Jackett mit Goldknöpfen und setzt eine Schirmmütze mit dem Wappen der Marine auf, die Leica versteckt er in der Tasche. Vor dem Palazzo della Civiltà del Lavoro, wo das Königspaar den Englischen Pavillon einweihen soll, mischt er sich unauffällig unter eine Gruppe geladener Gäste. Niemand fragt ihn nach seiner Einladung, vielleicht aus Respekt vor der Uniform. »Ich wusste, wo die Queen entlangkommen würde, also stellte ich mich ans Ende der Rolltreppe mit Blick auf den Englischen Pavillon und wartete. Sobald sie die Treppe betrat, konnte ich Fotos machen – mit der englischen Flagge als Hintergrund. Dann haben mich die Sicherheitsleute festgehalten, wahrscheinlich wollten sie mir den Film wegnehmen, aber ich konnte die Kamera in die Tasche stecken und entkommen, die Bilder entwickeln, die *Associated*

Press dann verkaufte. Ohne meinen Namen zu erwähnen natürlich, das war damals nicht üblich, aber das Foto mit der Queen vor dem Union Jack ging um die ganze Welt, das reichte mir.«[11]

Am 10. März 1964 wird Edward Antony Richard Louis geboren, das vierte Kind von Elizabeth und Philip.

Und im Palast scheint wieder Ruhe einzukehren.

Die Queen zu Pferd

Als die kleine Lilibet einmal in einem Zirkus die Ställe besuchte, vertraute sie dem Zirkusdirektor an, dass sie selbst » manchmal gern ein Pferd wäre«. Ob sie damals schon ahnte, wie groß ihre Liebe für die Stute Peggy (und deren Nachkommen) sein würde? Als Kind verehrte sie Henry Owen, den Stallmeister Georges VI., und ihren Reitlehrer. Ihn hielt sie für » den besten Reiter der Welt und den klügsten Mann im ganzen Königreich«.[12] Damit weckte sie natürlich die nicht ganz ernst gemeinte Eifersucht des Königs, der eines Tages, als die Tochter ihn zu dem widerspenstigen Verhalten eines Pferdes befragte, polemisch erwiderte: » Warum fragst du mich, frag doch Owen. Was könnte ich dir schon raten?«[13]

Dass die Pferde und sie eine ganz große Liebe verbindet, bleibt auch dem oberflächlichsten Betrachter nicht verborgen: Viele Tausend Fotos und Filme durch die Jahrzehnte erzählen von ihr und den Tieren, über die sie viel lieber spricht als über jedes Buch. Mit dem Thema Pferde lässt sich immer das Eis brechen. Das belegt auch ein bekanntes Bonmot Winston Churchills, mit dem er gerne allzu neugierige Frager ruhigstellte: Wer wissen wollte, worüber er mit der Queen in den Dienstagssitzungen sprach, dem antwortete er: » Meistens geht es um Pferderennen«[14].

Wann immer sich Elizabeth auf dem von Wäldern umge-
benen Schloss Balmoral oder im Park von Windsor aufhält,
beginnt sie ihren Tag mit einem Ausritt, natürlich ohne Reit-
helm. Seit sie Königin ist, führt sie ihre Vollblutzucht auf Balmoral und Hampton Court selbst, wählt in enger Absprache
mit Lord Porchester einzelne Tiere aus, kauft Deckhengste
und Stuten, führt sie der Paarung zu, richtet sie ab und ...
siegt. Sie kennt jeden einzelnen ihrer Lieblinge. Und sie wird
diejenige sein, die Monty Roberts entdeckt, den kaliforni-
schen Pferdetrainer, der Nicholas Evans zu seinem Roman
Der Pferdeflüsterer inspirierte: Sie fragt ihn um Rat zu Aus-
bildungsmethoden, dazu, wie Pferde mit Strenge und Sanft-
heit zugleich erzogen werden.

Die Pferde der Queen laufen Rennen, und sie laufen gut.
Seitdem der Großvater sie zum ersten Mal mitgenommen
hat, verpasst Elizabeth kein einziges Royal Meeting, die seit
1779 alljährlich im Juni stattfindende Ascot-Rennwoche in
der Grafschaft Berkshire. Ascot ist zugleich auch das wichtigste Gesellschaftsevent für jeden, der in England Rang und
Namen hat – oder einfach reich genug ist. Es herrscht eine
strenge Kleiderordnung, und während auf der Rennstrecke
herrliche Vollblüter vorbeigaloppieren, findet auf der Wiese
und den Rängen der Arena der Wettkampf der Damen um
die ausladendsten Hüte und extravagantesten Kleider statt.
Seit sie Königin ist, gehört die Eröffnungsparade von Ascot
zu Elizabeths Aufgaben, indem sie mit Philip in einer Kutsche in die Arena einfährt. Anschließend zieht sie sich so-
gleich in die *Royal Enclosure* zurück (einen für sie reservier-
ten, bei anderen Gästen äußerst begehrten exklusiven Besu-
cherbereich), um mit kindlicher Begeisterung ihren Tieren
zuzujubeln und Pferde wie Jockeys anzufeuern.

Wer könnte diese königliche Hingabe besser in Bilder fassen als ein junger Korporal der Royal Horse Guards mit der
Leidenschaft für die Fotografie?

Es ist das Jahr 1965. Godfrey Argent ist achtundzwanzig Jahre alt, Kavallerist und begeisterter Hobbyfotograf, der bereits den alljährlichen Fotografiewettbewerb der britischen Armee gewonnen hat und das jüngste Mitglied der Royal Photographic Society ist, einer geschichtsträchtigen Gesellschaft zur Förderung der Fotografie, die bereits 1853 vom Fotopionier Roger Fenton gegründet wurde. Als Argent für ein Buch über Pferde die königlichen Ställe fotografieren soll, fühlt er sich geschmeichelt, hat aber auch Respekt vor der Aufgabe: » Sie können sich nicht vorstellen, wie kompliziert es ist, Pferde dazu zu bringen, dass ihre Ohren in die gleiche Richtung zeigen und das Riemenzeug richtig liegt «[15], berichtet er nach getaner Arbeit. Seinen endgültigen Erfolg und die Aufnahme in den erlauchten Kreis der Königsfotografen verdankt er einem weiteren Buch, dem ersten und einzigen nur über die Queen und ihre Pferde: Für *The Queen Rides* interviewt die Schauspielerin Judith Campbell 1965 die Angestellten in den Ställen. Es ist ein einzigartiges, gewissenhaftes Werk, zu dem Argent das Bildmaterial beisteuern soll. Ein besonderes Privileg, denn Elizabeth hat das Projekt nicht nur autorisiert, sondern wirkt selbst mit und gönnt dem Fotografen fast intime Einblicke – beim Besuch der Ställe, beim Ausreiten in Foulard und Stiefeln auf Balmoral, Windsor und in Sandringham oder in der Uniform der Royal Guards.

Elizabeths Leidenschaft trägt mit den Jahren Früchte: Nicht nur, dass Prinzessin Anne sich davon anstecken lässt und 1976 bei den Olympischen Spielen in Montreal mitreitet, auch Enkelin Zara Phillips, die Tochter Annes, tritt in deren Fußstapfen und holt 2012 in London mit ihrer Mannschaft olympisches Silber.

Die Swinging Sixties

Am Sonntag, dem 24. Januar 1965, stirbt im Alter von neunzig Jahren in London Sir Winston Leonard Spencer Churchill. Elizabeth wünscht sich für den Staatsmann, der sie von der ersten Begegnung an fast ritterlich vergöttert hat (»Es war eine Liebe des dritten Lebensalters«, bestätigt sein Enkel Nicholas Soames[16]), ein Staatsbegräbnis, also die angemessenste Ehrung, die »dem Leben und Beispiel eines nationalen Helden« entspreche.[17] Am 30. Januar, dem Tag der »Operation Hope Not« (so das Codewort für das Begräbnis), ist der Himmel fast schneeweiß. Eine lange, feierliche Prozession von Oberhäuptern aus aller Welt, Königen und Königinnen, Staatspräsidenten und Premierministern aus hundertzwölf Nationen, folgt dem Sarg bis zur St. Paul's Cathedral und trauert um den Mann, der Großbritannien zum Sieg gegen Nazideutschland geführt hat. »Sein« Volk versammelt sich an den Ufern der Themse, um dem Verstorbenen die letzte Ehre zu erweisen: An Bord der *Havengore* gleitet sein mit der britischen Flagge bedeckter Sarg an den Menschen vorbei, die das Haupt neigen (genau wie die hohen Kräne auf den Baustellen der Hauptstadt, die als Beileidsbekundung mit gesenkten Auslegern abgestellt wurden). England verliert einen seiner größten Söhne; Elizabeth verliert einen Freund, einen Verbündeten, einen Mentor. Wie Nicholas Soames sagen wird: »Elizabeth II. war der letzte Akt seines politischen Lebens, den er das neue elisabethanische Zeitalter nannte. Mein Großvater, Sohn des viktorianischen Empires, war Pragmatiker und hatte begriffen, dass die Geschichte sich mit ihr wandeln würde. Und er unterstützte dies.«[18]

Tatsächlich steckt die britische Gesellschaft bereits mitten im Wandel. Die hierarchischen Strukturen, deren oberste

Vertreterin Elizabeth ist, sind gelenksteif und verbraucht. Die jungen Leute interessieren sich kaum mehr für die Monarchie, die Straßen werden bunter, und durch Musik, Kunst und Mode weht ein neuer, revolutionärer Wind.

Ein Neubeginn, in dem alles möglich scheint.

In ihrer Boutique in der King's Road entblößt Mary Quant mit schwindelerregenden Miniröcken die Knie der jungen Mädchen, der Friseur Vidal Sassoon erfindet den *bowl cut*, einen Schnitt, der das Toupieren der Haare überflüssig macht, und erst das ganze Königreich, dann auch die ganzen USA drehen durch, als vier junge Männer mit Pilzkopf auf der Bildfläche erscheinen, bei deren Anblick die Mädchen zu kreischen anfangen.

Die *British Invasion*, der transatlantische Siegeszug der britischen Popmusik und vor allem der Beatles, macht auch vor den Fenstern von Buckingham Palace nicht Halt. Elizabeth reagiert auf ihre Art, die so manchen Untertan die Nase rümpfen lässt: Sie ahnt, dass diese vier Jungs aus der Liverpooler Arbeiterklasse zum Symbol des neuen England werden, und ernennt John Lennon, Paul McCartney, George Harrison und Ringo Starr am 24. Oktober 1965 » für ihre Verdienste um die Exportindustrie des Vereinigten Königreiches « zu » Members of the Most Excellent Order of the British Empire «. Ein Sturm der Entrüstung bricht los nach dieser Auszeichnung durch die niedrigste Klasse des Ritterordens (MBE). Viele Mitglieder geben ihren eigenen empört zurück und weigern sich, an der Zeremonie teilzunehmen, darunter ein altgedienter Oberst, der sich gleich von allen zwölf seiner in beiden Weltkriegen erworbenen Orden trennt.

Der Skandal weitet sich aus, als am Morgen des 26. Oktober der rebellischste der vier Musiker, John Lennon, unter verlegenem Gelächter gesteht, einen Joint im Bad von Buckingham Palace geraucht zu haben. Egal, was an der Geschichte dran ist (George Harrison zufolge haben die vier Jungs sich vor der Begegnung mit der Queen in eine Toilette zurückgezogen, um zur Beruhigung lediglich eine unschuldige Zigarette zu rauchen) – in solchen Fällen belangt die englische Justiz auch denjenigen, in dessen Räumlichkeiten die Drogen konsumiert wurden, sodass die Queen sich strafbar gemacht hätte.

Lennon ist auch der Einzige, der vier Jahre später den Orden zurückgibt, unter anderem aus Protest gegen Großbritanniens Unterstützung der Vereinigten Staaten im Vietnamkrieg. Die anderen Beatles tragen ihren MBE-Titel voller Stolz, vor allem Paul, der schon in der Grundschule in einem Aufsatz über Elizabeth erklärt hat, seit dem Tag ihrer Krönung ein glühender Verehrer der Queen zu sein.

Ein perfekter Teint

Aus Respekt vor den ungeschriebenen Regeln des Hofes äußern sich die Fotografen nur selten über die Fotosessions. Doch in einem Aspekt sind sich alle einig: Elizabeths von Natur aus ebenmäßigem, fast durchscheinendem Teint, den sie seit Jugendtagen pflegt. Bis auf das matte Licht des schottischen Hochlands meidet sie die direkte Sonne, auf Reisen schützt sie sich mit Sonnenschirmen und Hüten. Ihr Make-up fällt kaum auf, fast wäre es überflüssig: wenig oder kein Lidschatten, etwas Mascara auf den Wimpern, ein Hauch von – pfirsichfarbenem – Rouge auf den Wangen. Nur auf den Lippenstift verzichtet sie nie, und es ist überliefert, dass sie sich mit königlicher Würde nach einem Abendessen im Weißen Haus mithilfe eines Schminkspiegels die Lippen nachzog. Marke und Farbton bleiben ihr Geheimnis, doch manche Stimmen behaupten, die französische Kosmetikfirma Clarins habe ihr zur Krönung den » Balmoral Lipstick « geschenkt, in einer Farbmischung aus mattem Rot und Blau.

Auch ihre Frisur ändert sie nie, aus ganz praktischen Gründen: Auf einem Schopf, der über Stirn und Nacken eine kurze, stabile Welle bildet, finden Kronen aller Art den besten Halt.

David Montgomery trifft die Queen zum ersten Mal 1967. Er ist erst dreißig, ein schüchterner Amerikaner mit außergewöhnlichem Fototalent und als Assistent des großen Lester Bookbinder von Brooklyn nach England gekommen. Er verliebt sich auf Anhieb in die Atmosphäre des Swinging London und das »fragile« Licht der Hauptstadt. Selbst der Nebel fasziniert ihn und dessen Wirkung auf die Stadt, die so völlig anders ist als das sonnendurchflutete, »künstliche« New York. Er bezieht eine Zweizimmerwohnung in der Camden Road und sucht sich Arbeit. Ihm verdanken wir eine Reihe wegweisender Porträtaufnahmen der Siebzigerjahre, darunter eine von Andy Warhol, die im Andy Warhol Museum in Pittsburgh zu besichtigen ist. Seine Bilder der Reichen, Berühmten und Mächtigen erscheinen in den meistgelesenen Magazinen der Welt. Und machen ihn zum Star.

Der Auftrag, die Queen zu fotografieren »wie einen echten Menschen mit einem ganz normalen Leben«, stammt vom *Observer*.[19] Vor lauter Angst, der Monarchin gegenüberzutreten, lehnt Montgomery zunächst ab: »Ich glaube nicht, dass ich das kann.« Doch seine Frau bläst ihm den Marsch, und er überlegt es sich anders.

Seine Leidenschaft für die Porträtfotografie – und für die Queen – ist auch nach fünfzig Jahren ungebrochen, wie Montgomery 2017 in einem Interview mit dem *Guardian* offenbart, in dem er ausführlich jenen Nachmittag in Schottland beschreibt, bei dem in aller Schnelle ein instinktiv geniales Schwarz-Weiß-Foto entstand – das nie veröffentlicht wurde.

Wir fuhren nach Balmoral, und man führte uns in einen Salon, der so groß war, dass man ein Flugzeug darin hätte abstellen können. Die Queen kam herein, und sie war reizend. Zu diesem Zeitpunkt waren nur wir drei anwesend: die Queen, ich und mein Assistent. Vier oder fünf Hunde waren noch da, aber keine anderen Leute, keine Wachen, niemand.

» Wo sitzen Sie üblicherweise, wenn Sie sich hier aufhalten?«, fragte ich. Und kaum dass ich mich's versah, machte sie es sich vor dem Kamin auf dem Boden bequem. Ich glaubte meinen Augen nicht.

Ihre Haut war nahezu perfekt. Sie ist weiß und ohne Makel, wie zerstoßenes Perlmutt. Ich schoss zweihundert Fotos von ihr vor dem Kamin. Als sie Anstalten machte aufzustehen, trat ich zu ihr, um ihr zu helfen. Sie lächelte mich an und sagte: » So alt bin ich auch noch nicht. «

Ich fragte, ob wir ein paar Fotos im Freien machen könnten. Sie willigte ein: » Ich gehe mich kurz oben umziehen, warten Sie an der Tür. « Plötzlich sah ich, wie sie, zwei Stufen auf einmal nehmend, die Treppe hinaufeilte. Meine Kamera hing um meinen Hals, und mir gelangen ein paar Schnappschüsse von ihr, die ein wenig unscharf sind, doch sie ist genau zu erkennen.

Kurz darauf war sie wieder unten, in einem Kilt,²⁰ und wir gingen hinaus. Auf einmal pfiff sie, und etwa zwanzig Highland-Ponys kamen angerannt. Das war beeindruckend.

Man hatte mir gesagt, ich könne mich glücklich schätzen, wenn mir sechs Minuten zur Verfügung stünden, und zu diesem Zeitpunkt waren schon zwanzig daraus geworden, also machte ich die Fotos und ließ es dabei bewenden. Am riesigen Tor von Balmoral verabschiedeten wir uns. Ich war sehr höflich. Ich war von ihr sehr angetan, sie war ein echter Mensch. Man wollte sie umarmen, als wäre sie eine

Tante, die man zwanzig Jahre lang nicht gesehen hatte.
(...)
Nach diesen Aufnahmen hatte ich nie wieder Angst, denn
an diesem Tag verbrauchte ich meinen gesamten Vorrat
an Nervosität. Seit damals habe ich fünf Premierminister
fotografiert und war mehrere Male in 10 Downing Street –
kein Problem.

Cecil Beatons letztes Foto

1968. Entsprechend ihrer Rolle »schweigt« die Frau mit der nahezu perfekten Haut, die Fotografen die Angst zu nehmen versteht, auf Bildern. Doch trotz aller Unnahbarkeit hat die Queen offenbar ein sicheres Gespür dafür, wann sich eine Zeit ihrem Ende zuneigt. Der Glanz der Krone wird matt, und die Pracht aus Rosen, Flieder und Hortensien als Hintergrund zahlloser königlicher Einstellungen verblüht. Die Fotografen bilden Elizabeth nun auch in weniger ehrerbietigen Posen ab (zumindest für damalige Verhältnisse). So ertappt die Amerikanerin Eve Arnold von der Fotoagentur Magnum die Queen an einem verregneten Frühlingstag unter einem Regenschirm, mit strahlendem Lächeln. Ohne lange um Erlaubnis zu fragen, drückt sie ab.

Trotz seines Erfolges und eines Oscars im Jahre 1965 für die besten Kostüme im Film *My Fair Lady* gehört auch Cecil Beaton allmählich der Vergangenheit an. Er, der dem Licht in Elizabeths Gesicht lange Tagebucheinträge gewidmet hat, muss sich eingestehen, dass er beim neuen »Fortschrittsgeist« nicht mithalten kann, sich wie ein Relikt aus einer anderen Zeit fühlt. Seine Beziehung zur Queen bekommt Risse, Beaton gesteht in seinem Tagebuch ein: »Es gibt große Schwierigkeiten. Unsere Sichtweise, unsere Geschmäcker sind so verschieden.«[21] Doch dann bringt die National Por-

trait Gallery die beiden noch einmal zusammen zu einer
großartigen – und letzten – ihm gewidmeten Werkschau, für
die er erneut ein Porträt der Queen anfertigen soll.

So verbeugt sich am dritten Aprilsonntag 1968 die Rolleiflex des großen Ästheten zum letzten Mal vor Elizabeth II.
Beaton möchte » extrem, klar und mutig «²² sein, und mit
einem einzigartigen, neuen und überraschenden Foto ab-
treten. Das wird ihm gelingen, denn die Queen willigt ein,
für ihn in einem dunkelblauen Admiralsmantel zu posieren,
allein vor einem nackten, hellen Hintergrund. Die strenge,
enthaltsame Heldin, im Gesicht erste Fältchen, zeigt sich wie
aus der Zeit gefallen, ein zeitloses, nachdenkliches Bild, das
eine neue » elisabethanische « Ikonografie einleiten wird.

1977 bietet Beaton wegen finanzieller Nöte sein gesamtes
Fotoarchiv bei Sotheby's zum Verkauf an, ausgenommen die
Aufnahmen der königlichen Familie. Diese hinterlässt er sei-
ner treuen Sekretärin Eileen Hose, die sie nach ihrem Tod als
Schenkung dem Victoria and Albert Museum vermacht.

Königsfamilie und Walkabout

Richard Colville hasst das Fernsehen und ist in der Londoner
Fleet Street (wo die *Times* und alle wichtigen englischen
Tageszeitungen ihre Redaktionen haben) als der » abscheuli-
che Neinsager « bekannt. Als der Marineoffizier 1968 aus
Altersgründen seinen Posten als Pressesekretär der Queen
aufgibt, atmen die fortschrittlichen Geister unter den Angestellten von Buckingham Palace erleichtert auf. Ihm folgt
nun sein Stellvertreter, der Australier William Frederick
Payne Heseltine, der anders als Commander Colville der festen Überzeugung ist, die Monarchie habe sich viel zu weit
vom Volk entfernt, und das Fernsehen sei das ideale Medium,
um ihr Ansehen und ihre Popularität zu steigern.

Philip teilt diese Meinung, nicht zuletzt wegen der erfolgreichen Liveübertragung der Krönungszeremonie. Er tut alles, um seine Gemahlin davon zu überzeugen, dass es nicht mehr reicht, wenn ihr Konterfei auf Münzen, Geldscheinen, Siegeln, Medaillen, Gemälden und Fotos oder als Skulptur zu sehen ist. Vorbei die Zeiten von Königin Victoria, die sich als erste Monarchin der Fotografie bediente, um Großbritannien in der Welt bekannt zu machen, und ihre Bilder im ganzen Empire verbreiten ließ. Die Zeit ist reif für den nächsten Schritt. Der Palast muss seine Türen den Fernsehkameras öffnen.

Abgesehen von den Fotos bei öffentlichen Veranstaltungen und gestellten Bildern weiß man von den jungen Windsors und der Queen als Familie nur das, was Elizabeth preisgeben will – und das ist fast nichts. Ihre Rolle und ihr Naturell bringen es mit sich, dass sie in der Öffentlichkeit keine Gefühle zeigt, und dasselbe erwartet sie von ihren Kindern, die unter dem strengen Schutz der Privatsphäre und abgeschirmt von medialer Zurschaustellung aufwachsen.

Vor allem in den ersten Jahren ihrer Regentschaft, als Elizabeth sich noch in die Pflichten ihres Amtes einarbeiten muss, diktiert Philip die Regeln, er wählt Kindermädchen, Schulen und Hauslehrer aus, ebenso sportliche Aktivitäten und Freunde; dabei orientiert er sich weitgehend an seiner eigenen (unglücklichen) Kindheit und seiner Ausbildung als Jugendlicher und junger Erwachsener. Er hat die strenge schottische Privatschule Gordonstoun besucht? Dann geht auch Charles dorthin. Doch der junge Prinz ist sensibel und introvertiert, mehr den Künsten zugetan als dem Kampf, er ist eher unsportlich und interessiert sich keinen Deut für Motoren und PS; stattdessen hat er – auch durch den positiven Einfluss von Queen Mum, deren Lieblingsenkel er ist – einen ausgeprägten Hang zur Gärtnerei und zur Natur, zu Malerei und Architektur. Doch Philip ist die künstlerische

Ader seines Erstgeborenen völlig gleichgültig, er kennt nur militärischen Drill.

Elizabeth versucht, Philips autoritärer und auch strafender Hand so viel wie möglich entgegenzusetzen, doch das bleibt wenig. Einfacher gestaltet sich ihre Beziehung zu Tochter Anne, einem selbstbewussten, amazonenhaften Mädchen, die geradeheraus und weniger introvertiert ist als ihr Bruder. Zu ihr pflegt sie eine schlichte emotionale Bindung ohne große Komplikationen.

Elizabeth und Philip reisen viel, sind oft monatelang unterwegs; und auch wenn sie »zu Hause« in England sind, verbringen sie nur wenige Stunden am Tag mit ihren Kindern. Um sie zu sehen oder zu sprechen, müssen Charles und Anne sich von den Palastsekretären einen Termin geben lassen, ohne (schriftliche) Anmeldung dürfen sie das Büro der Queen nicht betreten, auch nicht für ein kurzes »Hallo, Mama, wie geht's?« oder eine Umarmung. Jahrzehnte später wird Charles in seiner Biografie von dieser »Distanz« berichten und auch davon, dass die Nannys es waren und »nicht seine abwesenden Eltern, die mit ihm spielten, ihm das Laufen beibrachten, ihn bei Bedarf bestraften oder belohnten oder ihm halfen, seine ersten Gedanken in Worte zu fassen«.[23] Weniger streng fällt Prinzessin Annes Urteil aus, die ein sonnigeres Gemüt hat als der Bruder, zupackend und »unkompliziert« ist; nach den Privatstunden in ihrer Kindheit ging sie auf das Benenden-Internat, vor allem aber teilte sie mit ihrer Mutter die Leidenschaft für Pferde und den Reitsport. Auch Andrew und Edward, zu jener Zeit in den Sechzigerjahren beide noch Kleinkinder, kommen besser zurecht als ihr Bruder: Über ihnen hängt nicht das Damoklesschwert, der Thronfolger zu sein, und sie sind noch zu jung, um die Liebe ihrer Eltern einzufordern.

1968 richten sich alle Spotlights auf Charles.

Journalisten und Fotografen erwarten sensationslüstern

seine Investitur zum Prince of Wales, sie fordern Bilder und Interviews, doch in Elizabeths und Philips Augen ist der zwanzigjährige Prinz noch zu unreif und unbeholfen, um sich der Presse zu stellen.

Langsam findet auch bei der Queen ein Umdenken statt: Sie begreift, dass sie in diesem historischen Moment Gefahr läuft, zum bloßen Dekor zu verkommen, wenn sie nicht offener wird und sich dem Volk als Mutter und Familienmensch präsentiert, ohne dabei das Charisma zu verlieren, das sie qua ihres Amtes besitzt. Daher akzeptiert sie nach Monaten des Zögerns den Vorschlag von Heseltine und der BBC: Zum ersten Mal wird sie Fernsehkameras in den eigenen vier Wänden erlauben, um einen Dokumentarfilm – den ersten überhaupt – über das Leben der Königsfamilie drehen zu lassen.

Der Auftrag wird David Attenborough angeboten, einem ehrgeizigen BBC-Produzenten. Aus Sorge, die mediale Revolution könne » die Monarchie töten « und ihrer » Mystik « berauben, lehnt Attenborough ab.[24] Kurioserweise sieht man ihn genau fünfzig Jahre später (mittlerweile vielfach ausgezeichnet für seine Naturfilme), wie er für den Film *The Queen's Green Planet* mit der gleichaltrigen Elizabeth unter den uralten Bäumen des Buckingham-Parks spazieren geht, als begeisterter Promoter für das Commonwealth Canopy Project der Queen, das sich die Rettung des Waldes in den Ländern des Staatenbundes zur Aufgabe gemacht hat.

Doch die Königsdoku *Royal Family* wird 1969 ohne ihn gedreht. Regie führt nun Richard Cawston: Ein Jahr lang begleitet er mit seiner zwanzigköpfigen Crew den Familienalltag in Buckingham, Sandringham und Balmoral, um schließlich aus dreiundvierzig Stunden Filmmaterial einen eineinhalbstündigen Zusammenschnitt für die Ausstrahlung zu erstellen: Nie zuvor hatte man die Royals als ganz normale Familie » von nebenan « gesehen, wie sie beim Abendessen miteinander plaudern und scherzen, wie Elizabeth als » liebevolle Mutter« dem kleinen Edward ein Eis im Örtchen Balater kauft oder der Herzog von Edinburgh in Kilt und Schürze Würstchen auf den Grill legt.

Am Abend des 21. Juni 1969 machen es sich siebenunddreißig Millionen Engländer vor ihren Fernsehgeräten gemütlich – eine gigantische Einschaltquote für *Royal Family*. Damit ist die Büchse der Pandora geöffnet, und für Elizabeth beginnt ein Jahrzehnt unter Beobachtung: Zunehmend lauter fordern ihre Untertanen, sie aus immer geringerer Entfernung sehen zu dürfen. Manchmal kann es genauso gefährlich sein, »zu normal« zu wirken als das Gegenteil, und sechs Monate nach seiner Ausstrahlung wird der Film wieder aus dem Verkehr gezogen. Heute finden sich nur noch ein Ausschnitt von neunzig Sekunden im Netz sowie einige wenige Szenenfotos mit Elizabeth und ihren Kindern am Frühstückstisch.

Die »Neunundsechziger-Revolution« jedoch ist nicht mehr aufzuhalten, und ein neues Wort findet Eingang in den Wortschatz der Monarchie: der *Walkabout*, das Bad in der Menge. Es ist ein Reporter der *Daily Mail*, der es nach Elizabeths Staatsbesuch in Neuseeland zum ersten Mal benutzt, doch sein wahrer Erfinder ist wieder einmal William Heseltine. Und so sehen die Menschen in den Straßen von Wellington die Queen nicht wie sonst zügig im Cabriolet vorbeifahren und mit der erhobenen Hand drehende Bewegungen machen, »als wollte sie eine Glühbirne ausschrauben« (so der amerikanische Schriftsteller Gore Vidal), sondern werden erstmalig Zeuge, wie Elizabeth und Philip aus dem königlichen Gefährt aussteigen, ein paar Worte mit der Bevölkerung wechseln, Hände schütteln und kleine Geschenke und Blumensträuße entgegennehmen.

Und es verfehlt seine Wirkung nicht: Zwölf Monate später, nach zahllosen mit Lächeln absolvierten *Walkabouts* und gut vorbereiteten Fernsehauftritten, ist das Königspaar so populär wie nie zuvor.

Windsormania
(1970 – 1979)

Elizabeth II. an Bord der Jacht Britannia im März 1972. [7]

Einfach in sie verliebt

» Wir mussten uns verändern, weil wir langweilig wurden. Deshalb warfen wir durch den Dokumentarfilm *Royal Family* mit Absicht ein Licht in das geheimnisvolle Dunkel. (...) War es ein Fehler, die Presse in den goldenen Käfig blicken zu lassen? Ich glaube, wir hatten keine andere Wahl. «[1]

Sind das die Worte des Herzogs von Edinburgh?

Nein, es spricht der Mann, der nach Prinz Philip den größten Einfluss auf die Queen hat, Martin Michael Charles Charteris. Bis zur Thronbesteigung ihr Privatsekretär, wird er danach zum Assistenten des älteren Michael Edward Adeane degradiert. 1972 setzt sich der Traditionalist Adeane zur Ruhe, und zu Elizabeths großer Freude rückt Lord Charteris auf seinen Posten. Sie hat ihn damals nur ungern gehen lassen, doch die Hierarchie der königlichen Privatsekretäre ist so eisern wie die der Monarchie selbst: Elizabeth musste sich dem Diktat der Dynastie (und ihrer Mutter) beugen. Charteris seinerseits war es gewohnt, nichts zu kommentieren, gestand aber Jahrzehnte später: » Ich habe mich auf den ersten Blick in sie verliebt. Sie war so jung, schön, pflichtbewusst, die beeindruckendste aller Frauen. «[2] Als Sohn eines Grafen und Schwiegersohn eines Herzogs ist er adeliger Herkunft, hat in Eton studiert und sich 1951 (als Oberstleutnant) aus der Armee verabschiedet; dennoch ist er ein Antikonformist, dem Eleganz nichts bedeutet und der geradezu allergisch auf die Hofetikette reagiert. In einer Zeit, als die Königin ihren eigenen Stil sucht und findet, ist er an ihrer Seite – und weiß sie, im Gegensatz zu manch anderem Höfling, zu nehmen. Er behandelt sie normal, ehrerbietig und entschlossen zugleich, er redet nicht autoritär mit ihr, lacht als Erster über ihre Witze und erlaubt sich sogar die Freiheit, in die Texte, die er für sie verfasst, ein wenig Humor einfließen zu lassen.

Elizabeth muss selten in der Öffentlichkeit reden. Dafür, dass sie über der Politik steht und die Nation als Ganzes vertritt, zahlt sie einen hohen Preis: niemals ihre eigene Meinung und ihr Dafürhalten zu äußern. Dennoch fehlt es ihren Reden der Ära Charteris nicht an lebendiger Reibung mit dem Hof und oft genug auch mit dem Oberhaus.

» Sie ist sehr gut darin, alles wahrzunehmen, was falsch ist. In diesem Sinne besitzt sie eine ausgezeichnete negative Urteilsfähigkeit. Doch ihr politischer Unternehmungsgeist ist begrenzt, also müssen andere sie mit Anregungen versorgen «,[3] rechtfertigt sich der zupackende Charteris im Mai 1977, als ihm vorgeworfen wird, er habe ihr zu radikale Meinungen hinsichtlich der in Schottland und Wales anstehenden Referenden zur Übertragung politischer Kompetenzen an die Regionen untergeschoben. Um welchen Satz genau ging es? » Vielleicht ist das Jubiläum der richtige Zeitpunkt, um uns an die Wohltaten zu erinnern, die die Union ... den Einwohnern in allen Teilen des Vereinigten Königreichs gebracht hat. «[4] Es ist das Wort » Union «, das zu heftiger Kritik (und giftigen Kommentaren) führt, die Rede sei » viel zu politisch « gewesen; auch wenn Charteris behauptet, er habe sich inhaltlich überhaupt nicht eingemischt.

Die Wahrheit ist, dass in Elizabeths Leben die Pflichten

die Freuden überwiegen. Nur die Arbeit zählt, der Tagesablauf ist streng getaktet, als könnte jede noch so kleine Abweichung ins Chaos führen.

Um neun Uhr herrscht schon Hochbetrieb im »Buck«. Wenn der »Königliche Pfeifer« im tadellosen Schottenrock unter ihrem Schlafzimmerfenster den Dudelsack bläst, hat der Tag der Queen längst begonnen: Um 7:30 Uhr hört sie über ihr altes Radio der Marke Roberts auf ihrem Nachttisch den Nachrichtenüberblick der BBC. Nach einem warmen Bad und der ersten »Einkleidung« des Tages frühstückt sie zusammen mit Philip (Darjeeling-Tee, Cornflakes, Orangenmarmelade, Obst und Milch von Jersey-Kühen aus der windsoreigenen Zucht). Dabei liest sie die Tageszeitungen, allen voran die *Racing Post*, eine Art Bibel für Pferderennen.

Um 9:30 Uhr sitzt Elizabeth in ihrem Büro bei der Arbeit, ein großzügiger Raum mit grünen und goldenen Tapeten. Auf dem Chippendaleschreibtisch (darunter wie immer eine Schale frisches Wasser für die Corgis) wartet schon die in rotes Leder gebundene Box mit den offiziellen Staatspapieren, welche die Queen liest und wo nötig unterschreibt. Dann empfängt sie ihren Privatsekretär, ihren persönlichen »Tower«, der um diese Uhrzeit bereits die wichtigsten offiziellen und privaten Informationen gesammelt hat und sie ihr mit der vorsortierten Post übergibt. Die Queen bekommt zwei- bis dreihundert Briefe pro Tag, eine Auswahl davon legt ihr der Sekretär vor, und sie macht sich Notizen, auf welche sie antworten will. Schwarze Tinte für offizielle Schreiben, grüne für Persönliches. Um sicherzugehen, dass keine Privatangelegenheiten und Staatsgeheimnisse öffentlich werden, benutzt sie beim Schreiben eine spezielle schwarze Unterlage wie Sherlock Holmes, die möglichen Schnüfflern die nachträgliche Lektüre unmöglich macht.

Den übrigen Vormittag nutzt sie oft für Treffen mit Vertretern ihres Personals, zum Beispiel mit dem Lord Chamberlain, dem Hofkämmerer, der als eine Art Manager für alle Arbeiten in den verschiedenen Bereichen des Königshofes zuständig ist, oder mit ihrem Finanzchef. Täglich kommt nach dem Privatsekretär der Master of the Household, eine Art Generaldirektor des Palastes. Unter einer Verbeugung tritt er ein und präsentiert die ebenfalls in rotes Leder gebundenen Menüvorschläge des Kochs – durchgehend auf Französisch –, die die Queen variiert oder absegnet. Bis zum Mittagessen empfängt Ihre Majestät weiterhin: britische Botschafter vor der Abreise in ihre Länder, neu eingesetzte Botschafter anderer Länder, die ihre Beglaubigungsschreiben überreichen, Richter des High Court, Repräsentanten des Commonwealth, kirchliche Würdenträger, Colonels ihres Regiments. Jeder Besucher bekommt höchstens zwanzig Minuten, und eine innere Uhr sagt Elizabeth, wann die Audienz vorbei ist. Ein Blick genügt, und die Unterredung endet mit derselben Liebenswürdigkeit, mit der sie begonnen hat.

Rund zwanzig Mal im Jahr finden im Ballsaal von Buckingham Palace die Investituren statt, die Verleihungen von Ehrentiteln an verdiente Persönlichkeiten des Landes. Elizabeth liebt diese Ehrungen, weil sie ihr Anlass bieten, mit ganz unterschiedlichen Menschen in Berührung zu kommen: Spitzensportlern, Wissenschaftlern, Schauspielern, Literaten, Stars aus Film und Fernsehen, die trotz ihrer Berühmtheit beim Anblick der Königin ehrfürchtig erstarren. Vor der Zeremonie bekommt Elizabeth ein paar Stichworte zu den jeweiligen Biografien mitgeteilt, doch die Entscheidung bleibt ihr überlassen, ob sie ein kurzes Gespräch führt oder mit der Ehrung fortfährt. Eine Nadel am Revers oder ein Ritterschlag mit dem Schwert – der Nächste bitte. Bei Militärs fühlt sie sich wohler als bei Künstlern, versucht aber immer, den zukünftigen Sirs und Ladys ein gutes Gefühl zu geben. Sie hat auch gelernt, die Scheu und die Gefühlswallungen der Untertanen gegenüber Ihrer Majestät abzumildern. Und meist gelingt ihr das vortrefflich, selbst wenn ihr das Fachgebiet der jeweiligen Person völlig fremd ist.

In die ungeschriebenen Annalen der Monarchie dürfte sicherlich der Ritterschlag jener Herren eingehen, die 2004 schüchtern wie Pennäler vor der Queen stehen und ihrer Ehrung entgegensehen. Der Erste ist der Gitarrist der Band Queen, Brian May, und er erwidert auf die Frage der Königin » Was arbeiten Sie?«: » Ich spiele Gitarre.« – » Sie auch?«, fragt sie den Zweiten in der Reihe, Jimmy Page von Led Zeppelin. »Ja, ich auch«, bestätigt er mit untertänigstem Lächeln. Beim Dritten ist sie schon vorbereitet und fragt: » Und spielen Sie schon lange Gitarre?« – » Seit fünfundvierzig Jahren, Majestät«, antwortet Sir Eric Clapton nickend, einer der größten Gitarristen der Rockgeschichte.

Der Lunch ist wieder Philip vorbehalten, manchmal gemeinsam mit weiteren Familienmitgliedern oder Freunden. Den Nachmittag widmet die Königin ihren öffentlichen Pflichten, die sie aus Tausenden Anfragen von Organisationen auswählt, deren Schirmherrin sie ist. Dann besucht oder eröffnet Ihre Majestät manchmal im Stundentakt Krankenhäuser, Schulen, Firmensitze, Museen, Militäreinrichtungen, insgesamt ungefähr vierhundert Termine im Jahr.

Um fünf Uhr unterbricht sie die Arbeit für die unverzichtbare Teatime: Earl Grey mit Keksen, Marmelade und Schokokuchen.

Wenn keine Ehrendinner oder Staatsbankette anstehen, isst Elizabeth gerne allein zu Abend, schaut noch etwas fern und geht früh zu Bett, nachdem sie eine Zusammenfassung der Parlamentsbeschlüsse des Tages studiert hat, die ihr Sekretär ihr jeden Abend zukommen lässt. Und last, but not least hält sie vor dem Schlafengehen noch die wichtigsten Eindrücke des Tages in ihrem *diary* fest.

Abgesehen von diesen Tagebucheinträgen ist am Leben der Queen nichts geheim oder mysteriös, alles wird täglich im *Court Circular* veröffentlicht, einem Bericht über die königlichen Aktivitäten des vorangegangenen Tages, der bis ins 18. Jahrhundert, in die Zeit Georges III., zurückreicht und sowohl in der *Times* als auch im *Daily Telegraph* und dem *Scotsman* erscheint.

Nach einer streng getakteten Woche erholt sich Elizabeth am Wochenende auf Schloss Windsor, begleitet von ihrem Hofstaat und ihrem Privatsekretär, der ihr täglich die *Red Box* bringt.

Der Jahresplan der Queen ist unverrückbar, Flexibilität ein Fremdwort: Weihnachten wird in Sandringham gefeiert, wo sie bis zum 5. Februar bleibt, dem Todestag Georges VI. und damit dem Jahrestag ihres Amtsantritts. Dort plant sie mit ihrem Sekretär die ersten Monate des neuen Jahres, unterbrochen von dem einen oder anderen Jagdausflug oder Empfang. Anfang Februar kehrt sie nach Buckingham Palace zurück, die Osterferien verbringt sie in Windsor, wie auch einen Teil des Juni zur feierlichen Verleihung des Hosenbandordens (des höchsten Ritterordens, dessen Träger direkt von ihr bestimmt werden und nicht von der Regierung) und für die Rennen des Epsom Derby und des Royal Meeting in Ascot, die sie unter keinen Umständen verpasst. Bis Anfang Juli ist sie wieder in London, danach verbringt sie eine Woche im Palast von Holyroodhouse in Edinburgh, ihrer offiziellen Residenz in Schottland, und im August fährt sie nach Balmoral.

Der Terminplan der Queen ist also im Großen wie im Kleinen festgezurrt, nicht aber ihre Sicht auf die Welt: Denn hinter ihrer schweigenden Neutralität vollzieht Elizabeth dank oder auch durch Lord Charteris eine spürbare Entwicklung.

Ein letztes Wiedersehen

Donnerstag, 18. Mai 1972. Milchig schimmernde Wolkentrauben schieben sich vor den blauen Himmel über Paris. Martin Charteris begleitet Elizabeth und Philip auf einem Staatsbesuch. Auf dem Programm stehen ein Dinner mit Staatspräsident Georges Pompidou, die Besichtigung des Schlosses von Versailles und natürlich das Pferderennen im Hippodrom von Longchamp. Die Kurzreise über den Ärmelkanal erfüllt aber noch einen anderen Zweck: Sie bietet die Gelegenheit, Onkel David wiederzusehen. Sechsunddreißig Jahre sind seit seiner Abdankung vergangen, einige weniger seit den erschütternden Enthüllungen über die Kontakte des Herzogs und der Herzogin von Windsor zu Hitler und ihre Beziehungen zum Nationalsozialismus.

Nun ist der Herzog schwer krank.

Mrs Simpson empfängt die Königin in der Route du Champ d'Entraînement 12, in der pompösen Villa » Le Bois « am Bois de Boulogne, wo das Paar seit 1953 lebt. Der Herzog erwartet seine Nichte im ersten Stock, an den Rollstuhl gefesselt. Der aggressive Kehlkopfkrebs erschwert ihm das Atmen, doch immer noch strahlt er Würde und Kraft aus und begrüßt sie mit einer ungelenken Verbeugung. Das Treffen ist kurz, man tauscht einige Minuten lang Höflichkeiten, doch Elizabeths Liebe zu Onkel David ist ungebrochen.

Zehn Tage später stirbt der Herzog in seinem Schlafzimmer im Alter von siebenundsiebzig Jahren. Zu Lebzeiten verbannt, nimmt ihn das Vaterland nun mit allen Ehren und unter den Tränen seiner einstigen Untertanen wieder auf. Am 5. Juni findet die königliche Trauerfeier in der St. George's Chapel in Windsor statt, seine letzte Ruhe findet er ebenfalls auf dem Gelände des Schlosses, auf dem Royal Burial Ground in Frogmore, dem Privatfriedhof der Windsors. Was vom

Abschied des Königs bleibt, der keiner mehr sein wollte, ist ein Schwarz-Weiß-Foto mit einer kleinen, gebrechlichen Frau, die aus einem Fenster von Buckingham Palace schaut: die betagte Herzogin von Windsor zum letzten Mal im Palast, in dem sie auf Einladung Elizabeths und gegen den Willen von Queen Mum wohnt, für die die Anwesenheit »einer gewissen Person«⁵ nicht tolerierbar ist.

Am 24. April 1986 stirbt die Amerikanerin, um derentwillen ein König abdankte, mit neunzig Jahren; und ein letztes Mal füllen ihre Liebesaffären, ihre Abenteuer, ihr exquisiter Kleidergeschmack und ihr tristes Witwenleben über Wochen die Zeitungen des Königreiches.

Noch immer kann sich die Königsfamilie nicht komplett mit ihr aussöhnen: Auf der Trauerfeier in Windsor am 29. April wird der Name Simpson kein einziges Mal erwähnt. Und als stünde Elizabeth immer noch im Bann des so weit zurückliegenden Skandals, verweigert sie Onkel David seinen letzten Willen und lässt Wallis Simpson unter einem einfachen Grabstein beisetzen ohne die drei ersehnten Initialen »HRH« – *Her Royal Highness*. Doch immerhin liegt das eleganteste Paar des Jahrhunderts nun wiedervereint unter dem Rasen von Frogmore. Ihnen gegenüber das kirchenartige Royal Mausoleum, in dem unter der großartigen Granitskulptur des Italieners Carlo Marochetti Königin Victoria und ihr geliebter Prinz Albert ruhen.

Die *Britannia*

Es ist das Jahr 1972, wir befinden uns in der südenglischen Hafenstadt Southampton. Ein strahlender Tag, das Meer glitzert in der Mittagssonne. Elizabeth tritt ihre Reise nach Südostasien an Bord der *Britannia* an, der königlichen Jacht, die am 16. April 1953 in der Werft West Dunbartonshire der

John Brown & Company vom Stapel lief, als sie selbst noch eine junge, ungekrönte Königin war. Das dreiundachtzigste königliche Schiff war die Nachfolgerin der *Victoria and Albert*, die Königin Victoria (und vier Monarchen nach ihr) genutzt hatte, und die Schiffstaufe mit einer Flasche englischen Weins – Champagner hielt man in den Nachkriegszeiten für unangemessen – war ein großer Erfolg: Dreitausend Zuschauer applaudierten freundlich dem schüchternen, aber mit Nachdruck vorgetragenen Segensspruch der jungen Monarchin: »Ich taufe dieses Schiff auf den Namen *Britannia* und wünsche ihm und allen, die mit ihm fahren werden, viel Glück.«[6]

Ein gutes Omen für diesen Rückzugsort, an dem sie glücklich ist, wo sie frei von höfischer Etikette den Sonnenuntergang genießen kann, den Geruch des Meeres und einen guten Gin Tonic mit Aussicht von der Brücke.

Die Jacht wird ihr Zuhause fern der Heimat. Zusammen mit dem Architekten Hugh Casson hat sie die Inneneinrichtung geplant, Tapeten, Möbel und Bilder ausgesucht, hat Fotografien ihrer Kinder aufgehängt und die Geschenke aus allen Regionen der Welt drapiert, während Philip, immerhin ein Ex-Befehlshaber der Marine, alle technischen Entscheidungen überwacht hat.

Der zeitliche Ablauf der Reise ist minutiös geplant: Lange im Vorhinein steht bereits fest, wann die Queen sich zum Dinner mit dem Präsidenten von Singapur, Benjamin Henry Sheares, zu Tisch setzen wird oder wann sie bei ihrem Halt in Kenia die Limousine besteigt, die sie zum Staatsbankett mit Präsident Kenyatta bringt, in »ihrer« Sagana Lodge, wo ihre Regentschaft begonnen hat. Monate im Voraus hat das Planungsteam das Feld bestellt und mit Rücksicht auf die Gepflogenheiten des jeweiligen Gastlandes das Protokoll diktiert. Gewiss sind es keine »einsamen« Reisen, Elizabeths Begleittross umfasst mehrere Dutzend Personen, begonnen beim Master of the Household, der für Logistik und Organisation der gemeinsamen Dinner und Staatstreffen steht, über ihren Privatsekretär und zwei Vizesekretäre, die beiden Sekretäre des Herzogs von Edinburgh bis hin zu den Kammerzofen, den Schneiderinnen, ihrem Friseur, dem Presse- und Öffentlichkeitssekretär, dazu acht Leibwächter und natürlich der Leibarzt, der Unmengen an Blutkonserven für das Königspaar mit sich führt.

Alles ist bereit: Die Vorräte an Malvern Water aus einer Quelle in den West Midlands für den Tee wurden mitsamt Wasserkessel, der Orangenmarmelade und ihrem Lieblingsteegebäck (Shortbread und Butterkekse) in der Kombüse verstaut. Reisetruhen und Koffer, in Behältern versiegelt, die nicht einmal die Zollbeamten öffnen dürfen und die mit dem gelben Etikett THE QUEEN gekennzeichnet sind, befinden sich ebenfalls an Bord.

Auch ein Fotograf in blauer Jacke und weißer Hose ist mit einer Gruppe akkreditierter Reporter an Bord gegangen. Bei seiner Äquatortaufe gelingt ihm ein seltener Schnappschuss, perfekt und einzigartig: die Queen mit Sonnenbrille an Deck, allein, in einem ärmellosen Kleid mit umgehängtem Fotoapparat, eine legere, spontane junge Frau mit der freudigen Miene einer Kreuzfahrtreisenden.

Der Urheber des Fotos kann sich diese Intimität erlauben. Er hat einen »Familien«-Passierschein, denn er ist Elizabeths Cousin, der faszinierende und vorwitzige Patrick Lichfield: »Ich war klug genug, meine wasserdichte Kamera mit in den Pool zu nehmen, und als ich zum dritten Mal auftauchte, machte ich ein Foto von der Königin auf der Brücke«,[7] wird er später erzählen. Lord Snowdon, der seit seiner Hochzeit mit Margaret königlicher Hoffotograf ist, verdient sich nicht als Einziger in der Familie seinen Lebensunterhalt mit der Fotografie. Auch Lichfield, Jahrgang 1939 und mit bürgerlichem Namen Thomas Patrick John Anson, Sohn des

Viscount von Anson und der Prinzessin Anne von Dänemark, streift seit Jahren mit der umgehängten Kamera durch
den Palast. Das erste Foto von Elizabeth schoss er bei einem
Cricketmatch, er war sechs Jahre alt und sie neunzehn. Doch
da jedes Bild der Prinzessin damals vom Königshaus kontrolliert wurde, trat ein Palastbeamter zu dem umtriebigen Cousin und nahm ihm den Apparat ab. Der gute Mann konnte
nicht ahnen, dass er damit um ein Haar eine der erfolgreichs-
ten Fotokarrieren des 20. Jahrhunderts im Keim erstickt
hätte.

Dass der junge Lichfield Kontakt zu sonst eher abgeschot-
teten Persönlichkeiten hatte, spielte ihm damals sicherlich in
die Tasche, und seinen ersten wichtigen internationalen Vertrag mit der *Vogue* unterschreibt er für eine Fotostrecke mit
dem Herzog und der Herzogin von Windsor, die in Modezeitschriften heiß begehrt sind. Mit diesem Karriereschritt
enden auch die jahrelangen schlimmen Auseinandersetzun-
gen mit seinen Eltern, die den Sohn nach der Militärakade-
mie und den Grenadier Guards weiterhin beim Heer sehen
wollen. Doch er erweist sich als starrköpfig und überzeugt
1962 die Fotografenkollegen Dmitri Kasterine und Michael
Wallis, ihn für drei Pfund die Woche als Assistenten einzu-
stellen. Lichfield lernt viel, umgibt sich mit den richtigen
Leuten und verkauft seine Bilder der Verwandtschaft und
anderer Adliger an den *Mirror Sunday*, den *Daily Express*
und die Zeitschrift *Queen*.

Er verlässt seine Mentoren und eröffnet ein kleines Fotostudio im wohlhabenden Londoner Stadtteil Holland Park.
Dort erreicht ihn das legendäre Telegramm der *Vogue*-Chef-
redakteurin Diana Vreeland, die ihn bittet, den Herzog und
die Herzogin von Windsor in ihrem Pariser Haus am Bois de
Boulogne zu fotografieren. Und wie schon Beaton bringen
sie auch ihm Glück, denn im Anschluss unterzeichnet er
einen Vertrag mit der amerikanischen *Vogue*, der den Anfang

seiner atemberaubenden Karriere zwischen London und den USA markiert. Seine Eltern sind tief enttäuscht von ihrem Sohn, der sich immer weiter von den aristokratischen Wurzeln entfernt und einen niederen, wenig angesehenen Beruf ausübt – doch Elizabeth vergöttert ihn. Er vergilt es ihr mit Fotos in lockerer Familienatmosphäre, die sie jünger aussehen lassen: wie die Aufnahme 1971 zur Silberhochzeit, auf dem er nach stundenlangen Verhandlungen mit den jüngeren Sprösslingen sechsundzwanzig Windsors in einem Salon von Buckingham Palace versammelt. Alles wirkt ganz spontan und unangestrengt, Rollkragen statt Festtagskleidung, sich windende Kinder mit dem Finger in der Nase und zwischen ihnen Elizabeth auf einem Stuhl, als wäre sie eine beliebige Dame des Bürgertums.

Ihre Begeisterung füreinander hat Bestand, und so ist es 2002 wiederum der geliebte Cousin, der ihr ein großartig »königliches« Porträt zum Goldenen Thronjubiläum schenkt.

Balmoral

Wohin sie auch kommt, auf der ganzen Welt wird Elizabeth begeistert empfangen und gefeiert, als strahlte jeder ihrer Schritte einen Zauber aus. Und sie erwidert die Zuneigung und bedankt sich bei den Menschen, die ihr vom Straßenrand aus zujubeln, mit einem anmutigen Winken. Wer etwas Glück hat, kann bei den *Walkabouts* sogar ein paar unschuldige Worte mit Ihrer Majestät wechseln; doch den meisten Untertanen genügt es, sie aus der Nähe zu betrachten, einzigartig, freundlich und königlich zugleich.

Auch wenn Elizabeth viel auf Reisen ist, versucht sie doch, ihre Gewohnheiten zu pflegen. Seit sie Königin ist, siedelt sie im August und September mit der Verlässlichkeit eines Zugvogels auf den schottischen Sommersitz Balmoral über. Die mehrere Tausend Hektar Land in den Highlands hatte 1842 Queen Victoria entdeckt und sich sofort in sie verliebt. Prinz Albert kaufte das Schloss für 32 000 Pfund und schenkte es seiner Frau. Seitdem wurde es zur ständigen Ferienresidenz der Royals. Natürlich musste es renoviert und erweitert werden, man brauchte Platz – viel Platz! – für die neun Kinder samt Kindermädchen und Dienerschaft, doch die spitzen, verzierten Türme gaben dem Ort einen so vertrauten »deutschen« Anstrich, dass der Prinz jahrelang seine ganze Energie darauf verwendete, prächtige Räumlichkeiten zu dekorieren, einen Ballsaal für über hundert Gäste herzurichten und alles mit grün-schwarz-roten Tartanstoffen in Victorias Schottenmuster zu überziehen: Sofas, Schlafbaldachine und sogar die Hundekörbchen.

Kann man sich einen märchenhafteren Ort vorstellen für die lange Sommerpause von den höfischen Pflichten?

Elizabeths Ferien in Balmoral beginnen mit der Begrüßung durch das 2. Bataillon der Royal Highland Fusiliers, des schottischen Königsregiments, begleitet von den freudig bellenden Labradoren, die der Königin schon entgegenlaufen, bevor sie überhaupt in Sicht ist. Wie ihre Ururgroßmutter liebt Elizabeth die schottischen Farben, die kargen Berghänge, die perfekte Balance zwischen Wasser und Land, die tiefen Wälder mit Wildtieren und die Flüsse mit Lachsen, die frisch geangelt sofort auf den Tisch kommen.

In ihren Ferien lässt die Queen beinah alle Londoner Rituale ruhen, unternimmt Spaziergänge über das Anwesen, trägt festes Schuhwerk, Tweedröcke und Kopftücher von Hermès, die sie unter dem Kinn zubindet (ein paar davon wurden extra für sie entworfen), Cardigan, Barbourjacke und die unvermeidliche Perlenkette. Morgens kann man sie oft mit dem Sattel unter dem Arm antreffen, wenn sie zu einem Ausritt geht, oder auf langen Spaziergängen mit Dutzenden

Hunden und ohne Leibwächter oder am Steuer eines Land Rovers (übrigens sowohl ohne Anschnallgurt als auch ohne Führerschein, so sicher fühlt sie sich durch ihre Mechanikerausbildung beim Auxiliary Territorial Service).

Ende August wird auf Schloss Balmoral getanzt, wie es die Tradition seit Königin Victoria verlangt. Auch Elizabeth nimmt am Ghillies Ball teil, der ausdrücklich dem Oberhofmeister, den Pagen, Sekretären, Köchen, Hausangestellten, Leibwächtern und allen anderen Mitgliedern des königlichen Hofstaates vorbehalten ist. Eine Art Dankeschön der Monarchin für alle, die ihr dienen, die sie aber selten trifft und häufig gar nicht kennt. Ohne Klassenunterschiede, die Männer im Kilt, die Frauen in langen Abendkleidern und mit Tartantüchlein, *upstairs* und *downstairs* einen Abend lang im Ballsaal vereint zu den Klängen der schottischen Tänze.

Die Journalistin Sarah Gristwood bezeichnet Balmoral als » eine Art Test: Manche Neuankömmlinge bestehen die Prüfung durch die Familie, andere nicht «.[8] Im Sommer 1976 betritt der Fotograf und Künstler Milton Gendel als Gast das Haus in Begleitung seiner Frau Judy Montagu, einer Intimfreundin von Prinzessin Margaret. Er besteht nicht nur die Prüfung, sondern » improvisiert « auch noch ein Foto für Elizabeths Bildersammlung. » Die edlen Herren brachen zur Jagd auf, die Damen zu einer Vergnügung, und ich war völlig ungestört. Als sich die Gelegenheit bot, konnte ich einfach nicht widerstehen «, erzählt er über den Schwarz-Weiß-Schnappschuss von Elizabeth in Schottenrock und mit Kopftuch, die sich beim Füttern der Corgis gerade die Hände abwischt.

In Balmoral ist die Politik ferner als in London, aber dennoch präsent. Die *Red Box* folgt der Königin auch aufs Land, wie auch der jeweilige Premierminister jedes Jahr ein ganzes Wochenende im Schloss verbringen und an dem berühmten Picknick teilnehmen darf, das immer nach dem gleichen

Schema abläuft: Philip grillt für alle Gäste Würstchen oder Fisch, während die Queen eigenhändig und ohne Diener den Tisch auf- und abdeckt.

Eines dieser Picknicks ist in die Geschichte eingegangen: Margaret Thatcher war 1979 erst wenige Monate zuvor in 10 Downing Street eingezogen und präsentierte sich bei ihrem ersten Picknick in Balmoral in Kostüm und hochhackigen Schuhen, was zu verschmitzten Kommentaren der übrigen Gäste führte. Für die erste Premierministerin in der Geschichte Großbritanniens gehörte diese Veranstaltung in der Rückschau zu den unangenehmsten ihrer Amtszeit. Die beiden mächtigsten Frauen des Königreiches kennen sich noch kaum, und obwohl Mrs Thatcher die Monarchie anerkennt und schätzt, empfindet sie das Landleben mit Pferden, Hunden und Ausflügen als »reine Zeitverschwendung«[9] und fühlt sich alles andere als wohl beim Anblick der Königin, die ohne Gummihandschuhe das Geschirr abwäscht. Niemand wird jemals sicher wissen, worüber die zwei in dieser und anderen Situationen sprachen, doch viele Stimmen munkeln von einer weiblichen »Rivalität« zwischen den beiden Frauen, die ihre Menschenscheu auf jeweils unterschiedliche Art verdeckten: Margaret Thatcher hinter Arroganz, die Queen hinter tausend Spielarten der Zurückhaltung. Dean Palmer beschreibt in seinem Buch *The Queen and Mrs Thatcher: An Inconvenient Relationship* zwei Frauen, die sich hassten. Und auf der Theaterbühne in Peter Morgans Stücke *The Audience* werden die Begegnungen zwischen Elizabeth und der Eisernen Lady als Drama in Szene gesetzt, natürlich mit gewissen künstlerischen Freiheiten. Sicher ist, dass dies nicht nur auf den von Margaret Thatcher verhassten Picknicks beruhte, sondern Elizabeth auch die unzähligen Streiks der Bergleute fürchtete und viele Hundert Briefe von deren Ehefrauen und Kindern bekam, die sie baten, sich bei der Premierministerin für sie einzusetzen.

Was Elizabeth nicht tun konnte.

Elizabeth ist Regentin, aber sie regiert nicht. Sie soll Rat geben, ermahnen und trösten. Doch verpflichten darf sie ihre Premierminister allerhöchstens dazu, an den Picknicks am Ufer des Flusses Dee in Balmoral teilzunehmen.

Jubilee Line

Fünfundzwanzig Jahre auf dem Thron.

Und der erste Enkel.

Mit einundfünfzig Jahren wird Elizabeth Oma von Peter, dem Sohn Prinzessin Annes, die am 14. November 1973 den Dragonerhauptmann Mark Phillips geheiratet hat.

Großbritannien befindet sich in einer der schwersten Wirtschaftskrisen seiner Geschichte, und Elizabeth zögert zunächst, ihr Jubiläum überhaupt zu feiern (während die neue U-Bahn-Linie, die gerade gebaut wird, ihr zu Ehren den Namen *Jubilee Line* erhält). Lange diskutiert sie darüber mit ihrem Stab, und man erzählt sich, dass sie nach wochenlangem Hadern entnervt ausgerufen haben soll: » Ich habe drei Privatsekretäre, und jeder rät mir etwas anderes!« Den besten Rat erteilt ihr dann Martin Charteris, der glaubt, dass die Engländer ein bisschen Optimismus und Festtagsstimmung als moralische Unterstützung gebrauchen können. In einer Zeit, in der das Land wirtschaftlich am Abgrund steht, muss die Queen der Silberstreif am Horizont sein, ihr persönlicher Erfolg wird sie dem Volke näherbringen. Und die Untertanen danken es ihr: An einem milden Junitag feiern und bejubeln sie ihre Königin in den bunt geschmückten Straßen Londons. Bis der Auftritt einer ganz speziellen Band einen tiefen Kratzer ins Jubiläumssilber macht.

7. Juni 1977. Im Sonnenuntergang pflügt ein Schiff durch die grünbraunen Fluten der Themse und legt vor dem Palast

von Westminster an, dem Parlamentsgebäude. An Bord vier junge Männer mit Instrumenten und Mikrofonen, Sprachrohre einer mittellosen Generation ohne Perspektive und Ideale: John Lydon (besser bekannt als Johnny Rotten), John Ritchie (alias Sid Vicious), Steve Jones und Paul Cook – die Punkband Sex Pistols. Sie legen los mit ihrer Anti-Hymne *God save the Queen/She ain't no human being/And there is no future/In England's dreaming*, eine bittere Kritik an einem Land, dessen stärkstes Symbol Elizabeth ist. Zwei Polizeiboote sind schnell zur Stelle und fordern die Band über Megafone auf, die Verstärker abzuschalten. Als niemand reagiert, entern die Beamten das Boot, schleppen es an Land und nehmen elf Personen fest.

Der Song *God Save the Queen*, der von der BBC als vulgär und geschmacklos auf den Index gesetzt und nicht gespielt wird, verkauft sich in einer Woche hunderttausend Mal. Auf dem Cover der Single, das auf den Titelseiten aller Zeitungen erscheint, hat der Grafikdesigner Jamie Reid ein Beaton-Porträt der Queen so verändert, dass Augen und Mund durch Klebebänder verdeckt sind, auf denen die Namen des Songs und der Band stehen: die Queen blind und stumm. Ein Skandal, den kaum jemand öffentlich anprangert, zu beredt ist das vornehme Schweigen der Queen selbst angesichts der Verunglimpfung. Sie lässt lieber Taten sprechen und setzt ihre Feierlichkeiten fort, indem sie auf einer kräftezehrenden Tour im Königlichen Zug durch das Land fährt, bis in die Städte und Ortschaften des konfliktreichen Nordirlands.

Außer der *Britannia* ist der » Buckingham Palace auf Gleisen « der einzige Ort, an dem die Queen ein wenig für sich allein ist. Anlässlich des Thronjubiläums wurden die neun ursprünglich aus viktorianischer Zeit stammenden Waggons ihres Privatzuges einer Rundumerneuerung unterzogen: In Elizabeths Waggon – es ist Platz genug für ein mit Teppichen und schottischen Landschaftsbildern ausstaffiertes Esszimmer mit zwölf Plätzen, ein Schlafzimmer und ein Badezimmer mit Wanne – werden das viele Samt und die schweren Vorhänge durch frische, leichtere Stoffe ersetzt. Etwas kleiner, aber nicht weniger komfortabel sind Philips Räumlichkeiten, bestehend aus einem Schlafzimmer und einem kleinen Privatsalon. Nachts hält der Zug an abgelegenen Gleisen, damit die Passagiere ruhig schlafen können, und morgens stoppt er eine Stunde vor dem Ziel, damit Ihre Majestät in Ruhe aufstehen, sich ankleiden, frühstücken und den Privatsekretär treffen kann, um den anstehenden Besuch vorzubereiten.

Doch neben Großbritannien gibt es auch noch das Commonwealth, und so schiffen sich Elizabeth und Philip zu guter Letzt auf der *Britannia* ein, um insgesamt 90 000 Kilometer durch sechsunddreißig Länder zurückzulegen, inklusive Australien, die Fidschi-Inseln und Tonga.

Das Echo des Triumphes hallt bis ins Mutterland zurück. *Windsormania is back!*

Die Geschichte darf sich nicht wiederholen

Doch gehen wir noch einmal einen Schritt zurück.

1970. Im Park von Schloss Windsor endet gerade ein Polospiel. Die Mannschaft der Blauen Teufel, deren Kapitän der Prince of Wales ist, hat verloren. Charles steht allein etwas abseits und tätschelt sein Pferd, als wollte er es (oder sich?) trösten. Ein blondes, sportliches Mädchen in grüner Jacke und Samthose tritt zu ihm: »Ein wunderschönes Tier, Hoheit. Mein Name ist Camilla Shand, und wir beide haben etwas gemeinsam: Meine Urgroßmutter war die Geliebte Eures Ururgroßvaters.«[10]

Die junge Dame ist vierundzwanzig Jahre alt und nicht auf den Mund gefallen. Der Prinz mit seinen zweiundzwanzig

Jahren kann sich dem Reiz ihrer burschikosen Art nicht entziehen und der Ungezwungenheit, mit der sie über die Tatsache hinweggeht, dass sie es mit dem Thronerben Englands zu tun hat.[11]

Beide fühlen sich sofort zueinander hingezogen. Nach dieser ersten kurzen Begegnung treffen sich Charles und Camilla immer wieder, bei Festen auf dem Land, bei Poloturnieren oder Ausflügen nach Broadlands zu den Besitztümern von Louis » Dickie « Mountbatten. Damit brechen sie ein ungeschriebenes Gesetz: Da Camilla schon Beziehungen mit anderen Männern hatte, ist sie keine Jungfrau mehr, was für Charles als Thronerben eine Rolle spielen muss. Seinen Eltern entgeht keineswegs seine Schwäche für diese Frau. Während Elizabeth sofort weiß, dass sie die Falsche für den zukünftigen König ist, gibt sich Philip damit zufrieden, dass sie nur die Geliebte seines Sohnes bleibt und er sich nicht ernsthaft bindet.

Doch das Thema scheint sich wieder zu erledigen: 1973 meldet sich Charles zur Marine. Und da er Camilla nicht darum bittet, auf ihn zu warten, erlaubt diese wiederum ihrem Ex-Freund, Andrew Parker Bowles, ihr erneut den Hof zu machen, und willigt wenige Monate später in die Hochzeit mit ihm ein.

Dennoch hat die Affäre gezeigt, dass sich die Geschichte wiederholen könnte.

Und sie darf sich nicht wiederholen.

» Du scheinst denselben Weg einzuschlagen, der das Leben deines Onkels ruinierte und zu seiner beschämenden Abdankung führte und zu seinem sinnlosen Leben danach. «[12] Deshalb fasst Lord Mountbatten den ebenso einfachen wie kühnen Plan, die perfekte Frau für seinen Neffen zu suchen. Und er findet sie: seine Enkelin Amanda Knatchbull, die das richtige Alter hat und dazu erzogen wurde, Königin zu werden. Doch während der fügsame Charles sich in einem Urlaub

von Mountbatten hat überzeugen lassen, um ihre Hand anzu-
halten, stößt die junge Frau beide Männer vor den Kopf und
sagt, sie habe keinerlei Absicht, in die Hochzeit einzuwilli-
gen, das Leben bei Hofe interessiere sie nicht. Onkel Dickie
gibt sich nicht geschlagen und verbringt viel Zeit mit Charles,
der ihn schließlich als Ersatzvater für den eher oberflächli-
chen und strengen Philip in sein Herz schließt.

Doch Mountbatten wird seinen Plan nicht umsetzen können und auch die Folgen seines Tuns nicht mehr erleben: Am
27. August 1979, um 11:45 Uhr, wird vor der Nordwestküste
Irlands sein Fischerboot *Shadow V.* von einer Bombe der IRA
in die Luft gesprengt. Seine Tochter Patricia, ihr Ehemann
John Knatchbull und einer ihrer Zwillinge werden schwer
verletzt, Patricias betagte Schwiegermutter, Lady Brabourne,
überlebt nur bis zum nächsten Tag, während Louis Mountbatten, der zweite Zwilling sowie der Schiffsjunge Paul Maxwell sofort tot sind. Die Druckwelle ist im ganzen Land spür-
bar: Die Grenzen zwischen Nordirland und der Republik
Irland werden umgehend geschlossen, trotzdem detonieren
bei der nordirischen Kleinstadt Warrenpoint wenige Stunden später zwei weitere Sprengsätze und reißen achtzehn britische Soldaten in den Tod.

Charles ist wieder allein.

Und muss sich ernsthaft der Frage stellen, wie er eine Ehefrau findet.

Im Schatten
(1980 – 1991)

*Queen Elizabeth auf einem nie veröffentlichten Foto,
Buckingham Palace 1982. [8]*

Der Fotograf, der Lady Di entdeckte

Mountbattens Tod trifft Prinz Charles schwer: Er trauert nicht nur um den ermordeten Großonkel, sondern auch um den Ersatzvater, der ihm das gegeben hat, was er von seinem eigenen nicht bekommt – Philip ist in Gefühlsdingen viel zu oberflächlich für den hochsensiblen Sohn. Außerdem ist Charles im heiratsfähigen Alter, und die wilde Jagd der Klatschpresse auf potenzielle Anwärterinnen hat längst begonnen.

Bei jedem Auftritt, ob öffentlich oder nicht, bedrängen ihn die Fotografen, und jede junge Frau, die sich einen Tag oder eine Woche mit ihm zeigt, wird zur künftigen Verlobten hochstilisiert. Immer wieder fallen Namen wie Jane Wellesley, Tochter des Herzogs von Wellington, oder der der reichen Erbin Davina Sheffield und der Tochter des Großherzogs von Luxemburg, immerhin »garantierte Jungfrau«, die in Elizabeths Augen aber den Makel hat, Katholikin zu sein.

Und so ist es auch ein Fotograf, der Lady Di entdeckt und gewissermaßen die tragische Rolle vorwegnimmt, die die Paparazzi im kurzen und intensiven Leben der künftigen Princess of Wales spielen werden.

Larry Lamb ist Chefredakteur des im Besitz des australi-

174

schen Medienmoguls Rupert Murdoch befindlichen Boule-
vardblatts *Sun*. Er ist der Ansicht, dass endlich jemand auf-
decken muss, wer die zukünftige Königin sein könnte, denn
seine Leser wollen mit pikanten Neuigkeiten, Tratsch und
Klatsch unterhalten werden (wozu die Privatangelegenheiten
der Royals immer gut sind). Er setzt seinen besten Mann auf
Charles an, den Fotografen Arthur Edwards, der sich bisher
auf den Cricket- oder Fußballfeldern seine Sporen verdient
hat und den Thronerben schon einmal beim Polo ablichten
konnte. Er soll die möglichen Kandidatinnen aufspüren.

Das Schicksal (oder der Zufall) lenkt seine Schritte zur
Richtigen, am 29. Juli 1980 bei einem Spiel im Cowdray Park
Polo Club in Sussex. In Wahrheit weiß er nur, dass der Prinz
mit einer gewissen Diana Spencer dorthin kommen wird,
mehr Hinweise hat er nicht, auch nicht, wie die junge Frau
aussieht. Suchend blickt er sich um und entdeckt unter den
Zuschauern ein freundliches, unschuldig dreinschauendes
Mädchen, das ein Kettchen mit dem Buchstaben D um den
Hals trägt. Ob sie das ist? Er geht näher und fragt sie höflich,
ob das D für Diana stehe. Geschmeichelt erwidert sie, ja, sie
heiße Diana Spencer, und setzt sich ungefragt in Pose, stützt
das Gesicht auf eine Hand und schaut offen in die Kamera.[1]

Die Sensation ist im Kasten!

Nach diesem schicksalhaften Debüt in der *Sun* wird die
neunzehnjährige Diana Frances Spencer, Tochter des Viscount und der Viscountess Althorp, zum Ziel einer Treibjagd, wie England sie noch nicht erlebt hat. Und für Arthur
Edwards ist es der Beginn einer schwindelerregenden Karriere als Royal-Fotograf.

Endlich scheint sich alles wieder zu ordnen: Der Prince of
Wales hat seine mögliche Gemahlin gefunden. Die beiden
kennen sich kaum, wissen wenig voneinander, doch am Hof
überschlagen sich die Ereignisse. Am 6. Februar 1981 erklärt
sich Charles auf Schloss Windsor Diana, sie willigt in die

Hochzeit ein, er ruft seine Mutter an, die sofort ihre Zustimmung gibt. Das »reine und unschuldige Mädchen aus gutem Hause« ist für Elizabeth offenbar die Richtige: Sie hat sie aufwachsen sehen (»Diana ist eine von uns«, wird sie an eine Freundin schreiben)[2], sie ist jung, hübsch, Anglikanerin und, wie der Hofarzt bei einer Untersuchung feststellt, Jungfrau.

Es ist die Lovestory des Jahres, die ganze Welt schwelgt im Aschenputtelsyndrom (obwohl Diana aus einer der bedeutendsten Familien des Königreiches stammt): Diese Heirat ist perfekt, ein echter Adelsbund und nicht etwa so eine »halb gare« royale Ehe wie die von Margaret mit Antony Armstrong-Jones oder von Prinzessin Anne mit Mark Phillips. Die ersehnte Traumhochzeit für jedermann – bis auf einen jungen Kerl Anfang dreißig, der sein Schicksal merkwürdig passiv zu akzeptieren scheint, fast resigniert.

Prinz Charles tut nicht das, was er will oder sich ausgesucht hat, er tut das, was er tun *muss*: seine Pflicht als Thronerbe. Und er zahlt einen hohen Preis dafür, wie die Geschichte zeigen wird. In der Öffentlichkeit gibt er sich wenig begeistert, und bei der traditionellen Pressekonferenz auf dem Rasen von Buckingham Palace am 24. Februar zur offiziellen Verlobung lässt er tief blicken, als er auf die Frage eines Journalisten verlegen antwortet: »Ob wir verliebt sind? Ja, was immer das sein mag.« Natürlich ist er verliebt, aber in eine andere. In Mrs Camilla Parker Bowles, die nie ganz aus seinem Leben verschwunden ist, wie sich später herausstellen wird.

Die nun zwanzigjährige Diana, die den Journalisten stolz ihren wunderschönen Saphirring zeigt, ahnt nicht die Gefahr, die in diesen Worten liegt: Sie ist in Charles verliebt, wie es kaum anders sein könnte bei einer naiven jungen Frau ohne jede Lebenserfahrung. Sie glaubt, ihren Traumprinzen gefunden zu haben, bis sie sich einige Tage nach der Verlobung in den ehemaligen Kinderzimmern von Buckingham Palace wiederfindet, die jetzt als Gästesuite dienen, ständig von Leibwächtern umgeben ist oder den strengen Blick von Queen Mum in Clarence House auf sich spürt. Ihre Bewegungsfreiheit wird drastisch eingeschränkt: Im »Aquarium« wimmelt es von kleinen, gemeinen Fischlein, die ihr Angst machen. Und während der langweiligen Abende mit Scharaden im Schoße der Familie auf Schloss Balmoral beginnt sie zu ahnen, dass ihre Zukunft völlig anders aussehen wird als erhofft. Elizabeth gibt sich ihr gegenüber höflich und liebenswürdig, aber distanziert und hält sich mit Ratschlägen zurück. Sie kann oder will die Ängste der zukünftigen Schwiegertochter nicht teilen, ihr fehlt das nötige Gespür für deren Gemütslage. Diana fühlt sich unendlich fremd, vermeidet es, mit der Queen allein zu sein, und nutzt jede Ausrede, um die Einladungen bei Hofe auszuschlagen – manchmal sogar frei erfundene Freunde.

Die Königsfamilie ist für sie ein Buch mit sieben Siegeln, doch sie unterwirft sich dem Hofzeremoniell und wartet auf den großen Tag. Am 13. Juni 1981 nimmt sie in einem geblümten Schulmädchenkleid an der *Trooping-the-Colour*-Geburtstagsparade für die Queen teil und zeigt sich danach zum ersten Mal mit der ganzen Familie auf dem Balkon von Buckingham Palace.

Denn wer Queen Elizabeth heißt, kann auch zweimal im Jahr Geburtstag feiern: zuerst am 21. April, angekündigt mit einundvierzig Kanonenschüssen der berittenen Artillerie im Hyde Park und eine Stunde später vom Tower of London; und dann noch einmal am zweiten Samstag im Juni, wenn das Wetter meist besser ist, zusammen mit der Londoner Bevölkerung.

Eine Hochzeit (und zwei Attentate)

Eine grazile Gestalt in Obristenuniform, scharlachrotem Mantel, Reitrock und Stiefeln, auf dem Kopf einen fellenen Dreispitz, so nimmt die Queen die Parade der Grenadiergarde ab. Wie immer reitet Elizabeth dabei auf Burmese, einer prächtigen Rappstute, die ihr 1969 von der berittenen kanadischen Polizei zum Geschenk gemacht wurde. Burmeses lockerer Trab strahlt königliches Selbstbewusstsein aus. Da tritt unversehens ein junger Mann aus der Menge und gibt sechs Schüsse auf Ihre Majestät ab. Burmese schert aus, scheut vor dem Lärm und dem Eingreifen der Leibwache. Mit bewundernswerter Ruhe zähmt die Queen das Pferd, bringt es wieder unter ihre Kontrolle, streicht ihm zweimal beruhigend über den Hals und kehrt hoch aufgerichtet an die Spitze des Bataillons zurück. Nur einmal dreht sie sich um und grüßt in die Richtung eines Palastfensters, an dem Queen Mum und Lady Diana die Parade verfolgen. Als der siebzehnjährige Attentäter Marcus Serjeant mit einer geladenen Schreckschusspistole in der Hand festgenommen wird, verteidigt er sich mit dem berühmten Satz: »Ich wollte berühmt werden, ich wollte auch mal jemand sein.«

Man schreibt ebenjenen 13. Juni 1981, und es soll nicht das einzige Attentat in Elizabeths Leben bleiben: Am 14. Oktober desselben Jahres befindet sie sich auf Staatsbesuch in Neuseeland, als der junge Christopher John Lewis im Städtchen Dunedin aus dem fünften Stock eines Wohnhauses mit einem Gewehr Kaliber 22 auf die Queen feuert, während sie und Philip aus dem Wagen steigen. Der Schuss geht fehl, Lewis wird verhaftet, und der Vorfall wird aus Sorge, Ihre Majestät könne von weiteren Besuchen in Neuseeland absehen, vertuscht und erst 1997 öffentlich gemacht, als Lewis sich im Gefängnis das Leben nimmt.

178

Die außergewöhnliche Fähigkeit zur Selbstkontrolle beweist die Queen auch am Morgen des 9. Juli 1982 um 7:15 Uhr, als sie die Augen aufschlägt und einen fremden Mann neben ihrem Bett stehen sieht, der offenbar sämtliche Sicherheitsschleusen von Buckingham Palace überwunden hat und bis in ihr Schlafzimmer vorgedrungen ist. Michael Fagan stellt sich als arbeitsloser Anstreicher vor, der einfach mal in Ruhe mit ihr reden will.

Das Wachpersonal von Buckingham Palace scheint sich in Luft aufgelöst zu haben, und Elizabeth lässt sich notgedrungen auf ein Gespräch ein, aus dem eine zwanzigminütige Audienz wird, während der die Königin immer wieder heimlich über den Alarmknopf am Nachttisch ihre Dienerschaft zu alarmieren versucht. Allein die treuen Corgis wittern die Gefahr und werden unruhig, bis Elizabeth schließlich mit der Ausrede, die vom Eindringling erbetene Zigarette zu besorgen, das Zimmer verlassen kann und Hilfe ruft. Die Nachricht verbreitet sich rasend schnell im Palast (und erreicht am nächsten Tag die Presse), noch am selben Nachmittag kommt es zu diversen Entlassungen und einer deutlichen Verschärfung der Sicherheitsvorkehrungen.

Mittwoch, 29. Juli 1981: London steht still. Siebenhundertfünfzig Millionen Fernsehzuschauer machen es sich auf dem Sofa bequem, um die »Jahrhunderthochzeit« in der St. Paul's Cathedral zu verfolgen. Seit dem Vorabend haben sich die Menschen entlang der Strecke des königlichen Festzuges postiert: Sie wollen die Queen sehen, Philip von Edinburgh, den Prince of Wales und vor allem die junge Frau, die er heute zum Altar führen wird. Wie jedes königliche Zeremoniell stärkt auch diese Hochzeit mit ihren Ritualen und ihrem Pomp die fast religiöse Aura der Monarchie, und Millionen Mädchenherzen schlagen höher angesichts des unausrottbaren Mythos vom Traumprinzen.

Am Ende des Festgottesdienstes grüßt Elizabeth – gekleidet in einen Traum aus aquamarinblauem Crêpe de Chine mit Satinblumen, die mit kleinen Kristallen bestickt sind – aus ihrer Kutsche entspannt in die Menge: Der erste Schritt ist getan, wenn erst der Thronerbe geboren ist, wird die Dynastie gesichert sein, und sie kann endlich ausruhen und ihren Platz der hübschen Schwiegertochter überlassen.

Oder nicht?

Durch die Hochzeit büßt die Queen deutlich an Popularität ein. Monatelang liest und hört man nichts anderes als Diana, jeder ihrer Auftritte zieht Tausende Fans an, jedes Kleid und jeder Hut werden von der Presse kommentiert und hochgejubelt, Charles verkommt immer mehr zum Komparsen. Der kollektive Wahn um die blonde Prinzessin droht aus Elizabeth eine Randfigur der Geschichte zu machen. Der Glanz und der Glamour der jungen Frau des Thronfolgers stellen sie in den Schatten, breiten eine tiefe Stille über sie, als wäre sie nicht mehr in der Lage, Neues zu repräsentieren.

Der Mythos Diana ist geboren. Und je mehr sich die anfangs unbeholfene Zwanzigjährige in eine vor Charme sprühende junge Frau verwandelt, desto älter und gestriger wirkt die Königin, die bei den Fotografen längst von Platz eins verstoßen wurde.

Harry Arnold, 1976 bis 1990 königlicher Korrespondent der *Sun*, sieht die Verantwortung für die Kehrtwende der Medien hauptsächlich bei Medienzar Rupert Murdoch: »Er hatte kurz zuvor die *Sun* gekauft und machte schnell deutlich, dass nun Schluss sei mit der alten Schule aus Respekt und blinder Ergebenheit gegenüber den Royals. Wir sollten sie wie stinknormale Leute behandeln und noch viel mehr in die Schlagzeilen holen.«[3] Noch drastischer formuliert es die Journalistin Ann Leslie: »Diana ist ein Superstar und die Queen nicht. Mit ihr und Philip lässt sich kein Geld mehr verdienen. Und Murdoch interessiert nur das Geschäft.«

Delikatessen

Nach den Hochzeiten der beiden älteren Söhne (1986 heiratet Andrew »die rote Fergie« Sarah Ferguson) und den Geburten der Enkel (Peter und Zara Phillips, Kinder von Anne; William Arthur Philip Louis, geboren am 21. Juni 1982, und am 15. September 1984 Henry Charles Albert David, die Söhne von Charles und Diana) werden die Weihnachtsfeste zwar etwas lebendiger, aber nicht weniger formell. Alles ist genau geplant: Die großen Tannen in jedem Salon kommen aus den Wäldern der Landgüter und werden mit den antiken Glasengeln von Königin Victoria geschmückt, daneben bunte Glaskugeln, Bänder im Schottenmuster, rot-goldene Samtkrönchen sowie Stoffcorgis.

Wie jedes Jahr reisen Elizabeth und Philip am 19. Dezember mit dem Zug nach Sandringham; die übrige Familie folgt an Heiligabend. Nach Ankunft werden alle auf die neunundzwanzig Zimmer verteilt (dem Thronfolger steht das schönste von allen zu, eine Suite mit Bädern in allen Zimmern). Um untragbare Verspätungen oder peinliche Irrtümer beim Betreten des Speisesaals zu vermeiden, weil nicht klar ist, wer sich vor wem verbeugen muss, hängt in jedem Zimmer eine Liste mit dem Zeitplan und den anwesenden Gästen: Die Königin empfängt die Familienmitglieder in umgekehrter Reihenfolge zur Thronfolge (Prinz Charles also als Letzten), alles gemäß der *pecking order*, die nicht nur die genaue Reihenfolge des Eintretens, sondern auch die Sitzordnung vorschreibt.

Pecking order heißt so viel wie Hackordnung und beruht auf einer Definition des norwegischen Zoologen Thorleif Schjelderup-Ebbe aus dem Jahr 1921. Sicher hätte dieser sich nie träumen lassen, dass seine Studien zur Sozialhierarchie der Hühner einmal das Protokoll der englischen Königsfamilie bestimmen würden, um sowohl formellen als auch informellen Zusammenkünften eine gewisse Ordnung zu geben.

Am Nachmittag des 24., man hat sich bereits einmal zur Teatime umgezogen, werden im Drawing Room die Geschenke ausgepackt, wie es Albert, der deutsche Gemahl von Königin Victoria, Mitte des 19. Jahrhunderts in Großbritannien einführte. Von Geschenkeschlacht keine Spur: Die Pakete warten säuberlich gestapelt unter dem Christbaum, und auch das Auspacken erfolgt streng nach dynastischer Rangfolge. Die Geschenke haben symbolischen Charakter, dürfen nicht zu viel kosten und sollen nach Möglichkeit ideeller Natur sein. Als Lady Diana bei ihrem Debüt in der Familie mit Kaschmirpullovern und -schals für alle glänzte, wurde ihr Verschwendungssucht vorgeworfen.

Am Morgen des 25. Dezember – jeder hat schon den traditionellen Strumpf mit Leckereien geöffnet, der am Bett hängt – versammeln sich die Familienmitglieder im Speisesaal zum Frühstück, gehen dann zu Fuß durch ein Spalier von Untertanen mit Kameras und Blumensträußen zur heiligen Messe in die St. Mary Magdalene Church wenige Schritte von der Residenz entfernt. Dann folgt das seit Jahren unveränderte Mittagsmenü: Salat mit Langusten und Flusskrebsen, gebratener Truthahn an Kartoffeln und Rosenkohl und zum Dessert einen Christmas Pudding mit Brandybutter. Nach dem Essen geht die Familie geschlossen in den Salon und verfolgt die Weihnachtsansprache der Queen im Fernsehen (mit Ausnahme der Queen natürlich). Dann ein weiterer von unzähligen Kleiderwechseln für den Fünfuhrtee mit Keksen und Backobst. Und am Abend endlich das festliche Buffet mit fünfzehn verschiedenen Fleischspeisen und als großes Finale die sündhafte heiße Schokolade, die Ihre Majestät so liebt. Zum Ausklang Scharaden und Kartenspiele (am beliebtesten sind Bridge und Canasta).

Die Essgewohnheiten der Queen, was sie mag und wofür sie (ganz selten) auch mal schwach wird, kennen wir aus den Bestsellern ihrer Küchenchefs. Seit ihrer Krönung behält Elizabeth ihre Essgewohnheiten bei, achtet auf ihre Linie und verzichtet nach dem *No-starch*-Prinzip weitgehend auf stärkehaltige Lebensmittel wie Nudeln, Reis oder Kartoffeln. Im Gegensatz zum Herzog von Edinburgh, der liebend gern neue Gerichte probiert, ist Elizabeth auch auf Reisen keine besonders experimentierfreudige Esserin, und wenn die Küchenchefs ihr den wöchentlichen Speiseplan vorlegen, greift sie gerne auf altbekannte Rezepte der englischen und französischen Küche zurück. Doch sowohl zu Hause als auch unterwegs gibt es eine Reihe von Speisen, die absolut tabu sind: Knoblauch (sie hasst den Geruch), Krabben und Muscheln, Himbeeren und Spaghetti.

Der Tag Ihrer Majestät beginnt mit einer Tasse Darjeeling-Tee, dazu selbst gebackene Butterkekse mit den Initialen und der Krone. Das Frühstücksobst variiert je nach Aufenthaltsort: Walderdbeeren in Sandringham und auf Balmoral, auf Schloss Windsor Pfirsiche aus dem eigenen Garten. Manchmal gönnt sie sich ein Ei und einen Marmeladentoast, verzichtet aber auf den typisch englischen Frühstücksspeck.

Mittags bevorzugt die Queen Fisch, zum Beispiel Seezunge aus Dover auf einem Bett aus Salat oder Zucchini oder, wenn sie auf Balmoral ist, Lachs aus dem Fluss Dee. Obligatorischer Ausreißer ist die royale Version des (von George VI. heiß geliebten) Fish and Chips mit Sauce béarnaise.

Die Teestunde ist Elizabeth heilig, sie isst dazu ein süßes Teilchen (gefüllt mit Pudding, Obst oder Schokolade) und Toastbrot ohne Rinde mit Räucherlachs, Mayonnaise, Schinken und Senf.

Als Aperitif nimmt sie einen Cocktail aus zwei Dritteln Gin und einem Drittel Dubonnet, mit Zitrone und viel Eis.

Zum Dinner gibt es Fisch und Fleisch, Pudding und Trockenobst, und dazu trinkt Elizabeth gerne ein Gläschen Wein, später folgt ein Riegel Schokolade.

Das Fleisch muss gut durch sein, die Eier lieber mit dunkler als heller Schale und die Sandwiches möglichst beidseitig gebuttert, gefüllt mit Thunfisch und Mayonnaise und mit einer Gurkenscheibe und einer Prise Pfeffer garniert.

Und was übrig bleibt, bekommen die Corgis in den Fressnapf gefüllt.

Der Krieg der Windsors
(1992 – 2000)

Queen Elizabeth, Februar 1996. [9]

»Annus horribilis«

24. November 1992. Guildhall, historischer Sitz der Gebiets-
körperschaft der City of London im Finanzdistrikt der Stadt.
Die siebenhundert einflussreichsten Banker des Königreiches
haben Elizabeth eingeladen, ihr vierzigstes Thronjubiläum
mit ihnen zu feiern. Nach dem Dinner erhebt sie sich zu einer
kurzen Ansprache. Ihre Haut ist weiß wie Gips, ihre Miene
strahlt Würde aus. Mit von einer Erkältung heiserer Stimme
lässt sie ihre Rede mit einem überraschenden » Bekenntnis «
enden: » 1992 ist kein Jahr, an das ich mich mit ungetrübter
Freude erinnern werde. « Und nach einem Räuspern fährt sie
fort: » In den Worten eines meiner mitfühlendsten Brief-
partner, es hat sich als ein › Annus horribilis‹ herausge-
stellt. «[1]

Das ist neu, denn über Misslichkeiten geht sie sonst geflissentlich hinweg, erst recht in der Öffentlichkeit: als könnten
Probleme einfach verschwinden, wenn man sie nur lange
genug ignoriert. Ganz selten, dass Ihre Majestät mal etwas
Persönliches äußerst, und wenn doch, dann mit sehr bedach-
ten Worten. Wenn sie sich also vor Publikum die Schwäche
eines privaten Eingeständnisses erlaubt, muss sie sehr lange
darüber nachgedacht haben.

Hier steht eine Frau, die um Verständnis bittet.

Und wie könnte man es ihr verübeln? Die Pechsträhne der vergangenen elf Monate würde niemanden kaltlassen. Sie begann am 19. März mit der Ankündigung Prinz Andrews, sich von Sarah Ferguson zu trennen, der wenige Wochen später, am 23. April, die Scheidung von Prinzessin Anne und Mark Phillips folgte: So viel Aufregung hatte es seit dem Bruch zwischen Margaret und Lord Snowdon im Jahr 1978 nicht mehr gegeben. Und als wäre das nicht genug, plant die Zweitgeborene schon die nächste Hochzeit, diesmal mit Admiral Timothy James Hamilton Laurence, und es scheint sie nicht im Geringsten zu interessieren, dass ihre Liebesbriefe entwendet und in der Regenbogenpresse breitgetreten wurden.

Ein harmloses Strohfeuer im Vergleich zu dem Pulverfass, das am 7. Juni explodiert.

Die Lunte wird durch die *Sunday Times* entzündet, die einen exklusiven Vorabdruck von Andrew Mortons Enthüllungsbuch *Diana. Ihre wahre Geschichte* veröffentlicht. Es ist ein detaillierter Anklagekatalog der Princess of Wales über ihre Ehe, worin sie sich selbst als Opferlamm bezeichnet, »das am Tag seiner Hochzeit zur Schlachtbank geführt wurde«. Seite um Seite beißende Kritik und bitterböse Anschuldigungen gegen die Königsfamilie. Elizabeth wird als egoistisch, kaltherzig und unsensibel geschildert, ganz nebenbei kommt heraus, dass Camilla Parker Bowles eine »dauerhafte Präsenz« zwischen Diana und dem Prince of Wales sei.

Es ist eine Kriegserklärung.

Anfangs leugnet Diana, an dem Buch beteiligt gewesen zu sein, doch als die *Sunday Times* eine Woche später weitere Auszüge druckt, sind Elizabeth und Philip überzeugt, dass die Schwiegertochter lügt, und berufen sie und Charles nach Schloss Windsor ein. Es wird ein bitteres, streckenweise heftiges Treffen. Die Königin schlägt einen strengen Ton an und droht mit Konsequenzen, doch Diana weist alles zurück und leugnet erneut, den Autor des Buches zu kennen. Das ist Charles' Chance. Der scheue Prinz, der sich auch als Erwachsener nie von seiner Mutter emanzipiert hat (niemals würde er sich erlauben, sie *Mummy* zu nennen statt *Your Majesty*), nimmt allen Mut zusammen und informiert sie über seine Absicht, sich scheiden zu lassen. Doch in diesem »Haus« wird nicht offen miteinander geredet, nie kann man wirklich ehrlich sein, und so handhabt Elizabeth es wie vor einem Jahr bei Andrew und Sarah: Sie verordnet den beiden sechs Monate Bedenkzeit. Philip sieht nicht tatenlos zu, denn auch wenn er Dianas Schwächen weder versteht noch gutheißt, liegt ihm an ihr, und er versteht, wie schwer es als Schwiegertochter in dieser Familie sein muss. Er schreibt ihr verständnisvolle Briefe und ermahnt sie, der Thron bedeute eben auch Verzicht, und sie solle an ihre Söhne denken.

Wie es offenbar auch Sarah Ferguson tut, die ihren zwei und vier Jahre alten Töchtern Beatrice und Eugenie zuliebe bei der Familie bleibt. Doch am Morgen des 20. August zerbricht auch die zur Schau getragene Harmonie der Yorks in tausend Stücke: Der *Daily Mirror* bringt eine zehnseitige Fotostrecke von Daniel Angeli, auf der die »rote« Herzogin zu sehen ist, wie sie sich den großen Zeh von ihrem texanischen Geliebten John Bryan lutschen lässt. Die Legende will, dass man ihr eine druckfrische Zeitung auf dem Frühstücksteller servierte, als sie morgens herunterkam und die ganze Familie als Exekutionskommando um den Tisch saß. »Es ist korrekt zu sagen, dass das Porridge kalt wurde«,[2] erinnert sich Sarah Jahre später, die bei ihren Besuchen auf Balmoral in den Ferien der Töchter seitdem in dem Cottage des Wildhüters untergebracht wird.

Die Boulevardpresse kann sich also bei Fergies Affären und Dianas Enthüllungen ausgiebig bedienen, um seitenweise

Indiskretionen, Tratsch und Kommentare der *royal watchers* zu verbreiten. Doch das Fass zum Überlaufen bringt der Abdruck eines abgehörten Telefonats in Originallänge zwischen Diana und einem Ex-Freund, dem Autohändler James Gilbey, das als *Squidgygate* in die Geschichte eingehen wird: » Ich fühlte mich einfach sehr traurig und leer, und ich dachte mir: Verdammt noch mal, nach *allem,* was ich für diese Scheißfamilie getan habe. (...) Es ist einfach so schwierig, so kompliziert. Ich bin zu dem Schluss gekommen, dass er [Charles] mir mein Leben wirklich richtig zur Qual macht «,[3] sagt Lady Di dort zwischen einer Unschicklichkeit und der nächsten.

Der Angriff der Princess of Wales auf die Krone und vor allem auf die Queen ist brutal. Elizabeth bleibt nur noch der Todesstoß, und Philip verwandelt sich von einem verständnisvollen Schwiegervater in einen gnadenlosen Gegner. Doch Ihre Majestät weiß, wie machtvoll das Bild der Schwiegertochter bei den Untertanen ist, was eine Umfrage bestätigt, die das Königshaus in aller Eile in Auftrag gibt: 50 Prozent der Briten sind auf der Seite der frivolen Diana, nur 29 halten zu den Windsors. Um zu retten, was vielleicht gar nicht mehr zu retten ist, spricht die Queen ein Machtwort, wie es heißt, als für Charles und Diana 1992 eine viertägige Reise als Repräsentanten des Königreichs zum wichtigen Handelspartner Südkorea bevorsteht: » Sie trafen in Korea mit dem Auftrag ein, das Bild eines liebenden Paares abzugeben «, berichtete ein sie begleitender Journalist in die Heimat.[4]

Aber es ist bestenfalls eine Waffenruhe. Ein waffenstarrender Frieden.

Die Reise bewirkt nichts, und das Klima zwischen Charles und Diana bleibt frostig, auch in der Öffentlichkeit: » Ihre Blicke trafen sich nie. Es gab keinen körperlichen Kontakt. Als wären sie zwei Fremde. «[5]

Schloss in Flammen

Die Wolken färben sich rot. Aus dem Turm sprühen Funken, und eine dichte schwarze Rauchwolke steigt in den Himmel auf. Auch aus weiter Ferne sind die Flammen zu sehen, und das Städtchen Windsor ist in Rauchschwaden gehüllt, die bis nach London reichen. Es ist der 20. November 1992. Das Schloss brennt.

Das Feuer ist in der Privatkapelle der Queen ausgebrochen, vielleicht hat eine durchgebrannte Glühbirne einen Kurzschluss verursacht. Schnell greift es auf den Brunswick Tower auf der Nordwestseite des Schlosses über, dann auf den Festsaal und die Privaträume der Familie. Zum Glück sind viele der Kunstwerke wegen Renovierungsarbeiten ausgelagert.

Prinz Andrew, der gerade auf Windsor das Festbankett zum fünfundvierzigsten Hochzeitstag der Eltern vorbereitet, lässt das Schloss räumen: Mithilfe des Personals bildet er eine Menschenkette, die in wenigen Stunden Wandteppiche, Porzellan, Silberzeug, Gold, Waffen, Uhren, einen sechsundvierzig Meter langen Tisch und den siebenunddreißig Meter langen Teppich aus dem Waterloo Chamber rettet, außerdem kleinere Gegenstände, Tausende Bücher und Handschriften von unschätzbarem Wert, Briefwechsel zwischen Königshaus und Vertretern aus Politik und Kultur Großbritanniens, Zeichnungen von Leonardo da Vinci, Studien von Michelangelo und Raffael sowie Meisterwerke des italienischen Barock. Die Queen besitzt die größte Kunstsammlung des Königreiches, und ein Großteil davon befindet sich auf Schloss Windsor.

Der Brand wütet schrecklich. Um 13:30 Uhr ist die Lage dank des unermüdlichen Einsatzes von 225 Feuerwehrleuten halbwegs unter Kontrolle, doch das Dach der Staatsgemächer

192

und der St. George's Hall bricht zusammen, und der Fußboden des Brunswick Tower ist komplett zerstört. Um 20 Uhr ist der Brand endlich gelöscht – er ist die größte Katastrophe in der jüngeren Geschichte der Windsors.

Großbritannien trauert mit seiner Queen.

Die Zeitung *Windsor and Eton Observer* druckt eine Sonderausgabe mit der Schlagzeile »Noch nie sahen Windsor, England und die Welt eine solche Zerstörung«. Der heldenhafte Kampf von Feuerwehrleuten und Freiwilligen gegen das Feuer hinterlässt desaströse Spuren: Überall ist Wasser eingedrungen. Der Schaden geht in die Millionenhöhe, und keine Versicherung der Welt kommt dafür auf. Brandstiftung ist unwahrscheinlich, und auch einen Terrorakt schließt Scotland Yard aus.

In Regenmantel und schlammverschmutzten Stiefeln besichtigt die Queen mit ihrem Sohn die Überreste des Schlosses. Erschüttert schlägt sie die Hände vors Gesicht beim Anblick der rußgeschwärzten Ruine. Vor ihrem brennenden Schloss, das untergeht wie ein tödlich getroffenes Schiff, legt sie, die gelernt hat, ihre Emotionen zu verstecken, die Hand auf den Mund: ein Foto, das wenig oder nichts mit der üblichen Queen-Darstellung zu tun hat und Bestürzung und Mitleid auslöst.

Weint sie etwa?

Niemand kann sich ihr nähern, niemand kann sie trösten.

Wenige Tage später, am 9. Dezember, endet Elizabeths »Annus horribilis« mit der gravitätischen Bekanntmachung von Premierminister John Major im Unterhaus: Der Prince und die Princess von Wales trennen sich. Um keine Verfassungskrise heraufzubeschwören und die Thronfolge zu sichern (immerhin wird Charles als König auch Oberhaupt der Anglikanischen Kirche sein), kommt das Wort »Scheidung« nicht vor.

Die Queen bittet Diana, sie im Ausland nicht länger zu

repräsentieren und sie über jede ihrer Unternehmungen auf dem Laufenden zu halten. Vielleicht hofft sie, dass sich der Blick der Öffentlichkeit bald wieder anderen Dingen zuwendet. Doch auch dies bleibt ein frommer Wunsch.

Königliche Steuern (und Privatsphäre zu verkaufen)

Als der Staatssekretär des Nationalen Kulturerbes verkündet, dass die englischen Steuerzahler für die Kosten des Wiederaufbaus von Schloss Windsor aufkommen sollen, geht eine Welle der Empörung und Monarchiekritik durchs Land. Queen Elizabeth muss kraft Gesetzes keine Steuern zahlen, denn ihr persönliches Vermögen, der Crown Estate, das in dem Moment ihrer Thronbesteigung an den Staat übergegangen ist, garantiert dem Fiskus mehr, als sie für ihre Dienste am Land bekommt. Dennoch trifft sie in diesem Moment eine historische Entscheidung: Sie wird freiwillig Steuern zahlen. Mehr noch: Für die ersten Wiederaufbauarbeiten wendet sie zwei Millionen Pfund aus eigener Tasche auf.

Das ist keine Frage des Stils, dennoch spielt Stil natürlich eine Rolle, und so ändern auch die schärfsten Kritiker Ihrer Majestät, allen voran die Chefredakteure der Zeitungen in Rupert Murdochs Besitz, ihre Haltung. Der *Daily Star* entschuldigt sich dafür, sie als »geizig« bezeichnet zu haben, und alle stimmen darin überein, dass sie »mit ihrer Initiative, Steuern zu zahlen, dem Wunsch ihrer Untertanen nachkommt«. Weniger zufrieden reagiert die »ärmere« Verwandtschaft, also jene, die keine Ländereien geschweige denn einen Job haben und deshalb von der Monarchin finanziert werden. Prinz Charles hat ein eigenes Einkommen aus seinen Besitztümern im Herzogtum Cornwall, außerdem hält er

Luxusimmobilien im Zentrum von London, aber die anderen?

Die Herkulesaufgabe beginnt, der Welt und der Queen das Schloss zurückzugeben. Architekten, Baufirmen und Restauratoren werden beauftragt, unter der Oberaufsicht von Philip und Prinz Charles, der sich weniger von moderner Architektur inspirieren lässt als von dem Gefühl der Ehrfurcht, das sich an historischen Orten einstellt.

Geplante Kosten: 40 Millionen Pfund. Mit beispielloser Entschlossenheit öffnet Elizabeth in den Sommermonaten erstmalig die Tore von Buckingham Palace für die Öffentlichkeit: Die Eintrittsgelder sollen in den Wiederaufbau von Windsor fließen. Ein weiterer Imagetriumph für die Queen, die trotz aller Rückschläge nach vorn schaut und sich für das Überleben der Krone einsetzt. Oder ist sie einfach nur pragmatisch?

August 1993. Ein klarer Sommertag. Die königliche Standarte über dem Palast ist bereits eingeholt, und im Park von Buckingham Palace wartet ein Hubschrauber auf Elizabeth, der sie nach Heathrow fliegen soll, wo sie in ihr Privatflugzeug nach Balmoral steigen wird. Seit dem frühen Morgen stehen die Londoner Bürger und Touristen vor den Ticketschaltern Schlange; sie wollen einen Blick in die geheimen Räume der Windsors werfen – auch wenn so mancher enttäuscht sein wird, weil er von dieser Stadt en miniature (mit eigenem Schwimmbad, Kapelle, Kinosaal, Krankenstation inklusive Operationssaal und Postamt) nur 19 der insgesamt 775 Räumlichkeiten zu sehen bekommt.

Nachdem man den Hof überquert hat, steht man im Ambassador Court, wo die Queen die ausländischen Botschafter begrüßt und bei offiziellen Anlässen die Kutschen parken. Durch den Grand Entrance erreicht man den monumentalen Treppenaufgang – Carrara-Marmor, goldenes Ge-

195

länder und roter Teppich –, der in den ersten Stock zum Bow Room führt, wo Elizabeth ihre Gäste empfängt. Im oberen Stockwerk reiht sich ein Saal an den nächsten, sodass man versteht, warum die kleine Lilibet vorschlug, für die ganze Familie Fahrräder anzuschaffen. Dann der Grand Drawing Room mit seiner grün-goldenen Samtverkleidung; in diesem Empfangssaal nimmt das lange Zeremoniell seinen Anfang, das die Audienzen der Queen regelt, und durch ihn gelangt man in den (kleinen) Thronsaal. Hier stehen zwei rote Throne mit den Initialen der Königin und des Herzogs von Edinburgh (Elizabeth hat hier nur ein einziges Mal Platz genommen, am Tag ihrer Krönung). Aus den Fenstern des Blue Drawing Room mit seiner blauen Auskleidung können die Touristen in die königliche Parkanlage schauen und sich eine der berühmten *garden parties* vorstellen, zu denen die Queen jedes Jahr Hunderte Menschen lädt, um sie für besondere Leistungen in ihrem Beruf zu ehren. Dann geht es durch den Musiksaal für Privatkonzerte und royale Taufen weiter in den White Room, der ganz in Weiß und Gold gehalten ist. Hier darf das Publikum die Fantasie schweifen lassen, denn in einer Wand ist tatsächlich ein unsichtbarer Durchgang verborgen, der von den Regierungsräumen in die Privatgemächer der Königin führt ...

Wie ein festlicher Ball bei Hofe aussieht, mag man sich im Ball Supper Room ausmalen, der je nach Anlass umdekoriert wird: Mal finden hier die Investituren statt, mal wird eine große Tafel in Hufeisenform für Staatsbankette aufgebaut.

Nach dem Ballsaal dürfen die neugierigen Touristen die Meisterwerke in der Queen's Gallery bewundern, in der Architekt John Nash die Kunstsammlung Georges IV. und seiner Vorgänger untergebracht sehen wollte. Der Gang durch die Säle flößt Ehrfurcht ein: Raffael, Tizian, Rembrandt, Caravaggio, Artemisia Gentileschi, Canalettos Veduten von Venedig, ein Selbstporträt von Rubens, *Die Musik-*

stunde von Vermeer, die berühmten Van-Dyck-Porträts von Karl I. und seiner Frau Henrietta Maria sowie jene von Königin Victoria von Hayter und Winterhalter. Außerdem eine Kollektion feinsten chinesischen und japanischen Porzellans sowie kostbare Möbelstücke aus Frankreich und England. Wer weiß, ob die Queen selbst manchmal Zeit findet, sich an all der Pracht zu erfreuen!

Das Ende der Besichtigungstour, für die an den Kassen von Buckingham Palace hunderttausend Eintrittskarten pro Saison verkauft werden, führt an den Royal Mews vorbei, den alten Stallungen, in denen die Limousinen und Kutschen stehen, die bei Staatsbesuchen, Hochzeiten und der offiziellen Parlamentseröffnung zum Einsatz kommen. Und welche findet die meisten Bewunderer? Natürlich die Gold State Coach, die bei Krönungen zu sehen ist und all jenen in Erinnerung bleiben wird, die als Kinder am 2. Juni 1953 in der Zuschauermenge standen.

Dann eben die Scheidung

Buckingham Palace für das Publikum zu öffnen erweist sich als äußerst lukrative Neuerung für die Monarchie, bringt aber ihre Kritiker nicht zum Verstummen. Zeitungen und Fotografen setzen ihre Attacken gegen die Krone fort. Die Enthüllungen werden immer haarsträubender: Die *Sun* veröffentlicht streng vertrauliche Telefonate zwischen Charles und Camilla (der sogenannte » Tampon-Skandal «), welche die Monarchie ins Lächerliche ziehen, während die Enthüllungsbücher über Charles und Dianas zerrüttete Ehe ganze Regalreihen füllen. Ein nicht enden wollendes Crescendo verlegerischen Voyeurismus: *Diana privat*; *Dianas neues Leben*; *Camilla, die Geliebte des Königs* bis hin zu *Die größere Liebe, Charles und Camilla* – alles Titel, die auch aus der

Feder einer Barbara Cartland stammen könnten (ihrerseits übrigens Dianas »Stiefoma«, seitdem ihre Tochter Raine McCorquodale den Earl of Spencer geheiratet hat). Alles wird hervorgezerrt und breitgetreten wie in einer Vorabendsoap.

Wie fern sind da die guten alten Zeiten und Sitten, als man noch diskret mit peinlichen Zwischenfällen umging wie im Jahr 1954, als die Kameramänner Loch Townsend und Frank Bagnall anstandshalber auf eine Sensation verzichteten, die sie berühmt gemacht hätte. Es ist der 6. März, seit Stunden sitzen die beiden BBC-Journalisten am Ufer des künstlich angelegten O'Shannassy-Reservoir-Sees vor einem Chalet, in dem sich Elizabeth und Philip nach der Krönung eine Ruhepause auf ihrer Reise durch die Länder des Commonwealth gönnen. Townsend und Bagnall haben durch den Pressesprecher von Buckingham Palace die Genehmigung für Aufnahmen von der Königin erhalten, wie sie Koalabären und Kängurus beobachtet, doch sie lässt auf sich warten. Es dunkelt bereits, als endlich die Tür des Chalets aufgeht.[6] Townsend schaltet die Kamera ein und beobachtet durch das Objektiv eine schockierende Szene: In weiten Sprüngen hastet Philip über den Rasen, gefolgt von einer zeternden Elizabeth, die ihm wutschnaubend ein Paar Schuhe und einen Tennisschläger hinterherwirft.

Das hat die Welt noch nicht gesehen!

Eine Szene aus dem echten Leben, ein wahrer Knüller. Theoretisch, denn am Ende gelangten diese Bilder nie an die Öffentlichkeit. Der Pressesekretär nimmt sie sofort in Beschlag, und schweren Herzens überlässt Townsend ihm die Filmrolle. Niemand wird je erfahren, warum Elizabeth so wütend auf ihren Gatten war, und die Öffentlichkeit muss sich mit den idyllischen Eindrücken der Queen zufriedengeben, die in einem geblümten Sommerkleid mit weißen Handschuhen und Hütchen in unberührter Natur einen Koala streichelt. Denn zwei Minuten nach der königlichen Szene erscheint Elizabeth wieder auf der Bildfläche und beweist den Kameraleuten mit zuckersüßer Stimme ihre Klasse: »Ich bedaure zutiefst den kleinen Zwischenfall, doch Sie wissen sicherlich, dass so etwas in jeder guten Ehe vorkommt. Und nun, was kann ich für Sie tun?«

Vergangene Zeiten und vor allem vergangene Klasse, die der Prince und die Princess of Wales weniger pflegen.

Ein Jahr lang führen Charles und Diana Parallelleben: Er ist ein freier Mann (mit seiner Geliebten Camilla), während Diana am 3. Dezember 1993 verkündet hat, ihre öffentlichen Ämter zu reduzieren, und nun in aller Ruhe am eigenen Mythos arbeitet.

Bis zum 30. Juni 1994 kann Elizabeth ihren Widerstand gegen die Scheidung aufrechterhalten, dann reagiert der Prince of Wales auf die fortwährenden Enthüllungen aus dem Leben seiner Ex (darunter die Biografie von Major James Hewitt, der sich als ihr monatelanger Geliebter outet) und beschließt, in einem Dokumentarfilm die eigene Version der Geschichte darzulegen. Indem er seine Gedanken und – wie schrecklich! – seine Gefühle preisgibt, bricht Charles den royalen Verhaltenskodex des *never complain, never explain*: Mehr als eine Stunde lang erzählt er mit leiser und fast ausdrucksloser Stimme Dinge, die es in sich haben. Vor zweiundzwanzig Millionen Fernsehzuschauern bekennt sich Charles – endlich! – zu seiner Beziehung zu Camilla Parker Bowles (die immer noch mit Andrew Parker Bowles verheiratet ist, einem hohen Offizier der British Army). Als sein Gesprächspartner Jonathan Dimbleby ihn rundheraus fragt, ob er Diana immer treu gewesen ist, bejaht er dies, um dann hinzuzufügen: »Bis ich begriff, dass unsere Ehe rettungslos Schiffbruch erlitten hatte.«

Nach diesem öffentlichen Geständnis reicht Camillas Ehemann die Scheidung ein.

Am 3. November 1994 legt Charles noch einmal kräftig nach in einer Biografie, die eigentlich dazu gedacht war, das Image des künftigen Königs aufzupolieren. Doch seine Worte erweisen sich als Bumerang, als er sich als Opfer der Staatsräson darstellt und sagt, er habe »Diana nie geliebt«, doch sein Vater habe ihn 1980 »vor die Wahl gestellt: entweder die Beziehung abzubrechen oder sie zu heiraten und damit dem Wunsch der Familie und des Landes nachzukommen«.[7] Viele Jahre und eine Hochzeit später bestätigt er dies erneut, als er eingesteht, dass er immer gewusst habe, »dass die Hochzeit mit Diana ein Fehler war: ›Bis zur Trauung hatten wir uns nur zwölf Mal gesehen, ich konnte überhaupt nicht wissen, ob sie die Frau meines Lebens war‹.«[8]

Für das Image der Queen (und für ihre Gefühle) sind die vierhundert Seiten von *The Prince of Wales: A Biography* ein Tiefschlag: Philip wird ohne Umschweife als Tyrann bezeichnet, Elizabeth ihrerseits als lieblose Mutter, die ihren Kindern keine Zuneigung schenken kann und sie ohnehin viel zu selten sieht. Die Mutter-Sohn-Beziehung scheint mehr von Heimlichkeiten als von Sicherheiten geprägt, sie reden wenig und wenn nur sehr förmlich miteinander. Als junge Mutter, die viel zu früh in ihre Monarchenrolle gedrängt wurde, konnte die Queen Charles' Bedürfnis nach Mutterliebe nicht erfüllen. Doch gravierende Vorwürfe wie jener, er habe die Kindermädchen öfter gesehen als sie, sie sei ihm eine ferne, abwesende Mutter gewesen, verletzen sie tief. Zu Elizabeths Verteidigung meldet sich ihre Freundin Margaret Rhodes zu Wort: »Warum sollte sie den Tagesablauf der Kinder durcheinanderbringen? Ist es nicht besser, sie in der liebevollen Obhut von Gouvernanten in einem schönen Zuhause zu lassen, als sie mit sich durch die Welt zu zerren?«[9]

Zwecklos: der »Krieg der Windsors« wird zum Dauerbrenner. Elizabeth wird ihr Image als Rabenmutter nicht los, ihr Ansehen sinkt. Sie hat das Gefühl, das ganze Land stelle sich gegen sie, und leidet unter der massiven Präsenz ihrer Schwiegertochter in den Medien. Die skandalösen Enthüllungen der Boulevardpresse überschreiten jedes Maß von Anstand und haben den Zauber der heilen Familie zerstört, geradezu bulimisch giert die Öffentlichkeit nach immer neuen Indiskretionen und degradiert die berühmteste Familie Großbritanniens zu Protagonisten einer Seifenoper mit shakespearehaften Tönen.

Der Schlussakt folgt am 20. November 1995, um 20 Uhr Ortszeit, am achtundvierzigsten Hochzeitstag von Elizabeth und Philip. Während das Königspaar einer Charity-Veranstaltung beiwohnt, kleben fünfzehn Millionen Engländer an den Mattscheiben. In der BBC-Sendung »Panorama« spricht Diana »zur Nation«, in ihrem Privatsalon beantwortet sie die Fragen des Journalisten Martin Bashir. Fünfzig Minuten herzzerreißende Selbstzerfleischung: Die Princess of Wales bekennt, Charles mit Major Hewitt betrogen zu haben, erzählt von den glücklichen Anfangsjahren ihrer Ehe, wie sie sich dann in der feindseligen Umgebung immer unpassender gefühlt und jahrelang unter Bulimie gelitten habe. Auch in Bezug auf Camilla nimmt sie kein Blatt vor den Mund: »Wir waren immer zu dritt in dieser Ehe, so war es ein bisschen voll.«[10] Dennoch spricht sie sich gegen die Scheidung aus, sie selbst habe zu sehr unter der Trennung ihrer Eltern gelitten.

Diese letzte Treulosigkeit gegenüber der Krone macht jede weitere Beziehung unmöglich. Elizabeth schwankt zwischen Ungläubigkeit und Zorn und bespricht mit dem Premierminister, ob sie das Parlament um die Abschaffung des Gesetzes bitten soll, das seit Jahrhunderten die royalen Ehen in Schach hält, indem es einem geschiedenen Mann verbietet, König zu werden.

20. Dezember. »Nach Prüfung der augenblicklichen Situation schrieb die Königin in dieser Woche sowohl dem Prin-

zen als auch der Prinzessin und teilte ihnen ihre vom Herzog von Edinburgh unterstützte Auffassung mit, dass eine rasche Scheidung wünschenswert sei«, gibt eine sachliche Mitteilung des Palastes Rückschlüsse auf die wohl weitaus dramatischeren Geschehnisse hinter den Kulissen.[11]

Elizabeth lässt also das Henkersbeil auf Sohn und Schwiegertochter herabfallen.

Doch ist sie selbst davon überzeugt?

Als Regentin ja, doch als Mutter plagt sie vielleicht das Gewissen. Es war ein großer Fehler, die beiden in den Bund der Ehe zu treiben, und ganz gewiss hat sie die Bedeutung, die Camilla Parker Bowles für den Thronerben spielt, völlig unterschätzt. Doch aus Angst um das Ansehen der Krone diktiert die Queen gegen den Willen des Parlaments und trotz etlicher widersprechender Rechtsklauseln das Wörtchen »Ende« unter die Ehe.

Diana ist dagegen. Sie hat Angst, ihre Söhne zu verlieren. Sie will den Titel Königliche Hoheit behalten, und sie will Geld, viel Geld. Doch da sie ihren Betrug öffentlich gemacht hat, bleiben ihr wenig Mittel, gegen die Entscheidung der Schwiegermutter vorzugehen. Gedemütigt und mit Blick auf eine ungewisse Zukunft wagt sie das Verbotene und erzählt Journalisten kompromittierende Details aus dem Leben der Queen. Doch die Artikel bewirken das Gegenteil: Während die ganze Welt diskutiert, sich auf die eine oder die andere Seite schlägt, Fehler benennt oder von aller Schuld freispricht, erobert die Queen die Gunst ihrer Untertanen zurück, indem sie das tut, was sie am besten kann: schweigen.

Am 28. August 1996 dauert der Scheidungstermin vor Richter Gerard Angel weniger als zwei Minuten.

Und plötzlich ein Lachen

Wenn man ein Porträtfoto von Elizabeth II. sieht, geht man automatisch davon aus, dass es bis in die Details gestellt ist. Und man kann sich kaum vorstellen, dass ein Fotograf – der ja meist Erfahrung mit Prominenten hat und mögliche Unwägbarkeiten gewohnt ist (erst recht einer, der bei den Zusammenstößen in Nordirland dabei war und im Vietnamkrieg, der die schmerzverzerrten Gesichter palästinensischer Kinder gesehen hat und den Hunger in entlegenen afrikanischen Dörfern) –, dass solch ein Fotograf beim Übertreten der Schwelle von Buckingham Palace ebenso aufgeregt ist wie ein blutiger Anfänger.

Doch genau so ist es.

Wir schreiben das Jahr 1996. Über der Königsfamilie hängt seit Monaten das Blitzlichtgewitter der Paparazzi. Elizabeth möchte sich keine Blöße geben und geht darum auf Nummer sicher: Für das offizielle Foto zu ihrem 70. Geburtstag engagiert sie einen ausgewiesenen Profi, Brian Aris, ehemaliger Kriegsreporter und absoluter Lieblingsfotograf aller Royals. Bisher sind sie sich nur bei offiziellen Anlässen zusammen mit anderen seiner Kollegen begegnet.

Ähnlich wie Elizabeth mag Aris keine überladenen Settings und reist nur mit Minimalausstattung und seiner alten Mittelformatkamera von Hasselblad an: Bei so einem » kostbaren « Fotomodell muss man vor allem schnell und effizient sein, ganz gleich, wie viel man kann. Außerdem weiß der Fotograf, dass auch er es mit einem Profi zu tun hat, denn seit Elizabeth von George VI. ihre erste Kodak Brownie geschenkt bekam, gilt ihre Leidenschaft der Fotografie (nach Hunden und Pferden, versteht sich), sie hat gelernt, wie ihre Porträtisten arbeiten.

Und weil das Porträt so wichtig ist, holt sich Aris einen

erfahrenen Fotografen hinzu, Patrick Steel, der unter einer Bedingung bereit ist, sich den Tag Zeit zu nehmen: Aris muss ein Foto von ihm und Ihrer Majestät machen, das er seiner Mutter schicken kann. Ein Foto mit der Queen! Kein leichtes Unterfangen, und vom Protokoll natürlich streng verboten ...

Noch neunzig Minuten bis zum Termin. Aris und Steel betreten Buckingham Palace. Sie tragen ihre Ausrüstung in den vorgesehenen Saal, verstecken eine Zusatzkamera für alle Fälle hinter einem Vorhang, montieren Wolframlampen, die das Set weich und samtig ausleuchten, stellen einen Reflektor direkt vor den Ort, wo Elizabeth Platz nehmen wird, sie machen Polaroidbilder von dem Kleid, das sie tragen wird, um ihr vorab die Wirkung zu demonstrieren, während die Presseleute des Palastes den planmäßigen Ablauf überwachen. Ja, alles läuft wie am Schnürchen. Doch die Aufregung bleibt. Auch der Rat eines Freundes vom Vortag – »Denk immer daran, wenn du das hier schaffst, wirst du nie wieder bei irgendeinem Politiker oder Kinostar nervös sein« – hilft Aris nicht weiter, und als Elizabeth den Saal betritt, steigt das Stresslevel noch einmal. Um seine Nervosität zu überspielen, beginnt Aris, der Queen Anweisungen zu geben: »Ein bisschen weiter links, bitte«, »Könnten Sie ein klein wenig das Kinn heben, Ma'am?«, »Bitte halten Sie die Hände so ...«

Er hantiert an der Hasselblad auf dem Stativ, und als er sie nach unten neigt, löst sie sich aus der Verankerung und fällt vornüber. Da springt Patrick Steel wie ein Cricketprofi nach vorn, fängt die Kamera im Flug auf und gibt sie seinem Kollegen zurück. Der blickt verlegen auf, sieht das breite Lachen der Königin und drückt ab: Die sprichwörtliche Haltung Ihrer Majestät fällt wie eine Maske von ihr ab, wenn Elizabeth sich bei Fotografen ihres Vertrauens sicher fühlt. Aris ahnt, dass er einen unwiederbringlichen Moment erwischt hat und ein einzigartiges Foto entstanden ist. Nun muss er nur noch Ruhe bewahren und sich keine weiteren Patzer erlauben.

Ein paar Tage später werden alle seine Fotos abgesegnet: auch das mit dem spontanen Lachen und ein Testfoto, auf dem sein Assistent im Hintergrund an einem Scheinwerfer hantiert. Letzteres bekommt einen Ehrenplatz im Wohnzimmer der Steels, ansonsten sieht es niemand. Während die lebenslustige Elizabeth, die in ihrem apricotfarbenen Kleid entspannt lacht – abgelenkt durch eine Ungeschicklichkeit –, zu Recht in die Bildbiografie einer Königin eingeht, die außerhalb ihrer Rolle auch mal spontane Heiterkeit zeigen kann.

Anruf in tiefster Nacht

Balmoral, Sonntag 31. August 1997. Das Läuten des Telefons zerreißt die nächtliche Stille. Der stellvertretende Privatsekretär der Queen, Robin Janvrin, nimmt den Hörer ab. Am anderen Ende der Leitung spricht der britische Botschafter in Paris, Michael Jay. Seine Stimme klingt ruhig, doch die Nachricht ist grauenhaft: In der Pariser Alma-Unterführung ist ein Mercedes zerschellt, in dem Wagen saß Prinzessin Diana. Dodi, der Sohn des ägyptischen Milliardärs Mohamed Al-Fayed, der neben ihr saß, war sofort tot, die Prinzessin ist schwer verletzt. Janvrin wählt die hausinterne Nummer Ihrer Majestät. Gleich darauf ruft er Prinz Charles an. Die Nachrichten gehen nun im Sekundentakt ein, eine ungewisser und beunruhigender als die andere. Achtzig Minuten Schwebezustand, bis um 3:45 Uhr Ortszeit ein letzter Anruf die irreale Stille durchbricht, die sich über die grauen Festungsmauern gelegt hat: Die Ärzte des Pitié-Salpêtrière-Krankenhauses haben gerade mitgeteilt, dass die Princess of Wales um 4:05 Uhr französischer Zeit im Operationssaal des Cordier-Traktes aufgehört hat zu atmen.

Der Morgen graut. Die Königsfamilie versammelt sich in einem Salon. Über der schottischen Landschaft vor den Fenstern liegt die spätsommerliche Wärme. Drinnen verbreitet sich die Eiseskälte des Unsagbaren. Alles wirkt ruhig. Hinter verschlossenen Türen wird eilends die Tragödie verhandelt. Elizabeth ist verärgert, mit welcher Macht die ehemalige Schwiegertochter erneut über die Familie hereinbricht, niemand hat ihr mehr Schwierigkeiten und Skandale bereitet als Diana. Und eins steht zumindest in institutioneller Hinsicht fest: Auf gar keinen Fall wird ihr Leichnam in einen der königlichen Paläste überführt. Die Beerdigung ist Privatangelegenheit der Spencers. Lady Di war nicht länger Teil der Familie, die sie wiederholt beleidigt hat, deren Werte sie in Büchern und Interviews ins Lächerliche gezogen hat; sie war keine Königliche Hoheit mehr und auch keine zukünftige Königin Englands, sondern lediglich die Mutter eines zukünftigen Königs. (Wenn man der Queen-Biografin Ingrid Seward glauben darf, soll sie sogar gemurmelt haben: » Da hat doch jemand die Bremsen manipuliert. «)[12]

Charles ist erschüttert. Er will sofort nach Paris und seine Ex-Frau nach Hause holen, doch für einen Flieger der königlichen Flotte muss er seine Mutter um Erlaubnis bitten. Er schickt Janvrin und seinen Privatsekretär vor, die unzählige Telefonate mit dem Mitarbeiterstab führen. Erst die Drohung, einen Linienflug von Aberdeen zu nehmen, zeigt die gewünschte Wirkung.

Um 4:41 Uhr unterbricht der BBC-Nachrichtensprecher Nik Gowing die aktuelle Sendung. Sichtlich getroffen – und gewiss mitgenommener, als seine Rolle es gebietet – verkündet er den Tod der Prinzessin. Die Bestätigung aus Buckingham Palace folgt erst um 5:20 Uhr.

Elizabeth weiß genau, dass die Nachrichten nun voll sein werden mit Dianas Antlitz, mit Filmausschnitten der Hochzeit und Bildern ihrer öffentlichen Auftritte, und sie möchte ihre Enkel vor der Aufregung schützen, die die Tragödie in der ganzen Welt auslösen wird. Aus allen Räumen des Schlosses lässt sie deshalb Fernseh- und Radiogeräte entfernen und ordnet an, dass der Name der Schwiegertochter in der Sonntagsmesse in Crathie Kirk nicht erwähnt wird. » Wissen Sie, zu jener Zeit wollte meine Großmutter ihre beiden Enkel beschützen, und meinen Vater ebenso «, wird Prinz William zwanzig Jahre später in der BBC-Dokumentation *Diana, 7 Days* ihr Handeln rückblickend bewerten. Ihre Entscheidung habe bedeutet, dass ihm und seinem Bruder » die Privatheit, zu trauern, unsere Gedanken zu ordnen und einfach diesen Raum fernab von allen zu haben «, ermöglicht worden sei.[13]

Es ist an Charles, seine Söhne zu wecken. Zwanzig Jahre später werden sie in einer verklärenden Dokumentation zum ersten Mal über den Tod ihrer Mutter sprechen und einräumen, dass es ein Fehler war, den Schock ihres Todes so lange zu verdrängen, und wie schrecklich es für sie als Kinder war, hinter ihrem Sarg herzulaufen.

In London agiert Premierminister Tony Blair hinter den Kulissen. Als Erster erfasst er die enorme symbolische Bedeutung, die Dianas Tod für das Land hat (in seiner Biografie erinnert er sich, sein Ziel sei es gewesen, » die Monarchie zu schützen, den Ärger zu kanalisieren, bevor er zur Wut wurde, und grundsätzlich die ganze Sache auf positive und verbindende Weise zu behandeln, statt sie eine Quelle von Spannung, Spaltung und Bitterkeit sein zu lassen «)[14], und formuliert auf der Rückseite eines Briefumschlags, unterstützt von seinem Sprecher Alastair Campbell, eine Rede für die » Prinzessin des Volkes «.

Blair ahnt, welche Gefahr von der scheinbaren Gleichgültigkeit der Königsfamilie für die Monarchie und das Land ausgeht, vor der er vor allem eine schützen will: seine Königin. Alle Sender konzentrieren sich auf den Flughafen, wo der

Sarg erwartet wird, es gibt Sondersendungen zum »Tod der Mutter unseres künftigen Königs«. Die ganze Welt gedenkt Dianas, in allen Sprachen und allen Ländern, die Mächtigen der Erde halten Traueransprachen, die kleinen Leute weinen, die doch so viel über ihr Leben wissen und gerade noch in der Regenbogenpresse seitenweise Berichte über ihre Beziehung zu Dodi Al-Fayed und ihre Küsse am Strand von Sardinien gelesen haben. Unter den Platanen zwischen Buckingham Palace und Saint James's Palace, in den Dianas Leichnam gebracht wird, strömen erschütterte Menschen zusammen, nehmen lange Schlangen in Kauf, um sich ins Kondolenzbuch einzutragen. London trauert: Vor Kensington Palace, dem Wohnsitz der Prinzessin, vor Buckingham Palace und dem Schloss von Balmoral türmen sich Blumen und Kränze, Gedichte, Gebete, Kinderzeichnungen und Fotos, dazwischen aus Zeitungen ausgeschnittene Fotos.

Wo ist unsere Königin?

Aus Balmoral kein Wort. Die Vorwürfe gegen das Königshaus im Land wachsen mit derselben Geschwindigkeit, mit der die Blumen vor Kensington Palace verblühen. Die BBC gibt den unzufriedenen Untertanen eine Stimme: Warum weht die Flagge nicht auf halbmast? Mit jeder Stunde, die verstreicht, wächst die Empörung über Elizabeths Unvermögen, sich der weltweiten Trauer um Dianas Tod anzuschließen. Ihr Schweigen provoziert einen kollektiven Ärger, den die Monarchie noch nicht erlebt hat.

»Du warst zu gut für sie.« – »Sie haben dich nicht verdient.« – »Dein Blut klebt an ihren Händen.« Das ist der Tenor der Kärtchen am Zaun.

Die Welle der Feindseligkeit trifft Elizabeth mit voller Wucht. Auf allen Titelseiten wird ihr Gefühlskälte vorge-

208

worfen: » Wo ist unsere Königin? Wo ist ihre Flagge? «, fragt die *Sun*, der *Mirror* sticht mit: » Ihr Volk leidet. Sprechen Sie zu uns, Ma'am «, und der *Express* fordert: » Zeigen Sie uns, dass Sie Anteil nehmen «. Die Royal Family ist nicht da, und die Untertanen trauern.

Mit ihrem hartnäckigen Schweigen scheint die Queen die bevorstehende Katastrophe geradezu heraufzubeschwören. Das denken Millionen Menschen und erzählen es den Journalisten in stundenlangen Livereportagen. Das schreiben die Zeitungen.

Das erste Lebenszeichen gibt es am Mittwoch, dem 3. September, als Elizabeth, Philip, Charles, William und Harry sich vor den Toren Balmorals den Kameras stellen und die Blumenkränze und Beileidsbekundungen für Diana anschauen, die die Leute vor den Schlossmauern abgelegt haben. Das erste Lebenszeichen seit Sonntag.

Die Monarchie ist in Gefahr, und die zuständigen Stellen in Downing Street und Königshaus laufen zu diplomatischer Höchstleistung auf, um den Zorn der Untertanen in Schach zu halten.

Das Begräbnis wird für den 6. September angesetzt.

Elizabeth muss sich dem Wunsch des Volkes beugen: Am Tag der Beerdigung soll der Union Jack (nicht die königliche Standarte) an der höchsten Fahnenstange von Buckingham Palace auf halbmast wehen, ein beispielloser Vorgang im Königreich. » Ein Versuch, die bisher verursachten Schäden wiedergutzumachen «, urteilen die Fernsehkommentatoren streng. Die *Times*, traditionell aufseiten der Royals, titelt: » Die Daseinsberechtigung der Monarchie steht auf dem Spiel «. Doch obwohl Ihre Majestät nun auf die Ratschläge ihrer Berater hört, bleibt ihr die Absolution der anonymen Jury verwehrt, die mit harten Worten aus Zeitungen und Fernsehberichten zu ihr spricht: *zu wenig und zu spät.*

Genau wie 1953, als sie Churchills Schützenhilfe bekam,

steht nun Tony Blair fest an ihrer Seite und unterstützt sie bedingungslos.

Die Engländer wollen Mitgefühl.

Sie bekommen eine Rede.

Das Volk will Tränen.

Elizabeth gibt ihnen Worte.

Einen Tag früher als vorgesehen kehrt sie im goldenen Licht des 5. September um kurz nach 14 Uhr nach London zurück. Elizabeth und Philip sitzen im imposanten Rolls-Royce und fahren im Autokonvoi vom Flughafen bis Buckingham Palace. Anstatt im Hof zu verschwinden, hält der Wagen am Tor. Elizabeths Hut, Tasche und Handschuhe sind schwarz, um den Hals trägt sie drei Perlenketten, der Lippenstift und ihre Haltung sind wie immer tadellos. Sie zeigt Mitgefühl, zurückgenommen und lächelnd, wie Erziehung und Erfahrung es sie gelehrt haben.

Sie spricht, fragt, dankt.

Peter Nicholls Kameraobjektiv fängt sie zwischen all den Blumen ein, als würde sie auf einem Blütenmeer treiben. In Richtung Abgrund?

Ein elfjähriges Mädchen ist ihre Rettung, Katie Jones. Sie hält ihr einen Strauß mit fünf Rosen hin.

Die Queen schaut kurz auf die Blumen: »Soll ich sie für dich hinlegen?«, fragt sie.[15]

»Nein, Majestät, die sind für Sie.«

»Bist du dir sicher?«

Sie erwartet keine Antwort, ist aber offen dafür.

Rosen. Wie viele hat sie schon bekommen, doch diese hier haben vielleicht eine ganz besondere Bedeutung.

»Ich finde, Sie haben das richtig gemacht, dass Sie bei den Jungs geblieben sind. Wenn meine Mama tot wäre, hätte ich auch gerne meine Oma bei mir.«

Die Bilder gehen um die Welt. Sind sie der Beweis für Vergebung? Ganz sicher sind sie eine Erleichterung.

Wird Elizabeth mit ihren Worten das Volk überzeugen, dass sie seine Gefühle versteht und teilt?

Mit gebeugtem Haupt

Niemand, der Diana kannte, wird sie jemals vergessen. Die vielen Millionen anderen Menschen, die sie niemals getroffen haben, aber zu kennen glaubten, werden sich ihrer erinnern. Ich persönlich glaube, dass man aus ihrem Leben und aus den außergewöhnlichen und bewegenden Reaktionen auf ihren Tod lernen kann.[16]

Am 5. September um Punkt 18 Uhr wendet sich die Queen mit einer dreiminütigen Rede an die Nation, die von der BBC live aus Buckingham Palace übertragen wird. Den Rücken kerzengerade, die Hände im Schoß gefaltet, sitzt sie schwarz gekleidet mit undurchdringlicher Miene im Chinese Room, hinter ihr sieht man durch das Fenster die schweigende Menge an den Palasttoren.

» Es ist nicht leicht, ein Gefühl des Verlusts auszudrücken, da dem anfänglichen Schock oft eine Mischung aus anderen Gefühlen folgt: Ungläubigkeit, Unverständnis, Zorn – und Sorge um jene, die zurückgeblieben sind. Wir alle haben in den letzten Tagen diese Gefühle verspürt. Und so kommen meine Worte, die ich nun als Ihre Königin und als Großmutter an Sie richte, aus tiefstem Herzen. «

Zum ersten Mal benutzt Elizabeth II. das Wort » Herz « in einer öffentlichen Ansprache. Gefühlsäußerungen gehören sonst nicht in ihren Wortschatz. Als die Sonne nach einem Tag der Emotionen untergeht, verwandeln sich die Vorwürfe in eine Welle kindlicher Hingabe: Die Nation hat verstanden.

In den unzähligen Stunden Liveübertragung gibt es einen Ausschnitt, der besser als alle Worte zusammenfasst, wie entscheidend diese Woche in Elizabeths fünfundvierzig Thronjahren ist. Eine Momentaufnahme: London ist zu bitterem Schweigen verstummt, zu hören sind nur die einsame Melodie eines Dudelsackpfeifers, das Klappern der Pferdehufe auf dem Pflaster und die Glocke von Westminster – hundert Schläge in hundert Minuten. Dianas Sarg, bedeckt mit der Standarte des Königshauses, passiert auf einer Geschützlafette die Tore von Buckingham Palace, ein paar kurze Augenblicke nur.

Elizabeth beugt das Haupt. Kaum mehr als eine Andeutung, und doch ist und bleibt dies die einzige Verbeugung in ihrer ganzen » Karriere «.

Noch nie seit Menschengedenken hat eine Königin ihr Haupt gebeugt, weder vor den Lebenden noch vor den Toten.

Dieser Anblick spricht Bände. In ihm steckt das Eingeständnis aller bisherigen Fehler.

Dank dieser Geste, mit der sie dem Volk ihren Schmerz zeigt, vergibt es seiner Queen, auch wenn der eine oder andere Untertan noch argwöhnt, sie habe es nur aus Pflicht getan.

Auf dem Weg von Kensington Palace nach St. James's Palace wird der Sarg der Prinzessin nur von zwanzig Soldaten der Eskorte begleitet, davor und dahinter zwei Reihen berittene Polizei. Und am Straßenrand die Menschenmenge.

Auf dem Sarg ein Kissen aus weißen Rosen, Lilien und Tulpen. Und eine Karte: Mummy.

Lady Diana ist allein.

Beim nächsten Halt schließt sich Charles dem Trauermarsch an. Neben ihm seine Söhne, der fünfzehnjährige William und der zwölfjährige Harry, außerdem der Herzog von Edinburgh und Dianas Bruder Charles Spencer.

William und Harry folgen dem Sarg ihrer Mutter mit gesenktem Blick. Sie tun es nicht aus freien Stücken. Nach dem, was Tony Blairs Sprecher Alastair Campbell dem *Guardian* sagt, musste ein hoher Staatsbeamter nach Balmoral fahren und die beiden Jungen überzeugen, mit ihrem Vater hinter der Lafette herzugehen, um mögliche Wutausbrüche gegen Charles zu vermeiden.

Denn er ist »schuldig«: Hätte der Prince of Wales Diana geliebt, wäre sie nicht mit Al-Fayed in Paris gewesen. So simpel wie sinnlos ist die Logik des kollektiven Schmerzes. Alle anderen weinen. Ein BBC-Journalist weint live vor der Kamera, die Menge am Straßenrand weint, in der Hand rote Rosen und weiße Lilien, Operngläser und Thermoskannen. Die Zuschauer halten ihre Fotoapparate in die Luft. Klick, klick, klick.

Letzter Akt. Die Sonne scheint in die Kirchenschiffe von Westminster Abbey, die Uhr von Big Ben schlägt elf, der Sarg überquert auf den Schultern der Welsh Guards, dem walisischen Regiment der Königin, die Kirchenschwelle. In der Abtei sitzen zweitausend Gäste: Nelson Mandela, die First Ladys Hillary Clinton und Bernadette Chirac, die Frau des ägyptischen Präsidenten Mubarak, Königin Noor von Jordanien, der frühere König von Griechenland Konstantin und seine Frau Anna Maria, die Schwester des spanischen Königs, Prinzessin Margriet der Niederlande, Henry Kissinger mit Frau, Tony Blair, Margaret Thatcher, John Major, Tom Cruise, Nicole Kidman, Tom Hanks, Steven Spielberg, Valentino, Karl Lagerfeld, Donatella Versace, Luciano Pavarotti, Richard Attenborough, Diana Ross, George Michael, Sting, Dodis Vater Mohamed Al-Fayed und die Vertreter aller Wohlfahrtsverbände, deren Schützlingen Prinzessin Diana immer beistand und Trost spendete: AIDS-Kranke, Obdachlose, das Rote Kreuz, Opfer von Landminen im Rollstuhl. Volk und Nobility, Hollywoodstars und Modeschöpfer, in Trauer vereint.

Elizabeth betritt um 10:55 Uhr zusammen mit Queen Mum die Abtei. Wie die gesamte Königsfamilie wird auch sie kein einziges Mal von den Fernsehkameras gefilmt.

Elton John spielt auf dem Flügel *Goodbye, England's Rose*, neben den alten Grabsteinen von Adligen und Helden, von Königen und Staatsmännern. Die Grabrede hält Charles Spencer, sie ist schwer, bewegend und mündet in einen langen, befreienden Applaus, der von der Abtei über Videoleinwände in die ganze Stadt ausstrahlt. Dann hallt die katholische *Messa da Requiem* durch das anglikanische Gotteshaus, die Diana liebte. Tony Blair liest aus einem Brief des Apostels Paulus.

Achtzig Minuten später, über London liegt eine dumpfe Glocke des Schweigens, fährt ein Rolls-Royce die Prinzessin in die Residenz der Spencers nach Althorp, wo sie ihre letzte Ruhe findet.

Zwei Milliarden Menschen in 187 Ländern haben die Liveübertragung der BBC verfolgt.

Nun kann Elizabeth ein neues Kapitel aufschlagen.

Der traurige Sommer 1997 ist vorbei. Das Leben am Hof kehrt zur Normalität zurück. Doch die königliche Familie tut sich schwer, Einheit zu zeigen, zu tief wirkt Dianas Tod. Der Fernsehsender Channel Four berichtet von schlimmen Zwistigkeiten zwischen Elizabeth und Charles, und erneut gerät die Queen ins Rampenlicht, während die Boulevardpresse weiterhin Gift sprüht. Das Meinungsforschungsinstitut Mori veröffentlicht die erste Umfrage nach dem Begräbnis: Trotz aller Bemühungen sind nur noch 73 Prozent der Briten für den Erhalt der Monarchie, ein Drittel wünscht sich, dass die Queen abdankt.

Dabei war es das erste Mal, dass Elizabeth die Familie an oberste Stelle gesetzt hat – vor die Pflicht.

Wieder muss sie eine Antwort finden. Nun lautet die Parole: Restauration. Die verlorene Einheit wiederherstellen, die zerbrochene Harmonie kitten. Als fast symbolisch erweist sich da der Abend des 14. November, Prinz Charles' Geburtstag und gleichzeitig das Ende der Wiederaufbauarbeiten von

Schloss Windsor. Denn war die verheerende Feuersbrunst von 1992 das stärkste Bild für das »Schreckensjahr« der Königin (aus dem am Ende fünf geworden sind), spiegelt seine Restaurierung zu neuem Glanz die neue Ordnung wider. Zu diesem Anlass hat Elizabeth ein Heer von Bauarbeitern, Tischlern, Installateuren, Zimmerern, Gärtnern, Malern und Architekten eingeladen, um bei Pizza und Bier das Ende der Arbeiten zu feiern. Nach fünf Jahren und mit der Hilfe von fünftausend Handwerkern ist Windsor aus der Asche neu erstanden. Ein schöneres Geschenk hätte die Queen sich zum fünfzigsten Hochzeitstag nicht wünschen können.

Es lebe die Toleranz

Viel zu oft, fürchte ich, hat Prinz Philip mir zuhören müssen. Häufig haben wir vorab über meine geplante Rede gesprochen, und er äußerte – wie Sie sich denken können – offen und frei seine Meinung. Er hört nicht gern Komplimente, aber er war, schlicht und einfach, in all den Jahren eine Quelle der Kraft und an meiner Seite, und ich und seine ganze Familie und unser Land wie auch andere Länder stehen tiefer in seiner Schuld, als wir ihm jemals vergelten oder auch nur ermessen können.[17]
Elizabeth II.

Als größte Lektion haben wir gelernt, dass Toleranz die wesentlichste Zutat einer jeden glücklichen Ehe ist. Sie mag in guten Zeiten nicht so wichtig sein, aber sie ist unverzichtbar, wenn es schwierig wird. Und Sie können mir glauben, die Königin besitzt die Fähigkeit zur Toleranz im Überfluss.[18]
Philip, Herzog von Edinburgh

Dieses Duett von Elizabeth und Philip kommt am Abend des 20. November 1997 bei einem Staatsbankett zur Feier ihres fünfzigsten Hochzeitstages zur Aufführung. Er ist noch immer ein charismatischer Mann mit dem Funken Ungeduld in den Augen, und fast entlockt er ihr ein Lächeln. Immerhin blickt sie ihn freundlich an und verzieht solidarisch die Miene. Denn wenngleich sie das Staatsoberhaupt ist, bleibt er doch immer das Oberhaupt der Familie, und er kennt seine »erste, oberste und letzte Pflicht, sie niemals zu enttäuschen«.

Ihre Fähigkeit zur Toleranz hat Elizabeth in den fünfzig Ehejahren tatsächlich oft genug unter Beweis gestellt. Alles Private, alle Geheimnisse verbarg sie stets hinter dem Schutzschild der Reserviertheit. Niemals wurden die Gerüchte um Philips Seitensprünge laut ausgesprochen. Die Liste seiner Liebschaften ist lang (sie wurden allesamt dementiert oder schlicht ignoriert), dünnte sich aber mit der Zeit aus: Anna Massey, Pat Kirkwood, Hélène Cordet, Daphne du Maurier, Jane Russell, Zsa Zsa Gabor, Shirley MacLaine, Merle Oberon, die Herzogin von Abercorn, die Gräfin von Westmoreland, Susie Barrantes (Sarah Fergusons Mutter), Patti Kluge sowie die Frauen diverser Polospieler.

Die Queen hat alles »toleriert«.

Zumindest fast alles. Denn eine Frau gab es, die sie wohl ernsthaft verletzt hat: ihre Cousine Alexandra, die ungekrönte Königin des bestgehüteten und zugleich meistbesprochenen Geheimnisses der elisabethanischen Ära. Alexandra ist zehn Jahre jünger als Elizabeth, groß, blond und offen – also alles, was Elizabeth nicht ist – und Tochter des freizügigsten Paares der damaligen Adelswelt, vergleichbar nur mit Wallis und Edward VIII.

Alexandras Vater, der Herzog von Kent, ist einer der Söhne Georges V., ihre Mutter Marina von Griechenland und Dänemark, eine lebenslustige, charmante Frau, die nach dem Tod ihres Mannes bei dem Flugzeugabsturz im Jahre 1942 plötzlich mit den drei Kindern allein dasteht: Eddie, Michael und Alexandra. Von der *Civil List* verbannt, in der verzeichnet ist, welche Summen das Parlament dem Königshaus für dessen Ausgaben jährlich gewährt, erhält sie keine Staatsapanagen mehr; die Kents werden quasi zum »armen« Zweig der Windsors degradiert. Die kleine Alexandra trägt die Kleider ihrer Cousinen Elizabeth und Margaret auf. Vielleicht hätte George VI. die finanziellen Engpässe der Familie ausgleichen können, hätte dies nicht der extreme Zwist zwischen seiner Frau und der Herzogin von Kent verhindert.

Alexandra begegnet Philip erstmals bei dessen Verlobung mit Elizabeth, sie wird später bei ihrer Hochzeit eine der Brautjungfern sein. Und genau wie die Cousine verliebt auch sie sich auf den ersten Blick in ihn.

Die Affäre bleibt ein Gerücht, bis der britische Autor Nicholas Davies die Details ans Licht der Öffentlichkeit zerrt.[19] Und auch wenn kein Biograf die Beziehung zwischen Philip und der blonden Alexandra so schamlos und detailliert beschreibt wie er, wird sie doch auch von anderen erwähnt, wenngleich häufig unter dem Deckmäntelchen des Tabus wie bei Sarah Bradford und Ingrid Seward.

Es ist das Jahr 1955, und Philip fühlt sich sichtlich unwohl im Schoße der Familie. In dem Enthüllungsbuch *War of the Windsors: A Century of Unconstitutional Monarchy* von Clive Prince, Lynn Picknett und Stephen Prior heißt es, er selbst behaupte, er sei ja »nur noch Blut und Sperma«. Elizabeth hat sich zurückgezogen und findet Zuflucht bei ihren Herzensfreunden Baron Plunket und Lord Porchester. Immer häufiger geht Philip allein auf Reisen. Bei der Cowes Week, einem der ältesten Segelwettbewerbe auf der Isle of Wight, die Elizabeth hasst und wohin sie ihn niemals begleitet, lässt er seinem Frust freien Lauf. Während einer Regatta nähert er sich Prinzessin Alexandra. Die Liebe zum Segeln verbindet sie, die Atmosphäre ist perfekt für eine Affäre. Beide haben häufig königliche Verpflichtungen, was ihre Treffen einfacher macht, schreibt Davies. Sie sehen sich in Buckingham Palace, auf Schloss Windsor und auf der *Britannia*. Einzige Bedingung: Zu offiziellen Veranstaltungen, zu denen Philip seine Frau begleitet, wird Alexandra nicht geladen.

Glaubt man Lady Colin Campbell in *The Royal Marriages*, ist es Margaret, die aus Rache für ihre geplatzte Hochzeit mit Peter Townsend die Gerüchte über eine Affäre von Alexandra und Philip am Hof (und in den Londoner Salons) verbreitet. Auch in diesem Fall entscheidet sich Elizabeth für Zurückhaltung und Vorsicht. Doch die Nachricht ist natürlich niederschmetternd, sie fragt Louis Mountbatten um Rat, der sich den Neffen vorknöpft und ihn auffordert, die verbotene Liaison unverzüglich zu beenden, und die Queen mit dem berühmten Satz tröstet: »Keine Sorge, Philip kennt die Marmeladenseite des Brotes genau.«

1963 heiratet Alexandra mit der erfreuten Zustimmung der Queen den Bankier Angus Ogilvy, der die Gerüchte um seine Zukünftige bestens kennt. Im Sinne der Familieneinheit – die wie üblich bei den Royals an erster Stelle steht – verbannt Elizabeth Alexandra nicht vom Hofe und verhindert so den Skandal, der der Monarchie großen Schaden zufügen könnte. Denn die erste, ungeschriebene Palastregel lautet: Mitglieder des Königshauses bleiben straffrei, solange ihre Sünden nicht offiziell werden.

Alexandra und Angus setzen zwei Kinder in die Welt, James und Marina, und trennen sich in den Achtzigern; ausgerechnet die Scheidung der Eltern soll Jahre später dazu führen, dass Lady Marina Ogilvy die Sünden der Mutter aufdeckt und das jahrelange bleierne Schweigen beinah seines Sinns beraubt.

1989 wird Marina nämlich schwanger und beabsichtigt keineswegs, den Vater ihres Kindes, Paul Mowatt, zu heiraten, einen jungen, mittelmäßig begabten Fotografen mit proletarischen Wurzeln. Das widerspricht den Regeln: In der Königsfamilie darf nur Mutter werden, wer vorher feierlich geheiratet hat. Prinzessin Alexandra und ihr Ex-Mann stellen der Tochter also ein Ultimatum: Entweder du heiratest oder du treibst ab. Sie aber will das Kind auch ohne Hochzeit behalten, zieht mit ihrem Freund in ein bescheidenes Häuschen, weil die Eltern ihr die Unterstützung verweigern, und droht, den Zeitungen alles zu erzählen, was sie über die frühere Beziehung ihrer Mutter zu Prinz Philip weiß. Die Boulevardzeitung *Today* des Erzfeindes Rupert Murdoch steht bereits in den Startlöchern. Vergeblich hofft Marina auf Elizabeths Unterstützung, doch die hält zu Cousine Alexandra, bestellt Marina in den Palast ein und überredet sie, auf den Skandal zu verzichten. Im Februar 1990 heiratet sie im Beisein ihrer Eltern, und wenige Monate später kommt Tochter Zenouska zur Welt.

Die Affäre zwischen Alexandra und Philip ist nur noch ferne Erinnerung: Diesen Geist Jahrzehnte später aus der Flasche zu lassen hätte alte Wunden aufgerissen.

Abschied von der *Britannia*

Portsmouth, 11. Dezember 1997.

Elizabeths Miene wirkt ungewöhnlich angespannt. Sie lächelt traurig, ihre Lippen beben, und plötzlich werden ihre Augen feucht, und eine Träne rollt über die Wange. Ein ungewohnt zerbrechlicher Anblick, doch anders als vor fünfundvierzig Jahren in Kenia lässt kein Fotograf respektvoll den Fotoapparat sinken. Natürlich, der Anlass damals war ungleich schmerzlicher, doch es waren auch andere Zeiten und Sitten. Lange her.

Die ersten Bilder von königlichen Tränen sind es übrigens

nicht. 1966 stürzte in Aberfan, einem walisischen Dorf, ein Kohlenschacht ein und riss eine Schule mit in den Abgrund. 116 Kinder und 28 Erwachsene starben. Inmitten einer trauernden Menschenmenge weinte die Queen angesichts des kleinen Mädchens, das ihr einen Blumenstrauß mit einem Kärtchen *Von den überlebenden Kindern von Aberfan* überreichte. Die Presse und das Urteil der Öffentlichkeit kümmerten sie nicht.

Doch heute sind die Tränen »privat«: Nach einer Million Seemeilen wird die *Britannia* heute außer Dienst gestellt. Die Regierung hält die Unterhaltskosten für 21 Offiziere und 276 Mann Besatzung für nicht mehr vertretbar (plus das persönliche Dienstpersonal der Queen inklusive fünf Köchen). Und gegen eine Regierungsentscheidung kann sie nichts ausrichten. Wie wird ihr das dumpfe Stampfen der Schiffsmotoren fehlen, das sie rund um den Globus begleitet hat, 968 Reisen in 135 Länder, auf denen sie die Protagonisten des 20. Jahrhunderts an Bord gebeten hat, von Winston Churchill bis Nelson Mandela, von Dwight D. Eisenhower bis Gerald Ford, von Ronald Reagan bis Bill Clinton sowie zahllose Könige und Königinnen. Vor allem aber werden ihr die privaten Momente mit Philip und ihrer Familie fehlen, in denen sie nur sie selbst sein durfte und das Königinnenkorsett zumindest lockern konnte. Und die Kreuzfahrten im August, wenn sie das schottische Castle of Mey passierte, den Wohnsitz von Queen Mum, und der Kapitän ihr Signalflaggennachrichten überbrachte wie: »Liebe Lilibet, bring Zitronen mit, unsere sind alle.«[20]

Die *Britannia* wird im Hafen von Edinburgh vertäut, wo die Touristen für zwölf Pfund die Suite der Queen und Philips Räume besichtigen können, die Kombüse, das Bordkino und auch die Honeymoonsuite, die wahrscheinlich als Unglückssuite in die englische Geschichte eingehen wird, da alle Paare, die in ihr in die Flitterwochen fuhren, sich später

trennten: Margaret und Antony Armstrong-Jones, Anne und
Mark Phillips, Charles und Diana, Andrew und Sarah.

Eine glückliche Freundschaft

Bei ihrer ersten Begegnung am 1. November 1943 ist Elizabeth eine Prinzessin von herber Anmut und soll als Symbol
für die königliche Familie im Zweiten Weltkrieg posieren.
Heute, am 12. November 1998, ist sie die Königin von England – in violettem Mantel und Hut – und er, Yousuf Karsh,
einer der renommiertesten Porträtfotografen des 20. Jahrhunderts. Aus dem vertrauten Umgang zwischen der Queen
und dem höflichen alten Herrn spricht eine beiderseitige
Sympathie. Karsh ist sich der Ehre bewusst, dass die Queen
bei der Eröffnung der Ausstellung im Londoner Canada
House anlässlich seines 90. Geburtstags anwesend ist. Selten
genug nimmt sie es auf sich, zu Ausstellungseröffnungen
außerhalb ihres eigenen Wohnsitzes oder der ehrwürdigen
National Portrait Gallery zu gehen. Aber Karsh ist auch nicht
irgendein Fotograf: Seit fünfzig Jahren war er bei den wichtigsten Momenten ihres Lebens dabei und hat viele Hundert
Fotos in allen Teilen der Welt von ihr gemacht, die nun im
New Yorker Metropolitan Museum hängen, im Art Institute
von Chicago und an verschiedenen Orten seiner Wahlheimat
Kanada. Auf das erste Bild von 1943 folgt 1951 ein herrlich
klares Foto der jungen Prinzessin wenige Monate vor der
Thronbesteigung. Wenn er sie im Palast trifft, sucht Karsh in
seinen Bildern die Leichtigkeit – als unbeugsame Königin
1966, als Frau und Mutter 1984; gleichzeitig gibt er jeder Einstellung die nötige Tiefe, und seine ikonografischen Bilder
erscheinen in *Life*, *Paris Match*, *Time*, *Epoca* und anderen
großen Magazinen: Das verbindende Element in seiner foto-
grafischen Erzählung ist die Geschichte selbst.

An diesem Tag haben die Queen und Karsh sich seit einer Fotosession auf Balmoral vor zehn Jahren nicht mehr gesehen, als er für sie eine Fotostrecke mit den Enkeln William, Harry, Zara und Peter fotografierte. Elizabeth würdigt die persönliche Beziehung, die sie verbindet, indem sie ihm ihr schönstes Fotolächeln schenkt; gemeinsam schlendern sie an »ihren« Porträts vorbei, unterhalten sich leise, vielleicht tauschen sie gemeinsame Erinnerungen aus wie alte Freunde. Nicht mehr dabei ist Tom Blau, der damals für Karsh unter dem Fliegerbombenbeschuss die unterirdischen Fantasiesets im Savoy ausleuchtete. Die von ihm 1947 gegründete Camera Press ist nun in der Hand seines Sohnes Jon und geht später an seine Enkelin Emma über, die als Kreativdirektorin in einem der kostbarsten Archiven des Königreiches über zwölf Millionen Bilder verwaltet.

An seiner Stelle steht nun Jerry Fielder, Karshs Assistent seit 1979, und er erinnert sich an so manches »traute und entspannte« Set, zu dem er Karsh begleitete, ohne Make-up- und Haarstylisten, die Karsh genau wie die Königin verabscheut, weil sie von der eigentlichen Arbeit ablenken. Licht und Ruhe, mehr brauchten sie nicht, und am Set wurde nur wenig geredet.

Es waren eben andere Zeiten, erinnert sich Fielder und berichtet von einer außergewöhnlichen, fast schon surrealen Episode aus dem Jahr 1984:

Wir fahren zum Savoy und laden die Ausrüstung in ein Taxi. Karsh hat klare Vorstellungen von dem Saal, den er sich am Vortag angeschaut hat. Am Eingang von Buckingham Palace sagen wir dem Wachmann, dass wir einen Termin bei der Queen haben. »Gut, immer geradeaus, erste Etage«, erwidert er. Erstaunt stelle ich fest, dass niemand uns durchsucht, unsere Taschen kontrolliert oder die Ausweise sehen will. Am Set sind wir zu dritt, ein Privat-

sekretär der Queen wartet nebenan. Am nächsten Tag merke ich, dass ich ein Objektiv im Palast vergessen habe, und fahre noch einmal zurück. Am Tor erkläre ich der Wache (eine andere als gestern), dass ich einen Teil meiner Ausrüstung im Palast vergessen habe. » Kennen Sie den Weg? Dann bitte. « *Also gehe ich hoch, finde mein Objektiv da, wo ich es zurückgelassen habe, gehe hinaus und verabschiede mich freundlich.*

All das wäre heute undenkbar.

Nach diesem Abend sehen die Queen und » ihr « Fotograf sich nie wieder. Am 13. Juli 2002 stirbt Karsh in Boston im Alter von dreiundneunzig Jahren. Im *International Who's Who* steht er als eine der hundert einflussreichsten Personen des 20. Jahrhunderts, der einzige Kanadier. Und der einzige Fotograf.

Ein neues Jahrtausend
(2000 – 2010)

18. November 2007. Der Herzog von Edinburgh und Queen Elizabeth II. an ihrem sechzigsten Hochzeitstag auf Broadlands in Hampshire, wo sie 1947 ihre Hochzeitsnacht verbrachten. [10]

Die hundertjährige Mutter

Gut gelaunt sieht Elizabeth dem 21. Jahrhundert entgegen. Trotz der Autonomiebestrebungen anderer Commonwealthstaaten entscheidet sich Australien in einem Referendum für den Erhalt der Monarchie: Am 6. November 1999 spricht sich die Mehrheit der knapp zwölf Millionen Wähler gegen die Einführung einer parlamentarischen Monarchie aus, die Queen bleibt Staatsoberhaupt Australiens.

Sandringham, 31. Dezember. Der letzte Abend des Jahres verstreicht ohne die gewohnten Scharaden und Gesellschaftsspiele im Kreise der Familie. Elizabeth, die als einzige Monarchin fast das gesamte Jahrhundert durchschritten hat, bricht mit der Tradition und macht stattdessen Premierminister Tony Blair und vielen Tausend Untertanen ein ungewöhnliches Geschenk: Sie verlässt ihren Wohnsitz in Norfolk und begibt sich in orangefarbenem Mantel und mit schwarz-orangem Hut zusammen mit Philip und Tochter Anne für ein paar Stunden nach Greenwich, um am Millenium Dome das neue Jahrtausend zu begrüßen. Ein Meer von Kameras empfängt sie vor der neuen Kuppel des Architekten Richard Rogers, und ein begeisterter Premier freut sich über seinen persönlichen Imageerfolg. Nach einer opulenten Version der englischen Hymne stimmt die bis dahin erstaunt und andächtig lauschende Menge das schottische Volkslied *Auld Lang Syne* an. Tony Blair ergreift die Hand der Queen, während rechts von ihr mit Anne an seiner anderen Seite Philip mitsummt. Auch das hat die Welt noch nicht gesehen!

Ein weiteres Mal versteht Elizabeth es meisterhaft, sich neu zu erfinden, und die Engländer wie alle anderen haben sich längst an ihre unerwarteten Wandlungen gewöhnt. Also wenden sich die Fotoobjektive von der angebeteten » Prinzessin der Herzen « ab und schwenken erneut auf eine singende, so noch nie gesehene » Königin der Herzen «.

Doch das Jahr 2000 gehört vor allem Queen Mum. Zu ihrem 100. Geburtstag treffen Tausende Glückwunschtelegramme und Gratulationen aus aller Welt ein, von gekrönten Häuptern und von Untertanen des ganzen Commonwealth, außerdem ein ungewöhnliches Foto von Ex-Schwiegersohn Lord Snowdon, das sie in einem elektroblauen Anglermantel mit lustiger Federkappe zeigt.

Am Morgen ihres Geburtstages am 4. August präsentiert sich die Hundertjährige in einem grauen Kleid am Tor von Clarence House; grazil stützt sie sich auf einen dünnen Gehstock. Trotz ihrer zwei Hüftoperationen sieht sie über den bereitgestellten Stuhl hinweg und winkt fröhlich ihren Untertanen zu, die seit den frühen Morgenstunden auf sie warten. Applaus brandet auf zu Ehren der Frau, die zwei Weltkriege miterlebt, achtzig Jahre lang ihre königlichen Pflichten erfüllt und Großbritannien aus dem viktorianischen Zeitalter in die Moderne geführt hat, die immer zu ihrem Volk stand ... und immer mit fast narzisstischer Freude weiterhin an der Seite ihrer Tochter » mitregierte «.

Auch Elizabeth erwartet sie am Tor, und als der Briefträger der Royal Mail die Glückwunschschreiben überreicht, verwandelt sie sich in das Kind zurück, das seiner Mutter eine mit » Lilibet « unterzeichnete Karte überreicht.

Anschließend steigt Queen Mum aufgeregt und glücklich in die Kutsche zu ihrem Enkel Charles, um eine Rundfahrt durch das festlich geschmückte London zu unternehmen, eskortiert von einem berittenen Wachregiment in Paradeuniform; die Mall ist voller Menschen, die Volksparade zu Ehren der Hundertjährigen wird von einundvierzig Kanonenschüssen begleitet. Zwei Stunden später tritt sie neben ihrer Tochter und ihrer vielköpfigen Familie auf den Balkon von Buckingham Palace und genießt den Jubel der Menschenmenge vor dem Palast.

Englische Klänge an der Scala

Mailand, 18. Oktober 2000. Bühne und Saal sind hell erleuchtet. Die Orchestermusiker in Frack, blütenweißen Hemden und mit Fliege stimmen ihre Instrumente. Dieser ganz besondere, einzigartige Klang, wenn die Instrumente das »A« suchen, vergleichbar mit dem Aufheulen der Automotoren vor einem Rennen, vermischt sich mit dem Lärmen der Konzertbesucher, die auf ihre Plätze gehen. Wie bei einer Hochzeit, wenn niemand den Einmarsch der Braut verpassen will, richten sich die Blicke immer wieder auf einen bestimmten Punkt, im Parkett reckt man die Hälse, um den wichtigsten Auftritt des Abends nicht zu verpassen. Das Klatschen, das den Dirigenten Riccardo Muti empfängt, ist nur ein Vorgeschmack auf das Kommende; denn als Queen Elizabeth sich in der Königsloge zeigt (nie war der Name passender), ganz in Blau mit einer Perlenkette und weißen Handschuhen, brandet ihr aus dem Parkett und von den Rängen ein nicht enden wollender Applaus entgegen, eine sinnbildliche Umarmung durch die ganze Stadt. Denn genauso, wie jede Italienreise von Elizabeth mit einem Besuch im Vatikan einhergeht (vier Päpste trifft sie dort während ihres langen Lebens: Pius

XII. 1951, Johannes XXIII. 1961, Johannes Paul II. 1980 und 2000, Franziskus 2014; zu Hause hingegen empfängt sie 1982 in Buckingham Palace Johannes Paul II. beim ersten Pastoralbesuch eines Papstes im Königreich sowie 2010 in ihrer Residenz in Edinburgh Benedikt XVI. bei dessen Staatsbesuch), vergeht kein Mailandbesuch ohne einen Abend an der Scala. Ein festlicher Trommelwirbel kündigt das *God Save the Queen* an, das nahtlos in die italienische Nationalhymne übergeht. Das Publikum erhebt sich von seinen Sitzen und klatscht mit. Auch als die Lichter ausgehen, schauen die Zuschauer immer wieder nach oben, wo sich die Königin neben Philip die Brille aufsetzt und in einem Programmheft blättert; vielleicht ist sie in Gedanken bei ihrem ersten Abend in dieser Loge vor neununddreißig Jahren am 9. Mai 1961 oder bei Rossinis Oper *La Cenerentola*, die unter der Leitung von Claudio Abbado 1975 in ihrem Beisein im Royal Opera House in Covent Garden aufgeführt wurde.

Mutis Programm ist quasi das spiegelbildliche Pendant dazu: die klassische symphonische Dichtung *In the South* des Briten Edward Elgar (der zu Lilibets fünftem Geburtstag auch das Stück *Dreaming* komponierte), gefolgt von Ottorino Respighis *Pini di Roma*, vierzig Minuten Musik, denen Elizabeth konzentriert lauscht, obwohl Symphonien nicht ihre Leidenschaft sind. Anschließend ist sie es, die mit ihrem Klatschen die Wogen des Applauses lenkt, der gefügig abebbt, sobald sie die Hände im Schoß zusammenlegt.

Der Ablauf des Abends ist auf das königliche Protokoll abgestimmt und liegt genau im Zeitplan, mal abgesehen von dem etwas »holprigen« Beginn. Nun führt Generaldirektor Carlo Fontana das Königspaar zu Maestro Muti und lässt sie für ein kurzes Gespräch allein. Aus den avisierten fünf Minuten wird mehr als eine halbe Stunde, und als Erinnerung bleibt ein Foto, auf dem die Queen und der Maestro, die sich aus seinen Zeiten beim London Philharmonic Orchestra kennen, wie alte Freunde miteinander lachen. Völlig überflüssig die Frage nach dem Thema und dem Grund für die Heiterkeit. Auch der Maestro respektiert die ungeschriebene Regel absoluter Verschwiegenheit: »Es war eine herzliche und persönliche Begegnung in äußerst entspannter Atmosphäre.«

Der Preis, den wir für die Liebe zahlen

New York, 11. September 2001. Als vor den Augen der Welt die Zwillingstürme einstürzen, befindet sich Elizabeth auf Schloss Balmoral und blickt erschüttert auf den Fernsehschirm. Am nächsten Morgen ordnet sie an, beim Wachwechsel vor Buckingham Palace die amerikanische Nationalhymne zu spielen. Das hat es noch nie gegeben. Für die siebenundsechzig Toten englischer Herkunft findet in der St. Thomas Church in New York eine Trauerfeier statt. Die berührende Botschaft Ihrer Majestät, die hier verlesen wird, endet mit aufrichtigen Worten der Anteilnahme:

Es sind dunkle und schmerzliche Zeiten für die Familien und Freunde derjenigen, die bei dem Anschlag ihr Leben verloren haben oder verletzt wurden (...) Meine Gedanken und meine Gebete sind bei Ihnen allen, jetzt und in den kommenden schweren Tagen. Es gibt keine Worte, die auch nur annähernd der Angst und dem Schmerz dieser Momente gerecht werden können. Trauer ist der Preis, den wir für die Liebe zahlen.[1]

Das ist keine alltägliche Botschaft.

Die Queen redet in der Regel von Amts wegen, und wenn sie spricht, gibt es drei Arten der Rede: politische und auch von dieser verfasste Erklärungen der Regierung, die von Elizabeth als *Speech from the Throne* oder auch, in ihrem Fall,

Queen's Speech zur Eröffnung des Parlaments verlesen werden; die Weihnachtsbotschaften, die sie mit Unterstützung ihres Privatsekretärs selbst verfasst; und spontane Äußerungen bei außergewöhnlichen Ereignissen. Es ist nicht ihre Art, öffentlich ihren Schmerz kundzutun, und es gibt nun nicht wenige Stimmen, die hinter ihrem gefühlvollen Ton noch ein weiteres Ereignis vermuten: den plötzlichen Tod Lord Porchesters, der am 11. September wenige Stunden nach der amerikanischen Tragödie einen Herzinfarkt erlitten hat. Reiner Zufall, gewiss, und doch liegt in ihrem Schlusssatz der Nachhall eines tiefen Schmerzes. So wenig über Verfehlungen oder Schwächen Ihrer Majestät bekannt ist, so wissen doch alle, dass Lord Porchester ihr liebster und nächster Freund war und sein Tod das dramatische Ende einer engen und starken Beziehung markiert.

Gegen die Regeln des Protokolls nimmt Elizabeth mit bleicher, versteinerter Miene an der Trauerfeier für den Freund teil – er war kein Mitglied der Royals – und nährt damit erneut das uralte, wenn auch immer nur gewisperte Gerücht einer romantischen Liaison zwischen ihnen beiden. »Sie hatten eine Freundschaft mit vielen gemeinsamen Interessen«, erzählt später Porchesters Sohn Geordie, der vom Vater den Titel und Highclere Castle erbt (die herrliche Residenz aus der TV-Serie *Downton Abbey*). »Die Queen und mein Vater gehörten einer Generation an, beide haben den Krieg erlebt und teilten ihre unendliche Liebe für die Natur und die Pferde. Für sie war die wöchentliche Verabredung fast genauso unverzichtbar wie das Treffen der Queen mit dem Premierminister.«

Nach den ersten Tagen der Trauer kommt niemand mehr auf die Gerüchte aus den Fünfzigerjahren zurück, und als Zeichen der dynastischen Kontinuität wird Porchesters Schwiegersohn John Warren zum königlichen Oberstallmeister ernannt.

Das goldene Zeitalter

Fünfzig Jahre auf dem Thron. Der geradezu sagenhafte Jahrestag muss gefeiert werden, und im ganzen Commonwealth und in Großbritannien werden die Festlichkeiten vorbereitet. Kunstgalerien und Museen überschlagen sich, um die Königin in Ausstellungen und Anthologien zu ehren, in den Auslagen der Buchhandlungen stapeln sich die Bildbände über die Queen, die Royal Family und die Geschichte der Windsors. Mehrere Fotografen wurden eingeladen, anlässlich des Goldenen Thronjubiläums Porträtfotos von der Queen zu machen, darunter auch die Australierin Polly Borland, die sowohl in ihrer Heimat als auch im Vereinigten Königreich für ihre kunstvollen (und wenig prosaischen) Starporträts bekannt ist. Die Künstlerin erklärt von Anfang an, sie wolle der Monarchin, die wie keine andere auf der Welt für Tradition stehe, in Anlehnung an Andy Warhol ein Pop-Image verleihen. Schon in der Vorbereitung erweist sich das Vorhaben als eines der schwierigsten ihrer beruflichen Laufbahn, fast ein Albtraum. Borland legt das *Golden Jubilee* wörtlich aus, indem sie Gold in den Vordergrund stellt, sei es bei Wänden, Krone oder anderen Symbolen.

Doch alles läuft schief.

Als Setting für das Porträt hat sie sich einen cremeweiß gestrichenen Saal von Buckingham Palace mit goldfarbenen Vorhängen ausgesucht. Aber er ist besetzt wegen einer Audienz mit dem japanischen Premierminister. Als Ersatz bekommt Borland den dunkelsten Raum des ganzen Palastes zugewiesen, ihre Zeit wird auf fünf Minuten begrenzt. Sie gibt nicht auf und beschließt, sich das Foto eigenhändig zu »vergolden«: Inspiriert von den extravaganten und gar nicht aristokratischen Ann-Summers-Dessous-Läden präpariert sie verschiedene Hintergründe. Doch nachdem sie eine

Wand mit Goldpailletten und eine andere mit blau-violetter Blumentapete à la Marimekko aufgestellt hat, packt sie die Aufregung: Als Nichtroyalistin fühlt sie sich absolut unvorbereitet, der Monarchin gegenüberzutreten. Welches Kleid wird Ihre Majestät tragen? Wie muss sie sich verbeugen? Wie nahe darf sie ihr kommen? Und vor allem, wie ist Elizabeth wohl persönlich? Eine nicht alltägliche Frage. Es nutzt nichts, die » Person « hinter der Rolle suchen zu wollen. Wie auch immer man auf sie zugeht, Elizabeth bleibt stets unnahbar, ihre Schönheit ist flüchtig, glimmt auf und verlöscht innerhalb eines Lächelns und lässt die Frage unbeantwortet, wie sie denn nun wirklich aussieht.

An diesem Tag verspätet sich die Queen, was ihr sonst nicht passiert. Nach dem Treffen mit dem japanischen Premier eilt sie herbei, muss aber gleich weiter zu einem Mittagessen. » Als sie den Saal betrat, verlor ich jegliche Orientierung «, wird Borland die Situation später beschreiben. » Ich wurde auf bizarre Weise nervös. Ich weiß nicht, ob es daran lag, dass ich Australierin bin – in meiner Kindheit und Jugend hingen überall Bilder der Queen –, aber mein Sprechvermögen versiegte. Es war wohl der surrealste Moment meiner Karriere. Ich musste auf Autopilot schalten. Ich dachte, in fünf Minuten sei ich in der Lage, zehn Rollen Film zu verschießen, aber ich schaffte nur zwei. Es ist ein Wunder, dass mir überhaupt Fotos gelangen. «[2]

Als Elizabeths Blick auf die beiden Hintergründe fällt, beschränkt sie sich auf ein erstauntes » Oh! «.

» Mir war gesagt worden, ich könne einen Hofknicks machen, wenn ich das wünsche. (...) Ich stellte ihr alle meine Assistenten vor, dann machte ich, was ich mal die Australische Hocke nennen möchte. Statt zu nicken, mich zu verbeugen oder einen Hofknicks zu machen, führte ich eine Art Kniebeuge aus. «

233

So wurde es immer grotesker: »Die Queen stand nicht da, wo ich sie haben wollte. Irgendwann lag ich dann vor ihr auf dem Boden und wollte schon mit den Händen nach ihren Knöcheln greifen, damit sie sich bewegte. Glücklicherweise kam mein Mann herein und sagte: ›Ma'am, ich glaube, Polly möchte, dass Sie nach rechts treten.‹«

Trotz Borlands Panik und der vielen Widrigkeiten werden beide Porträts akzeptiert und in der National Portrait Gallery ausgestellt. Sie werden zum Höhepunkt in Borlands Karriere als Porträtistin, weswegen sie sich nach diesem Auftrag auch der Kunstfotografie widmet: »Was hätte ich [nach der Queen] noch machen können?«

Abschiedszeremonien

Und wieder gibt es Veränderungen.

Das fünfzigste Jahr von Elizabeths Regentschaft beginnt mit einem dramatischen Ereignis, das ebenso absehbar war wie schmerzlich ist: Am 8. Februar 2002 erleidet Prinzessin Margaret, die schon eine Weile nur noch ein Schatten ihrer selbst ist, in ihrer Residenz Kensington Palace einen Schlaganfall und wird ins King Edward VII's Hospital gebracht.

In den frühen Morgenstunden des nächsten Tages verstirbt die Skandalprinzessin, Protagonistin des mondänen Londoner Lebens der Sechzigerjahre und immer noch ein Mythos ihrer Generation, die sich gut an die Exzesse und amourösen Abenteuer erinnert. Ihre Kinder sind an ihrer Seite, Lord Linley und Lady Sarah aus der Ehe mit Snowdon, von dem sich Margaret 1978 scheiden ließ und damit den Weg bereitete für die Scheidungen von Anne, Charles und Andrew.

15. Februar 2002. Aus der Ferne Glockenläuten. Genau fünfzig Jahre nach der Beerdigung Georges VI. nähert sich

die würdevolle Trauerfeier in der Windsor-Kapelle dem Moment des Abschieds. Elizabeths winzige Gestalt steht in einem schwarzen Mantel, die Hände vor der Brust verschränkt, fünf scheinbar ewige Minuten auf den Stufen der Kapelle. Den Blick fest auf den Sarg gerichtet, scheint sie einer Welle des Schmerzes nachzuspüren, in der sie ihrer Schwester ein letztes Mal nahe ist. Der rebellischen Margaret, der impulsiven Margaret, der stets zwischen Arroganz und Komplexen schwankenden Margaret. Der Margaret, die in allem das Gegenteil von Elizabeth war.

Niemand kann die Nuancen ihrer Beziehung ermessen: Einerseits hat Elizabeth Margaret immer als ihre »beste Freundin« bezeichnet, trotz des Verzichts, den sie der Schwester aufgrund ihrer Rolle (nicht sie persönlich) abverlangte; ebenso ist bekannt, dass beide enge Vertraute waren und sich trotz ihrer sehr unterschiedlichen Tagesabläufe täglich sprachen (wenn Margaret um die Mittagszeit aufwachte, hatte die Queen schon ein paar Stunden gearbeitet). Bei allen Differenzen verband sie eine innige Zuneigung, und mit unterschwelliger Freude erinnerte Margaret ihre Schwester gerne an eine Aussage ihres Vaters: »Lilibet ist mein ganzer Stolz, Margaret ist meine ganze Freude.«[3]

Nach dem Ende der Trauerfeier wird der Leichnam der Prinzessin verbrannt und ihre Asche neben George VI. beigesetzt. Gegen den Rat ihrer Ärzte wohnt Queen Mum dem Begräbnis bei. Sie wird ihre Tochter um neunundvierzig Tage überleben und stirbt am 30. März im Schlaf. Anders als von ihrem Vater kann Elizabeth sich von ihr in Ruhe verabschieden.

Dienstag 9. April 2002. Um 11:30 Uhr wird der Beginn der Trauerfeier durch die Lautsprecher aller U-Bahn-Stationen und in Bussen und Bahnen verkündet. Wie bei George VI. stehen Millionen Engländer bereit für das letzte Geleit. Während der Sarg unter der königlichen Standarte nach Westminster Abbey gefahren wird, ertönen hundertundein Glockenschläge für jedes Lebensjahr der Verstorbenen. In der Abtei wird sie von Elizabeth, den Mitgliedern der königlichen Familie und zweitausend Gästen in Empfang genommen, die zur Trauerfeier des Erzbischofes von Canterbury, George Carey, geladen wurden: Könige und Königinnen, ehemalige Regenten wie Konstantin von Griechenland, Prinzen wie Felipe von Spanien, die Staatsoberhäupter der Commonwealthländer, hohe Amtsträger weiterer Staaten, der Generalsekretär der Vereinten Nationen Kofi Annan, die amerikanische First Lady Laura Bush, Tony Blair mit seinen Ministern und die wichtigsten Oppositionsvertreter, die Generalstabschefs von Marine, Heer und Luftwaffe. Doch vor allem die Hofdamen und Freunde der Verstorbenen – Dichter, Schriftsteller, Schauspieler –, die Pfleger und Jockeys ihrer Rennpferde und die gesamte Dienerschaft – Haushofmeister, Gärtner, Stallmeister und Jagdwächter –, die auf ihren eigenen Wunsch hin auf der Gästeliste stehen.

Nicht vorgesehen und vielleicht auch nicht erwünscht ist die Anwesenheit von Camilla Parker Bowles, die aber von Elizabeth zu den Feierlichkeiten zugelassen wurde. Sie sitzt weiter hinten, fernab von Familie, Höflingen und Freunden, die der Königinmutter das letzte Geleit nach Windsor geben werden, um sie dort neben ihrer Tochter Margaret und ihrem geliebten Ehemann beizusetzen.

Dennoch ist diese Einladung ein deutliches Zeichen, das vor allem das Leben von Prinz Charles verändern wird.

Endlich frei

Trotz der beiden Trauerfälle, die sie getroffen haben, zeigt sich Elizabeth in diesem Jahr in neuem Glanz: Mit jedem Foto strahlt sie mehr, als hätte sie den viktorianischen Panzer ihrer Mutter gesprengt, die zu Lebzeiten die Bühne nie ganz verlassen hatte. Es wirkt, als spürte sie innerlich ein nie gekanntes Gefühl von Freiheit, als lernte die Meisterin der Selbstkontrolle endlich, sich selbst gegenüber ein wenig Milde walten zu lassen – und auch ihre Kleider werden farbenfroher.

In der ersten Juniwoche feiert ganz Großbritannien das Goldene Kronjubiläum. Der Union Jack ist allgegenwärtig: an den Fenstern, in den Auslagen der Geschäfte, auf Servietten und Torten in den Konditoreien. Vier fröhliche Tage lang gibt es Picknicks, Konzerte und Aufführungen auf öffentlichen Plätzen, die auf Großbildschirme übertragen werden und Millionen Menschen nach London locken. Durch die Straßen ziehen Feuerwehrleute, Gospelchöre, Pfadfinder jeder Altersstufe, Jugendliche auf Skateboards und Masken des Notting Hill Carnival. Nur ein Ereignis unterbricht die Feierlichkeiten: das Fußballspiel der englischen Nationalmannschaft gegen Schweden, dem Ihre Majestät ein warmherziges Glückwunschschreiben an Teamkapitän Beckham vorwegschickt.

Am Abend des 3. Juni endet das große Fest mit dem Feuerwerkskonzert » Party at the Palace «, das die BBC produziert und überträgt. Das lange Musikspektakel vor Buckingham Palace beginnt im warmen Licht eines großartigen Sonnenuntergangs mit der Nationalhymne, dargeboten nicht etwa von einem Streicherensemble oder Symphonieorchester, sondern von einer elektrischen Gitarre: Abertausend Menschen auf der Mall um das Victoria Memorial heben den Blick und sehen den Queen-Gitarristen Brian May, der (noch ungeadelt) in einem weiß-goldenen Paillettenanzug in die Saiten greift.

Ein weiterer von Elizabeths zahllosen Geniestreichen, die zum ersten Mal einen Auftritt auf dem Dach von Buckingham Palace zulässt: » Unsere Königin hat die Geburtsstunde des Rock 'n' Roll erlebt, die fünfzig Jahre ihrer Regentschaft sind zugleich fünfzig Jahre Rockmusik, was gäbe es Passenderes, als dies auf dem Dach ihres Hauses zu feiern.«[4] Und nicht einmal die Sex Pistols hätten sich das Finale träumen lassen, bei dem Elizabeth den Beatles-Hit *All You Need Is Love* (den offiziellen Jubiläums-Song) zusammen mit Paul McCartney, Joe Cocker, Eric Clapton und Rod Stewart singt. Fünfundzwanzig Jahre nach ihrem Auftritt auf der Themse sind die Sex Pistols Vergangenheit, nicht aber die Queen, die mit den größten Stars aus Rock und Pop auf einer Bühne steht.

Auch Camilla sitzt an diesem Abend im Publikum. Zurückhaltend, aber mit einem verschmitzten Lächeln im Gesicht. Nach dreißig Jahren in der Rolle der Geliebten ist sie nun endlich in der Öffentlichkeit angekommen – als Charles' (fast) offizielle Verlobte.

Ein paar Monate später fühlt das Königshaus in einer der regelmäßigen Umfragen den Puls seiner Untertanen: 80 Prozent stellen sich hinter die Monarchie, sie wird als stark, gefestigt und alles in allem wenig kostspielig wahrgenommen, da jeder Brite für den Unterhalt der ganzen Pracht nicht mehr als 58 Cent im Jahr ausgeben muss (also um die 90 Eurocent). Das ist keine Schätzung, sondern Gewissheit. Denn auch wenn nicht jedes Jubiläum gleich eine Revolution mit sich bringt, gibt es doch hin und wieder Neuerungen: Fünfzig Jahre nach ihrer Thronbesteigung und zehn Jahre nach ihrer ersten Steuererklärung hat Elizabeth eingewilligt, den Untertanen umfassenden Einblick in die Finanzen des Königshauses zu gewähren: Posten für Posten wird aufgelistet, wofür die acht Millionen Pfund der *Civil List*, die das Parlament dem Königshaus jährlich gewährt, verwendet werden und wie viel darüber hinaus die Paläste, die öffentlichen Auftritte, die Reisen und Empfänge und die stetig wachsende Familie insgesamt kosten. Am Ende steht die Summe von 47,3 Millionen

Pfund, doch da Elizabeth dem Staat durch die immensen Umsätze, die das Königshaus generiert, einen jährlichen Gewinn von 100 Millionen Pfund einbringt, erweist sie sich nicht nur als vom Volk geliebte Königin, sondern auch als optimale Investition.

Rock Around the Clock

Nach der Golden-Pop-Art-Episode mit Polly Borland besorgt sich die Queen zwei Superstars der Fotografie: den Kanadier Bryan Adams, der außerdem Rockmusiker ist, und den Briten John Rankin Waddell, Künstlername Rankin. Die beiden sollen die Atmosphäre dieses ganz besonderen Jahres einfangen. Gemeinsam ist ihnen ihre Lust am Experimentieren, das »Rockige« ihrer Bilder und – wie sie beide zugeben – ihrer »Seelen«. Doch die Geschichte wiederholt sich erneut: Beide sind wie gelähmt vor Angst, Ihrer Hoheit beim Fotografieren nicht gewachsen zu sein.

Nachdem er Millionen Schallplatten verkauft und nicht wenige Berühmtheiten abgelichtet hat (darunter Größen wie Liz Hurley, Naomi Campbell, Hillary Clinton, Annie Lennox und Kate Moss), erhält der Rocker-Fotograf Bryan Adams einen Telefonanruf. Der Dialog mit seiner Fotoagentur klingt ein bisschen absurd: »Willst du die Queen fotografieren?« – »Ja, sicher, das wäre toll, wo muss ich hin?« – »Na ja, zu ihr nach Hause.« – »Und wo wohnt sie?« – »In einem Gebäude, das Buckingham Palace heißt ...« – »Ach so, ich dachte, da wohnt keiner, aber ich weiß, wo das ist.«

Beste Voraussetzungen für einen komplizierten Auftrag.

Am vereinbarten Tag präsentiert sich Adams also im Palast, im Gepäck eine Kamera älteren Jahrgangs, wie selbst Elizabeth und Philip sie lange nicht mehr gesehen haben.

Und dann ist alles ganz einfach. Zehn Minuten hat Adams

Zeit, und sein Setting ist mehr als ungewöhnlich: Er setzt Elizabeth auf einen Stuhl in die Stiefelkammer von Buckingham Palace und macht dort ein Schwarz-Weiß-Foto (mitsamt dem Dreck an den Stiefeln). Die ehrwürdigen Presseleute des Palastes werfen ihm vor, es sei inopportun, die Queen in so niederen Räumen des Hauses abzubilden. Doch das Reglement sieht ohnehin vor, dass Ihre Majestät jedes Bild absegnen muss, und offenbar erkennt sie den Wert des Fotos sofort: Sie ist mit allem einverstanden und wünscht sich einen eigenen Abzug fürs Familienalbum. Das Foto kommt so gut an, dass es in Kanada sogar auf eine Briefmarke gedruckt wird.

Vergangen sind die Zeiten von Baron und Beaton, die zum Fünfuhrtee im Palast vorbeischauten. Der Star Rankin, der nicht nur mit Leib und Seele fotografiert, sondern auch Avantgarde-Magazine gegründet hat, Musikvideos dreht und Werbekampagnen entwirft, denkt lange über die schmeichelhafte Anfrage der National Portrait Gallery nach. Er stammt aus einer monarchiefernen schottischen Familie, weiß weder, wie man sich verbeugt, noch, ob sein üblicher Kleidungsstil aus Jeans und T-Shirt im Palast einen Affront darstellt. Kurz, er hat Vorbehalte. Und Versagensängste. Außerdem bekommt er im Gegensatz zu Adams nur fünf Minuten Zeit.

» Ich konnte mir die Queen einfach nicht als Person vorstellen «, erzählt er hinterher, » doch als sie durch einen langen Korridor auf mich zukam und dabei mit einem livrierten Zweimeterpagen neben sich plauderte und lachte und dabei, weil sie selbst so klein ist, immer nach oben schauen musste, dachte ich: Das ist es, so will ich sie! «

Auf vielen Fotos ihrer langen » Model «-Karriere wirkt Elizabeth ernst, beherrscht, manchmal fast düster. Und Rankin will sie in gerade mal fünf Minuten zum Lachen bringen. Nicht einfach. Also nimmt er allen Mut zusammen und bittet sie mit dem Risiko, schief angesehen zu werden, rundheraus: »Ma'am, Sie müssten bitte lächeln.« Und Ihre Majestät reagiert ebenso direkt – und lächelt. »Fotografieren bedeutet für mich schlicht und einfach Zusammenarbeit, und die hat sie mir in diesen fünf wunderbaren Minuten geschenkt. Ich war glücklich wie ein Kind. Und neugierig, wie sie die Bilder finden würde.«[5]

Die Queen lächelnd vor dem Union Jack: Als Elizabeth das Foto sieht, schreibt sie dem Urheber: »Besonders gut haben mir die Nähte der Fahne gefallen.«

»Das war ihre Art, mir zu sagen, dass sie das Foto mochte, sie ist es eben nicht gewohnt, sich selbst zu kommentieren oder irgendwie zu beurteilen.«

Wohl wahr.

Getreu dem Motto *keep a stiff upper lip* (lass dir niemals etwas anmerken) hat Elizabeth viel gesehen und wenig dazu gesagt, hat nie für sich geworben noch je versucht, in einem Interview ihre Sicht der Dinge zu erklären. Wir kennen ihr Leben in groben Zügen, doch von ihr selbst wissen wir nur, was wir sehen. Sie legt keine öffentlichen Geständnisse ab, gibt sich nicht für Streitigkeiten oder Aussprachen her. Dabei hilft ihr das Protokoll: Fragen stellen ist verboten, allenfalls darf man auf ihre antworten. Falsche oder unfreundliche Aussagen über sie werden nicht kommentiert. Doch dafür hat die Queen in ihrer fünfzigjährigen Regentschaft alle bildlichen Kommunikationsmittel nutzen gelernt, von der Fotoplatte bis zur Filmkamera, von der Wochenschau im Kino bis zu den Fernsehnachrichten, von der Weihnachtsansprache im Radio bis zu den Schlagzeilen der Regenbogenpresse, vom unschuldigen Schwarz-Weiß-Bild des Jahres 1926 bis zu den Glamourfotos von heute – und sie wird auf der ganzen Welt als Ikone geschätzt.

Auch dank einer ganz besonderen Blondine, die täglich im Palast ein und aus geht.

Die Wächterin

Ihr offizieller Titel laut Visitenkarte: *Angela Kelly. Personal assistant, adviser and curator to her Majesty the Queen.* Doch bei Hofe heißt die »persönliche Assistentin, Beraterin und Kuratorin« der Königin einfach nur »die Wächterin«. Dabei ist sie keine waffenstarrende Securityfrau, sondern die Stylistin einer der berühmtesten Frauen der Welt. Anders als die diskrete und oft unterschätzte Bobo MacDonald, die Elizabeth schon zu Kinderzeiten die Kleider zurechtlegte, ist die blonde Angela Kelly eine sehr eigene, charakterstarke Persönlichkeit. Wenn man sie zusammen mit der Queen sieht, wirken sie wie alte Freundinnen. Wie könnte es auch anders sein? Es braucht viel Nähe, um ein Outfit zu nähen, anzuprobieren, abzustecken und zu ändern, wie soll das ohne gegenseitiges Vertrauen gehen? Ihr Verhältnis erinnert an die fiktive Beziehung, die Alan Bennet in seinem genialen Roman *Die souveräne Leserin* beschreibt: Darin weckt der Bibliothekar eines Londoner Bücherbusses in der fiktiven Monarchin Elizabeth II. die Begeisterung fürs Lesen. »Sie hat mir erlaubt, ihr über die Jahre näherzukommen (...) Wir sind zwei typische Frauen. Wir reden über Kleider, Make-up, Schmuck«,[6] hat Kelly einer Zeitung erzählt und damit implizit angedeutet, dass die Lücke, die der Tod von Margaret und Queen Mum gerissen hat, zum Teil auch von ihr gefüllt wird.

Kelly ist die Tochter eines Hafenarbeiters aus Liverpool. Sie begegnet Elizabeth auf einer ihrer Reisen im Haus von Sir Christopher Mallaby, dem britischen Botschafter in Deutschland, für den sie als Gouvernante arbeitet. Sie ist nicht heimisch in der Modewelt, hat aber von ihrer Mutter nähen gelernt und wiegt die mangelnde Erfahrung mit Ehrgeiz auf. Sie träumt davon, für Ihre Majestät zu arbeiten, und kehrt dafür nach London zurück. In wenigen Jahren arbeitet sie sich im

242

Palast die Hierarchieleiter hinauf, vom Hausmädchen zum *senior dresser,* und wird 2002 zur persönlichen Assistentin Ihrer Majestät befördert. Als geschiedene Frau lebt Kelly alleine in einem der Krone gehörenden Apartment in Windsor (einem sogenannten *grace and favour home*). Sie sieht Elizabeth jeden Tag, zusammen wählen sie Kleidung, Perlen und Accessoires aus. Ihre enge Verbindung wird bei Hofe durchaus neidvoll betrachtet, vor allem von jenen, die seit Jahrzehnten für die Queen arbeiten; das kommentiert sie aber nur mit den Worten, sie habe » keinen Platz für Messer im Rücken «.[7]

Ob Freund oder Feind, eines müssen alle anerkennen: Kellys Zusammenarbeit mit dem Stylisten Stewart Parvin hat der fünfundsiebzigjährigen Queen zu neuem Chic verholfen. Besser spät als nie, könnte man sagen, die Worte des früheren Hofschneiders Hardy Amies noch im Ohr: » Sie hat keinen Sinn für Mode. Sie hört auf meine Ratschläge, aber sobald sie kann, zieht sie den erstbesten Pullover an, den sie im Schrank findet. «

Selbst wenn das wahr ist, würde es diese Königin doch nur noch sympathischer machen, die von den Weltkriegsuniformen bis zu den Miniröcken auch modisch so unterschiedliche Jahrzehnte durchlebt hat. Drei- bis viermal täglich muss sie sich umkleiden, darf niemals dasselbe Outfit tragen und keine Marken. Daher bedient sie sich ausschließlich ihrer englischen Schneider. Elizabeth ist nicht besonders eitel, aber immer tadellos gekleidet. Ganz selten, dass sie sich im Stil vertut, und auch das wird ihr verziehen: Was zahlreiche Komplimente beweisen, die ihr von Designern wie Emilio Schuberth oder Hubert de Givenchy im Laufe der Jahre gemacht wurden, zuletzt auch von großen Namen wie Krizia, Gianni Versace, Gianfranco Ferré, Miuccia Prada und Giorgio Armani.

Sie bestimmt über ihre Mode, nicht die Mode über sie. Vielleicht ist das auch der Grund, warum sie am 20. Februar

2018 im stolzen Alter von zweiundneunzig Jahren zum ersten Mal eine Modenschau besucht und in der ersten Reihe neben einer anderen Königin sitzt, der Chefredakteurin der amerikanischen *Vogue*, Anna Wintour.

Als junges Mädchen folgt Elizabeth beim Anziehen den Ratschlägen ihrer entschieden eitleren Mutter und begnügt sich mit den Modevorgaben des konservativen Schneiders Norman Hartnell, der mit den Umwälzungen des Jahres 1968 sang- und klanglos von der Bildfläche verschwindet. Anders als sein französischer Kollege Christian Dior findet Hartnell keinen Yves Saint Laurent, der ihn einstellt, und muss sein bis dahin berühmtes Atelier in der Bruton Street 26 mangels blaublütiger Kundschaft aufgeben.

Seit 1955 (und siebenundvierzig Jahre lang) kümmert sich Hardy Amies um die königliche Garderobe und entwirft für die damals in ihre Dreißiger kommende Elizabeth – schmale Taille, voller Busen – luftige Tageskleider bis übers Knie, manchmal mit Reißverschluss (einfach praktischer), und lange Abendkleider mit prächtigen Stickereien. Selten Kostüme, in den Achtzigern mal ein Ausrutscher mit modischen Schulterpolstern, ein einziger Hosenversuch auf einer Kanadareise, der aber erfolglos bleibt, sodass die Hose nur noch einmal auf dem Heimweg Elizabeths aus dem Krankenhaus nach einer Knie-OP zum Einsatz kommt.

Gegen Ende von Amies' Zeit stellt sich im Jahr 2000 Stewart Parvin im Palast vor, achtundvierzig Jahre alt, Kunststudium in Edinburgh. Er präsentiert eine Auswahl von Cocktailkleidern, die er für eine Reise der Queen nach Jamaika entworfen hat. Er hat bereits einen Ruf als Modeschöpfer, der eines der größten Ateliers für den Adel gegründet hat, trotzdem ist er bei seinem Debüt im Palast nervös, so zuvorkommend sich die Queen ihm gegenüber auch geben mag. Mit der Ankunft von Angela Kelly und ihrem Stab von zwölf Mitarbeitern wird Parvin offiziell zu ihrem Privatstylisten befördert.

244

Dresscode

Schwere Mahagonischränke, Schachteln und Überzüge aus Baumwolle für Mäntel, Kleider, Hüte, Accessoires und (abgelegte) Pelzmäntel, ganze Wände mit Schuhschränken und Handtaschenregalen: Die Organisation von Elizabeths immenser Garderobe ist eine Herkulesaufgabe. Jedes Kleidungsstück trägt ein Schildchen mit Namen, Datum, Ort und Anlass, zu dem es getragen wurde, auch die Namen der Anwesenden sind notiert, damit niemand die Queen ein zweites Mal darin sieht. Von jedem möglichen Kleid werden vier Skizzen angefertigt, die beste dann in schlichtem grauen Stoff in der palasteigenen Schneiderei vorgenäht. Zusammen mit Elizabeth werden die Stoffe ausgewählt (sie bevorzugt Chiffon, Leinen und Seide); nach der ersten Anprobe werden die Änderungen eingearbeitet, dann folgt die nächste Anprobe und immer so weiter bis zum fertigen Kleidungsstück. Vor der Übergabe an die Monarchin wiederum wird es an einer Kleiderpuppe einem Ventilator ausgesetzt, um seine Reaktion auf Wind zu testen. Eine weitere Sicherheitsmaßnahme ist der Bleirand, der in die unteren Säume genäht wird und sowohl jähen Windböen trotzt als auch Ihrer Majestät erlaubt, ohne zu stolpern in Autos ein- und auszusteigen. Elizabeths Körperbau hat die Besonderheit, dass eine Schulter etwas tiefer ist als die andere, deshalb wird jedes Kleidungsstück auf einer Seite leicht aufgepolstert.

Vor jedem Staatsbesuch sichtet Angela Kelly das Terrain wie ein General vor der Schlacht: Persönlich inspiziert sie die Schauplätze, an denen die Queen auftreten wird, prüft die Farbe des Podiums oder ob sie beispielsweise in einer Moschee die Schuhe ausziehen oder einen Schleier tragen muss. Sie prüft Farben und Modelle der Kleidungsstücke, damit sie nicht das Gastland düpieren und der Situation angemessen sind: Grün ist etwa für eine Gartenparty tabu, und wenn ein Schulbesuch ansteht, sollten die Muster kindgerecht sein.

Die Queen trägt selten neutrale Farben (einmal soll sie gesagt haben: »Ich kann kein Beige tragen, denn sonst erkennt mich niemand mehr«[8]), abgesehen von Schwarz bei traurigen Anlässen oder am Remembrance Sunday im November, wenn Ihre Majestät einen Kranz aus Mohnblumen am Kriegerdenkmal in Whitehall niederlegt. Farben sind also kein Tick von ihr, sondern eine Notwendigkeit: Die Regentin muss von fern und aus jeder Richtung erkennbar sein. Und auch damit setzt sie mittlerweile Maßstäbe. Nicht zufällig widmete die britische *Vogue* ihr 2016 eine Fotostrecke »in Technicolor« und nahm sie in die Liste der fünfzig bestgekleideten Frauen der Welt auf.

Ihre Farbpalette ist eines Malers würdig: Azurblau, Rosa, Lila, Goldgelb, Strahlendgelb, Aquamarinblau, Schiefergrau, verschiedene Rottöne – Koralle, Geranie, Radieschen, Tomate –, Hellgrün, Türkis, Blassrosa, Banane und Grellgrün sind ihre Lieblingsfarben. Und da Elizabeth offiziell keine Meinung äußert, drückt sie ihre Haltung bei Bedarf mithilfe von Farben aus. Aufsehen erregte ihr Auftritt zur traditionellen Parlamentseröffnung am 23. Juni 2016, als sie ihre Ansprache zum ersten Mal in sechzig Jahren in »zivil« und ohne Krone hielt, dafür in einem europablauen Kleid und einem auffälligen Hütchen mit gelben »Knöpfen« rundum – die Titelseiten tönten sofort »Die Queen unterstützt Europa«. Manchmal drückt sie durch die Farbwahl auch ihre persönliche Anerkennung aus wie im selben Jahr, als sie in auffallend schickem Outfit die Bauarbeiten der neuen, lilafarbenen U-Bahn-Strecke besuchte, die nach ihr benannte *Elizabeth Line*, und ein Kostüm im gleichen glyzinienhaften Lila trug.

Zu jedem Outfit gehört selbstverständlich ein Hut, anderes lässt der Windsor-Style nicht zu. Nicht umsonst stellte der Biograf Robert Lacey einmal fest: »Bei Hofe trägt man

Hut statt Krone. Er ist mehr als ein Accessoire, er ist ein Symbol.«

Federn, Blumen, Schleifen, Bast, Bänder, Steinchen – Hüte lassen sich mit allem dekorieren, und sie sind das Herz von Elizabeths Ästhetik, ein stilistisches Alleinstellungsmerkmal: Mit ihrer kompletten Hutsammlung von über fünftausend Exemplaren könnte sie eine ganze Ausstellung füllen.

Darunter finden sich Ikonen aus dem Hause Christian Dior, wie der, den sie 1969 zur Investitur von Prinz Charles trug. Ein weiterer Designer und Modeschöpfer von Buckingham Palace ist der Däne Aage Thaarup mit seinem Atelier in der King's Road. Er war der Lieblingsdesigner von Queen Mum, deren Hüte oft halbe Kunstwerke waren. Bis auf ein paar Ausreißer zu Modellen der Amerikanerin Sally Victor (Jackie Kennedys Designerin) firmiert in den Sechziger- und Siebzigerjahren am häufigsten die exzentrische Französin Simone Mirman, Schülerin von Elsa Schiaparelli. Sie gibt das Heft an den Australier Frederick Fox und den Neuseeländer Philip Somerville ab, der als Erster den elisabethanischen Hut definiert: Nicht zu klein darf er sein und nicht zu schmal, auch nicht zu groß und ausladend, damit er weder Gesicht noch Haare ganz verdeckt. Auf eins aber kann jeder königliche Hutmacher setzen: den Haarschnitt. Er ist gleich geblieben, seit Elizabeth in den Sechzigern zu ihrer weltbekannten Frisur gefunden hat. Sie mag keine Experimente, nie hat sie etwas Neues ausprobiert, und als 1990 die ersten grauen Haare auftauchten, tönte sie sie mit ihrer Lieblingsfarbe Chocolate Kiss. Ihr Privatfriseur ist Ian Carmichael; er kommt zweimal die Woche, egal, wo sie sich gerade aufhält, auch auf königlichen Reisen ist er dabei und sorgt für die unverwechselbare Elizabeth-Welle.

2013 entdeckt Angela Kelly die Haarstylistin Rachel Trevor-Morgan, die mit unvergleichlichem Talent den legendären Freddie Fox ablöst, als jener nach fünfhundert Hüten und vierunddreißig ehrenvollen Dienstjahren in den Ruhestand tritt. Sie ist so fixiert auf Farben, dass sie sie selbst in einem Topf ansetzt und so lange kocht, bis sie die gewünschte Nuance haben.

Weniger Fantasie benötigen die Schuhe Ihrer Majestät: Deren Aussehen hat sich seit über fünfzig Jahren kaum verändert, und jedes Modell wird von einer Assistentin eingetragen, bis es angenehm weich ist. Hergestellt werden sie von der 1922 gegründeten, in London ansässigen italienischen Schuhmanufaktur Anello & Davide, die Ball- und Theaterschuhe fertigt und unter anderem mit den roten Schühchen der Dorothy im *Zauberer von Oz* bekannt geworden ist, mit den Pfennigabsätzen von Marilyn Monroe oder den Chelsea-Boots der Beatles, aber auch mit Schuhwerk für Filme wie *Star Wars* oder *Indiana Jones*. Am Anfang steht immer eine anatomische Nachbildung des Fußes Ihrer Majestät, die Handwerker des Hauses wählen das Leder, schneiden es zu, nähen und verstärken es und formen den Schaft. Jedes Paar kostet etwa 1000 Euro, doch Elizabeth – die nicht zuletzt für ihre Sparsamkeit bekannt ist – trägt die Schuhe jahrelang und lässt sie auch mal neu besohlen. Die Farben bleiben klassisch – Schwarz, Beige und Weiß, aus Glatt- oder Wildleder. In jüngeren Jahren trug die Königin noch etwas höhere und schmalere Absätze, die mit der Zeit immer flacher wurden (heute dürfen sie sieben Zentimeter nicht überschreiten).

Seit dem Jahr ihrer Hochzeit stammen Elizabeths Handschuhe, die sie aus praktischen Gründen und als Schutz trägt, aus dem Atelier von Cornelia James. Das Unternehmen, das auch Lady Gaga, Madonna, Taylor Swift und Rihanna beliefert (ganz zu schweigen von der Serie *Downton Abbey*), wird heute von deren Tochter geführt. Elizabeths Handschuhmodell heißt »Königin«, und sie bevorzugt ein mit Wildleder oder Schweizer Jersey gesäumtes Baumwollmaterial in den

Farben Elfenbein, Weiß oder Schwarz. Sie trägt die Handschuhe so, dass sie immer perfekt unter dem Mantelärmel enden und kein Zentimeter Haut zu sehen ist.

Die Queen macht gerne Spaziergänge im Regen. Dazu trägt sie alte Regenmäntel, Gummistiefel und Kopftücher, aber natürlich fehlen in ihrer Garderobe auch nicht die Schirme. Sie müssen durchsichtig sein, damit jeder sie sehen kann – selbst im Regen. Der offizielle Ausstatter heißt Fulton, eine 1956 gegründete englische Marke, die jedes Jahr eine Bestellung mit Angaben zu den verschiedenfarbigen Rändern erhält, die zu Kleid und Hut passen müssen. Elizabeths Modell heißt » Voliere «, ist transparent mit farbigem Verschlussband und Griff und kostet bescheidene 20 Pfund.

Last, but not least die Handtasche. Sie trägt sie am linken Arm und trennt sich nie von ihr. Die Tasche enthält ein paar Familienfotos (unter anderem das von Prinz Andrew bei seiner Rückkehr aus dem Falklandkrieg 1982), einen Metallhaken in S-Form, mit dem die Queen sie manchmal an die Tischkante hängt, Pfefferminzbonbons für sich und ein paar Leckerlis für die Corgis, das tägliche Kreuzworträtsel, das ihre Bediensteten ihr aus der Zeitung ausschneiden, einen Handspiegel, den Philip ihr zur Hochzeit geschenkt hat,[9] und ein paar Fünf- oder Zehnpfundnoten für die Kollekte in der Kirche.[10] Ihr bevorzugtes Taschenmodell ist » Traviata « der Firma Launer, die 1941 von einem aus Prag geflüchteten Juden gegründet wurde und der sie treu geblieben ist, seit ihre Mutter ihr in den Fünfzigerjahren das erste Modell schenkte. Auch beliebt: Modell » Susanna « (ohne Griff) sowie » Lydia « und » Lulu « in beige.

Die Handtasche dient auch häufig dazu, dem Personal geheime Zeichen zu geben: Auf den Tisch gestellt, besagt sie » Holt mich in fünf Minuten hier raus «; wenn sie von einem zum anderen Arm wandert, muss die Unterhaltung beendet werden; wird sie auf den Boden gestellt, soll eine

Hofdame die Queen vor einem langweiligen Gesprächspartner retten.[11]

Aber wer sind eigentlich diese Hofdamen, die *ladies-in-waiting*, und was tun sie? Für gewöhnlich sind es Damen adliger Herkunft, die seit Jahrzehnten an Elizabeths Seite sind, ihre Wünsche erfüllen und die Hofetikette in- und auswendig kennen. Selbst wenn die Queen sie nicht zu beachten scheint, weiß sie doch jederzeit, wo sie sind, und bei einem Blick von ihr müssen sie sofort einschreiten. Sie verstehen perfekt ihre Körpersprache, wann sie ihr in peinlichen Situationen zu Hilfe kommen sollen, und vermögen jene zu beruhigen, die vor einer Audienz allzu aufgeregt sind. Wenn sie Elizabeth im Wagen zu einem offiziellen Termin begleiten, gehen sie noch einmal die Stichpunkte durch: Wen wird die Queen treffen, und was muss sie tun; gemeinsam lesen sie die bevorstehende Rede. Doch wenn Elizabeth sie noch einmal alleine durchgeht, verstummen sie.

Der Moment der Stille

Obwohl Elizabeth auf der ganzen Welt Kolleginnen hat, ist nur sie einzig und allein »die Queen«. Ihr Ansehen und ihr guter Ruf beruhen nicht auf dem hohen Alter oder darauf, dass sie seit fünfzig Jahren den englischen Thron innehat. Dass jedermann sie kennt – oder besser gesagt, sie immer vor Augen hat –, liegt auch daran, dass ihre Regentschaft mit dem goldenen Zeitalter der Fotografie einherging und ihre Porträts sie mit der Zeit zu einer weltweiten Foto-Ikone gemacht haben. Dabei ist niemand wandlungsfähiger als sie, und mit Künstlern und Fotografen erlaubt sie sich die gewagtesten Experimente. Trotz ihrer selbst eingestandenen Schüchternheit posiert sie vor der Kamera sehr frei und ohne Scheu.

So ist der 1960 geborene Kanadier Chris Levine 2004 vielleicht der Einzige, der über Elizabeths Kühnheit staunt. Er erhält einen Anruf vom Jersey Heritage Trust mit der Anfrage, für die Jubiläumsfeier zur achthundert Jahre währenden Zugehörigkeit der Kanalinsel Jersey zum Kronbesitz des englischen Königshauses ein Hologramm der Queen anzufertigen. Zuerst hält er es für einen Witz. Die Vorstellung, die Queen könne freiwillig für ein holografisches Porträt sitzen (was mindestens zwei Tage Stillhalten erfordert), scheint ihm so absurd, dass er am liebsten absagen würde. Doch alles ist wahr, und so sieht Chris Levine zum ersten Mal im Leben Buckingham Palace von innen.

In einem schlichten blauen Kleid mit Perlenkette und Hermelinumhang betritt die Queen den Yellow Drawing Room. Dort erwartet sie bereits eine komplizierte Apparatur, die avantgardistisch und präviktorianisch zugleich anmutet: eine hochauflösende Kamera auf einer Schiene, ein 3-D-Scanner, diverse Lampen und vor allem sehr viele Kerzen. *Equanimity* lautet der von Levine gewählte Porträttitel, worunter er das Gleichgewicht zwischen Gedankenklarheit und Sinneserleben im gesunden Geist verstanden wissen will.

Levine lächelt der Monarchin zu, deutet eine Verbeugung an und wartet, bis sie bereit ist, von ihm in dieses ungewöhnliche Abenteuer eingeführt zu werden.

Sie tritt vor den Spiegel, setzt die Krone auf und macht es sich auf dem kleinen improvisierten Thron bequem, der nun zwei Tage lang ihr Platz sein wird. Für das dreidimensionale Porträt wird Chris Levine zehntausend 3-D-Bilder machen, sie bearbeiten und übereinanderlegen, um sie anschließend als Hologramm auf Glas zu montieren, beleuchtet von einer blauen LED-Lampe. Während des Shootings wird es sehr hell und laut sein; Levine erklärt der Königin, dass jede einzelne Belichtung acht Sekunden dauert, eine lange Zeit, wenn man stillhalten muss, und fordert sie auf, wenn nötig zwischen den einzelnen Bildern auszuruhen.

Ein Seufzen, Elizabeth schließt erwartungsvoll die Lider, als ob sie einen Augenblick das Atmen einstellte. In dieser kurzen und doch unendlichen Pause sieht Levine die Monarchin an – und drückt ab, fasziniert von dem unwiederbringlichen Moment scheinbarer Reglosigkeit. Er nimmt den Moment auf. Den Moment der Stille. Ein glücklicher Zufall, aus dem *Lightness of Being* entsteht, die Leichtigkeit des Seins.

Das Bild entwickelt eine außergewöhnliche Kraft: Noch nie hat man einen Herrscher oder ein Staatsoberhaupt mit geschlossenen Augen gesehen, doch die Queen segnet es, ohne zu zögern, ab.

Sechzig gemeinsame Jahre

Die Verbindung zwischen Charles und Camilla, ehemals Parker Bowles, ist kein Geheimnis mehr, die beiden leben in Clarence House und verbringen die Wochenenden im idyllischen (und von Diana gehassten) Highgrove House im Südwesten Englands. Für den Prince of Wales ist diese ebenso diskrete wie hartnäckige und liebevolle Frau » nicht verhandelbar «. Obwohl die Queen die Wiederverheiratung von Geschiedenen ablehnt, weiß sie doch, dass ein in » wilder Ehe « lebender Thronerbe zu einem ernsten Problem werden kann, und willigt schließlich in die zweite Hochzeit ihres ältesten Sohnes ein.

Am 9. April 2005, einem kalten und windigen Tag, schließen Charles und Camilla, nachdem sie vierunddreißig Jahre lang gegen eine feindselige Öffentlichkeit und zahllose Widrigkeiten um ihre Liebe gekämpft haben, in dem kleinen Ratssaal von Windsor den Bund der Ehe. Aus der heimlichen Geliebten des Thronanwärters wird Ihre Königliche Hoheit Camilla Herzogin von Cornwall, Frau des zukünftigen

Königs von England. Die ganze Familie ist anwesend: William und Harry, die Brüder des Bräutigams – Andrew Herzog von York mit seinen Töchtern Beatrice und Eugenie und Edward Graf von Wessex mit seiner Frau Sophie –, Prinzessin Anne mit Ehemann Timothy Laurence und den Kindern Peter und Zara. Entschuldigt: Elizabeth, die als Oberhaupt der Anglikanischen Kirche nur kirchliche Trauungen anerkennt.

Vergessen ist alle Kritik, die irrigen Liebschaften, die misslichen Schwiegertöchter, die abgehörten Telefonate, die (mutmaßlichen) Ränke, die zu Lady Dis Tod beitrugen, und der von Mohamed Al-Fayed angestrengte Prozess – die völlig aus dem Tritt geratene Königsfamilie scheint plötzlich wieder im Gleichschritt zu marschieren.

Anne genießt ihre ruhige Ehe mit Timothy Laurence; Zara und Peter tragen auf Wunsch der Mutter keine royalen Titel, um ihr Leben frei von höfischen Pflichten führen zu können. Kein Skandal erschüttert die Familie, sieht man von Peters stilistischem Fehlgriff ab, der die Fotos seiner eigenen Hochzeit an die Klatschzeitung *Hello!* verkauft hat.

Andrew pflegt eine gute Beziehung zu seiner Ex-Frau, lebt mit Beatrice und Eugenie in Frogmore House und kümmert sich, wenn auch manchmal linkisch und mit mäßigem Erfolg, um das Image und die Geschäfte der britischen Firmen im Ausland.

Edward hat 1999 die Tochter eines Reifengroßhändlers und einer Teilzeitsekretärin geheiratet, Sophie Rys-Jones, die ihren Job in einem PR-Büro aufgegeben hat und nun Vollzeit-Royal ist und Elizabeth bei ihren Wohltätigkeitsveranstaltungen unterstützt. Gemeinsam haben sie zwei Kinder, Louise und James.

Das sechzigjährige Ehejubiläum von Elizabeth und Philip am 19. November 2007 lässt sich also in ganz neuem Glanze feiern.

Westminster Abbey. Vor zweitausend Gästen – darunter
Hunderte gekrönte Häupter, alle dreißig Mitglieder der
königlichen Familie, fünf Choristen, die bereits bei der
Hochzeit 1947 sangen, und zehn Paare, die am selben
20. November vor sechzig Jahren geheiratet haben – erneuern
Elizabeth II. (mit eisgrauem Mantel und Hut) und der Her-
zog von Edinburgh vor dem Erzbischof von Canterbury,
Rowan Williams, und den laufenden Fernsehkameras »in
Ihren Herzen Ihre einander gegebenen Eheversprechen«[12].
Hofdichter Andrew Motion hat für diesen Anlass das Ge-
dicht *Diamond Wedding* verfasst, das von der Schauspielerin
Judi Dench vorgetragen wird.

Natürlich wird auch ein Foto für die Festtagsmarke der
Royal Mail mit beider Porträt gemacht (ein letztes Mal von
Lord Snowdon), das in das sechzig Jahre umspannende Foto-
album kommt: keine Biografie, aber eine Art Tagebuch, in
das man gerne hineinschaut. Man wählt ein Set im Freien, in
einer Ecke des Balkons von Buckingham Palace. Vor der
Linse des Ex-Schwagers, der stets gemocht und nie vom Hof
verstoßen wurde, stehen Elizabeth im blauen Kleid und mit
Perlenkette und Philip im grauen Anzug nebeneinander und
schauen sich in die Augen. Diesmal unterlässt er den obligatorischen »Schritt zurück«. Einst betrat er den Palast mit
dem Gedanken, bestimmte Regeln nicht einhalten zu müssen, und oft genug hat er sie mit wohl diebischer Freude
gebrochen, doch er ist immer noch an ihrer Seite.

Das romantischste Bild des Hochzeitstages stammt aber
von Tim Graham, der voller Begeisterung die Herausforderung annimmt, ein Foto aus den Flitterwochen des Paares vor
sechzig Jahren nachzustellen. Unter einem großen Baum auf
Broadlands in Hampshire, am selben Ort wie damals. Der
Himmel leuchtet kalt, die Sonne kommt nicht recht hinter
den Wolken hervor. Nachdem sie das Originalfoto studiert
haben, stellen die beiden royalen Models sich an die besagte

Stelle, Elizabeth trägt dieselbe Brosche und dieselbe Kette, um das Handgelenk dieselbe Uhr. Die Jahre haben es gut mit ihnen gemeint, und auch wenn die Jugend vorbei ist, sieht Elizabeth ihren Mann genauso anbetungsvoll an wie vor sechzig Jahren, während in Philips Blick derselbe Anflug von Ironie liegt und er ebenso liebenswert lächelt wie damals.

Dann fliegen die beiden für knapp vierundzwanzig Stunden nach Malta. Endlich allein, um sich an die Zeit zu erinnern, die wahrscheinlich die glücklichste und bestimmt die einfachste ihres gemeinsamen Lebens war.

»Majestät, könnten Sie die Krone absetzen?«

Frühjahr 2007. Die Gärten von Buckingham Palace stehen in voller Blüte. Annie Leibovitz betritt in Camouflagehose und sportlichen Schuhen das Set im White Drawing Room. Die grauen Haare trägt sie offen, auf der Nase die unvermeidliche Brille, und sie bringt zehn Assistenten mit. In einem kurzen Vorgespräch mit Elizabeth am Vorabend hat diese sich noch mit den Worten »Jane Bown kam ganz allein. Und ich habe ihr geholfen, die Möbel zu verschieben« an die Aufnahmen mit der legendären Fotografin des *Observer* aus dem Vorjahr erinnert. Worauf Leibovitz trocken erwiderte: »Morgen wird es das genaue Gegenteil sein.«[13]

Die achtundfünfzig Jahre alte Amerikanerin kennt sich aus mit Weltstars, doch die Queen trifft sie zum ersten Mal. Fleißig hat sie in den letzten Wochen die Bilder ihrer berühmten Kollegen studiert, um aus ihrem Porträt eine Summe aller Vorgänger zu machen: Sie denkt an Dorothy Wilding von 1952, an den frühen Cecil Beaton mit Queen Mum 1939 und an sein letztes Foto von Elizabeth im Admiralsmantel. Ihre Idee ist, den Prunk der Monarchie mit allen Insignien zu präsentieren: Diadem, Hermelinmantel, Zeremoniekleidung, wenn möglich vergoldet. Leibovitz möchte den Amerikanern ein anderes Bild der Monarchie zeigen als in den letzten Jahren üblich, in denen selbst die »Königin der Königinnen« in ihrer Alltäglichkeit und ohne den geheimnisvollen Glanz der Vergangenheit vorgeführt wurde. Doch sie will auch ihrem eigenen Stil treu bleiben, an den das Publikum seit ihren Anfängen im *Rolling Stone* gewöhnt ist: unverwechselbar provokant. Unvergessen John Lennon, der sich in Embryonalhaltung an Yoko Ono schmiegt, wenige Wochen vor seiner Ermordung. Oder die hochschwangere Demi Moore auf der Titelseite der *Vanity Fair*. Und Whoopi Goldberg in der mit Milch gefüllten Wanne. Unkonventionell und doch voller Respekt vor der klassischen Porträtfotografie.

Leibovitz möchte Elizabeth in einem repräsentativen Outfit zeigen (das mehr als vierzig Kilo wiegt), mit einer weißen Pelzstola, der Diamantkette und dem Diadem von Königin Mary. Die Rahmenbedingungen der Fotosession mit der Monarchin, die auf dem Sprung zu einem Staatsbesuch in den USA ist, sind eng: Fünfzehn Minuten stehen zur Verfügung, mehr nicht, und die sonst so pünktliche Queen ist bereits mit Verspätung eingetroffen.

Wenngleich offenkundig befremdet von der großen Entourage der Fotografin und ihrem eigenen Outfit (»Warum bloß trage ich mitten am Tag diese schweren Gewänder?«[14]), setzt sich Elizabeth diszipliniert in Position. Leibovitz nimmt die Kappe vom Objektiv, schaut hindurch und stellt scharf. Dann wagt sie das Unvorstellbare, weil sie den Eindruck gewonnen hat, dass ihr ein etwas weniger königlicher Look doch lieber wäre, und so fragt sie die das Diadem ihrer Großmutter tragende Queen rundheraus, ob sie nicht die »Krone« abnehmen könne. Mit amerikanischer Unbefangenheit setzt sie noch hinzu, das »sieht besser aus, nicht ganz so schnieke. Denn die Ordensrobe ist so ...«. Doch Elizabeth fällt ihr ins Wort. Sie blickt an sich herab und wiederholt in erhöhter Tonlage: »Nicht ganz so schnieke? Was glauben Sie, was das hier ist?«[15]

Zwar wird später betont werden, die Queen habe nach ihrer Bemerkung in sich hineingelacht. Und auch Leibovitz selbst wird in der englischen Presse mit der Aussage zitiert: »Ich fand, sie war wirklich witzig«, solche Kommentare seien Fotografen schließlich gewohnt. »Wie jedermann kann sie ein bisschen launisch sein, aber ich finde das wunderbar. (...) Sie kam rein und hat die Aufnahmen wie ein Profi absolviert. Sie war außergewöhnlich.«[16]

Dennoch wandert die Szene kurz darauf durch die Schlagzeilen. Denn Elizabeths verdrießliche Reaktion wird von den Filmkameras der BBC eingefangen, die zur gleichen Zeit im Palast den Dokumentarfilm *A Year with the Queen* dreht. Und aus der »ungeschickten« Verwendung dieser Aufnahmen entwickelt sich ein beispielloser Skandal.

Der erste Kanal der BBC produziert einen Trailer, mit der er die Doku bewirbt, einen Clip von wenigen Minuten mit den wichtigsten Szenen. Auf einer Pressekonferenz wird er präsentiert. Dummerweise zeigt er eine Szene, die den Eindruck erweckt, als würde die Queen aufgebracht das Fotoset verlassen, während sie zu einer Hofdame sagt: »Ich verändere überhaupt nichts. Ich habe keine Lust mehr, mich zu verkleiden, vielen Dank auch.« Eine unerhörte Szene – die aber in falscher zeitlicher Reihenfolge in den Trailer geschnitten wurde. Doch das kümmerte die Verantwortlichen bei BBC One bis zum Tag nach der Präsentation nicht.

Richtig ist vielmehr, dass die Aufnahmen entstanden, als die Queen auf dem Weg *zum* Fotoset war. Zwar machte sie ihrem Unmut über die Bitte der Fotografin Luft, den schweren Mantel des Hosenbandordens überzuziehen, doch hatte sie sich widerstandslos gefügt. Sie war auch nicht aufgebracht, sondern in Eile, weil sie spät dran war und nicht unhöflich sein wollte.

Was war also bei der BBC geschehen? War es ein banaler Montagefehler, der die Queen als geifernde alte Dame darstellte, oder hatte jemand die Aufnahmen bewusst manipuliert, um den Journalisten eine » denkwürdige Szene « zeigen zu können? Doch nun ist es ohnehin zu spät, das Ergebnis steht fest: Die BBC hat gelogen. Der Direktor von BBC One, Peter Fincham, windet sich und spricht von einem » unglücklichen Missgeschick «, doch der Sender wird gezwungen, sich in der Hauptnachrichtensendung öffentlich bei der Monarchin zu entschuldigen. Nach Veröffentlichung eines unabhängigen Untersuchungsberichts tritt Fincham zurück. Majestätsbeleidigung wird im Vereinigten Königreich eben immer noch bestraft.

Ein Lichtdouble für die Königin

Die Tradition der Weihnachtsansprache aus dem Königshaus geht auf das Jahr 1932 zurück, als Elizabeths Großvater George V. in einem improvisierten Radiostudio auf dem Landsitz Sandringham seine von Rudyard Kipling verfasste Rede vorlas, die mit den Worten begann: » Ich spreche hier aus meinem Heim und aus tiefstem Herzen zu Ihnen allen; zu Männern und Frauen, die durch den Schnee, die Wüste oder das Meer so abgeschnitten sind, dass nur Stimmen aus dem Äther sie erreichen können. «[17]

Im fünften Jahr ihrer Regentschaft ließ Elizabeth auf Anraten Philips das Radio hinter sich und ging ins Fernsehen: dasselbe Mikrofon, derselbe Stuhl und Schreibtisch ihres Vaters, Stimmübungen mit der BBC-Sprecherin Sylvia Peters, die der jungen Monarchin beibrachte, sich vor den Fernsehkameras natürlich zu geben. Auf dem Tisch vor der Queen in der Long Library von Sandringham lag eine Ausgabe von

John Bunyans *Pilgerreise*, aus der sie während der Rede ein Stück vorlesen sollte. Die Ansprache wurde ein Riesenerfolg und die Weihnachtsbotschaft im Fernsehen sofort zur Tradition.

Der Text von 1957, insbesondere der Teil, der sich der modernen Technik widmet – »Dass einige von Ihnen mich heute sehen können, ist ein weiteres Beispiel dafür, in welch rasantem Tempo sich die Welt um uns herum verändert«[18] –, erweist sich als ideale Eröffnung für die Weihnachtsansprache genau fünfzig Jahre später.

Die Einstellung, die Lichter, die Position vor der Fernsehkamera – all das wurde viele Male geprobt und korrigiert, wie immer mit Ella Slack, die seit 1988 königliches Double ist. Ein Job, an den sie rein zufällig geriet.

Ella Slack ist in jenem Jahr in Whitehall, wo ein Team der BBC die Proben für die Feierlichkeiten des Remembrance Sunday vor dem Kriegerdenkmal durchführt, genau an der Stelle, wo Ihre Majestät am nächsten Morgen die Kränze niederlegen wird. »Es fing an, weil ich bei der BBC war und der Produzent, der für den Remembrance Sunday zuständig war, zu mir kam und sagte, dass die Königin eine Nachricht geschickt hatte, um zu sagen, dass sie von der Sonne geblendet worden war, als sie am Denkmal stand, und ob wir etwas dagegen tun könnten. Ich sagte zu ihm: ›Möchtest du, dass ich mitkomme und mich an ihre Position stelle?‹ Denn all die Bühnenmanager waren bestimmt 1,80 m groß«.[19] Und von dem Tag an sitzt, grüßt und schreitet Ella Slack vorab auf Elizabeths Spuren, sodass die Kameramänner die jeweilige Szene einstellen und ausleuchten können. Seitdem sieht man sie häufig vor den Festumzügen in der königlichen Kutsche und bei der Eröffnungsfeier des englischen Parlaments. Einzige Einschränkung: Sie darf sich niemals auf den Thron setzen.

Am 25. Dezember 2007 betritt Elizabeth also um 15 Uhr

das Set und stellt sich vor die Kameras, doch erstmals wird ihre Weihnachtsbotschaft in diesem Jahr nicht allein im Fernsehen übertragen. Nachdem die Queen sechs Monate lang die Inhalte der neuen Website der Royal Family geprüft hat, wird die Ansprache auch auf YouTube (und somit an ein jüngeres und weltweites Publikum) über den neuen Onlinekanal der Windsors verbreitet – zur großen Freude der Enkel.

» Die Queen hält sich über neue Möglichkeiten, mit den Leuten zu kommunizieren, immer auf dem Laufenden «, kommentierte eine Sprecherin von Buckingham Palace die Neuerung.» Sie war sich schon immer bewusst, dass sie mehr Menschen erreichen möchte und zu diesem Zweck die geeigneten Kommunikationsmittel verwendet werden «[20]. Was nicht ganz richtig ist: Denn genau zwei Jahre zuvor hatte Ihre Majestät bei einer Ordensverleihung an Bill Gates verkündet, dass sie noch nie einen Computer benutzt habe. Offenbar hat sie dies dann mit ihren achtzig Jahren schleunigst nachgeholt: Sie kann nun einen PC bedienen und setzt ihn ein, um Teile ihrer Korrespondenz zu erledigen und mit den Enkeln zu kommunizieren. Und die sind begeistert von ihrer Oma und versuchen, sie mit elektronischen Geschenken aller Art (Handys, Tablets und einen iPod zum Musikhören) up to date zu halten.

Ein Job fürs Leben

(2010 – 2019)

Clarence House, London, 23. Oktober 2013. Das offizielle Taufbild von Prinz George Alexander Louis von Cambridge im Morning Room. Vier Generationen britische Königsfamilie: Queen Elizabeth II., Seine Königliche Hoheit der Prince of Wales und Seine Königliche Hoheit der Herzog von Cambridge mit Seiner Königlichen Hoheit Prinz George auf dem Arm. Der Säugling trägt ein Taufkleid von Angela Kelly aus weißem Atlas mit zarter Honiton-Spitze, eine exakte Kopie dessen, was jedes Kind der britischen Königsfamilie seit 1841 trug. [11]

Ziele fürs Jubiläum

In diesem besonderen Jahr stelle ich mich erneut in Ihren Dienst.[1]

Sandringham, 6. Februar 2012. Mit diesen Worten erneuert Elizabeth ihr Versprechen, das sie 1947 in Südafrika vor den Mikrofonen der BBC gegeben hat, als sie sagte, dass sie ihr ganzes Leben in den Dienst »unserer großen Empirefamilie stellen werde, der wir alle angehören«. Im selben Moment hallen in London die einundvierzig Kanonenschüsse wider, die traditionell im Hyde Park abgegeben werden, zusammen mit den zweiundsechzig Schüssen vom Tower of London als Erinnerung an die Thronbesteigung. Fünfundsechzig Jahre nach ihrem ersten Versprechen ist das Empire stark geschrumpft, doch immer noch ist Elizabeth die Regentin von zweieinhalb Milliarden Menschen und das Staatsoberhaupt von sechzehn der zu diesem Zeitpunkt vierundfünfzig Commonwealthländer.

Auch den Altmeistern der Fotografie bietet das diamantene Jubiläum eine einzigartige Gelegenheit. In ihrem fiktiven Wettstreit stehen sie bereit für das historische Ereignis, das es seit dem Jubiläum von Königin Victorias sechzigjähri-

264

ger Regentschaft 1897 in Großbritannien nicht mehr gegeben hat.

Julian Calder gelingt das romantischste Foto im großen Bilderreigen: In Anlehnung an ein Gemälde des schottischen Malers Henry Raeburn bittet er Ihre Majestät, als Königin von Schottland zu posieren. Nach einigen Erkundungsgängen in der Umgebung von Schloss Balmoral hat er eine dunkle, fast mittelalterlich anmutende Szenerie ausfindig gemacht: vor nebelverhüllten Bergspitzen, im Schatten der Bäume und zwischen Erikabüscheln am Ufer eines Baches, neben Victorias Lieblingscottage. Es nieselt seit Stunden, doch als Elizabeth in einem schweren grünen Umhang herankommt, mit den Insignien des Distelordens (des schottischen Äquivalents zum Hosenbandorden) und dem mit Smaragden besetzten Wladimir-Diadem aus dem einstigen Besitz des letzten russischen Zaren Nikolaus II., zollt selbst der Regen Ihrer Majestät Respekt und setzt für die Dauer der Fotosession aus.

Elizabeths sechzigjährige Regentschaft wurde nicht zuletzt dank der National Portrait Gallery von den Objektiven der besten Fotografen ihrer Zeit begleitet. Zum Jubiläum organisiert das Kunstmuseum eine Ausstellung mit sechzig historischen Fotos der Monarchin, *The Queen. Art and Image.* Zu diesem Anlass bietet sie dem Deutschen Thomas Struth die Gelegenheit, sein erstes großformatiges Porträt von Elizabeth und Philip zu machen. Struth ist ein Meister der Gigantografie, und seine Werke hängen in Museen und Galerien auf der ganzen Welt. Doch die Darstellung berühmter Persönlichkeiten gehörte bislang nicht in sein Interessengebiet, und so fragt er sich nach seiner Zusage verunsichert: »Werde ich etwas Neues zu sagen haben?«[2]

Bei einer Ortsbegehung findet er Buckingham Palace »zu voll«, doch die Alternative Schloss Windsor gefällt ihm nicht besser. Ihn stören die Unmengen an antiken Einrichtungsgegenständen: Der White Room ist »zu abgenutzt und alt«, der Red Room einfach »zu viel«. Doch letztlich muss er sich mit dem royalen Stil abfinden und entscheidet sich für den etwas nüchterneren Green Drawing Room. Bis zum Fototermin studiert er alte Fotografien von der Königsfamilie und hält sie für überholt: Die Hintergründe lenken den Blick ab und »machen aus diesen zwei schönen alten Menschen eine lächerliche Personifizierung ihres Amtes ohne eigene Persönlichkeit«. Trotz aller Hindernisse erweist sich das Shooting als unerwartet einfach: Die Queen ist pünktlich, Frisur und Make-up sind perfekt, und eine Auswahl an Broschen und Accessoires liegt bereit.

Struth verrät nicht, welches Vorbild er im Kopf hat, denn niemand könnte der Monarchin und dem Herzog von Edinburgh ferner sein: ein altes Ehepaar, das wenige Monate zuvor in einem Ballsaal in Minneapolis anlässlich seiner Diamanthochzeit für ihn posiert hat. Das 1,60 mal 2 Meter große Porträt gelingt perfekt (offenbar auch nach Meinung der Protagonisten): Philip und Elizabeth sitzen auf einem kleinen Sofa, zwischen ihnen wenige Zentimeter Abstand. Seine Stirn liegt in Falten, und die linke Hand ruht in der Mitte des Sofas; Elizabeth hält ihre Hände im Schoß. Sie wirken sich sehr nah, doch sie sitzt angestrahlt im Zentrum, während er im Schatten ein wenig zurücktritt.

Bei der Wahl des offiziellen Jubiläumsfotografen entscheidet sich Elizabeth dennoch für den Engländer John Swannell. »Ich hatte mich ihr noch nie persönlich vorgestellt. Der Anruf aus Buckingham Palace kam völlig überraschend«, erzählt er. »Die Queen selbst hatte nach mir gefragt, vielleicht wollte sie nach dem Chaos mit Annie Leibovitz jemanden, dem sie vertraute.« In seinem Portfolio befinden sich Models, Schauspielerinnen und Politiker, doch Swannell muss feststellen, dass niemand ist wie sie: »Ich habe Hunderte VIPs fotografiert – Elton John, Bob Geldof, Judi

Dench, Twiggy, Joanna Lumley, um nur einige zu nennen –, aber bei niemandem war ich so zufrieden und so stolz wie bei ihr.«[3]

Er bekommt eine Stunde Zeit, eine Ewigkeit im Vergleich zu ihrer Begegnung 2002, als er und sieben andere Fotografen sich insgesamt zehn Minuten teilten! Swannell bittet die Queen, sich vor einen Spiegel im Centre Room zu stellen, in den Saal von Buckingham Palace, durch den man den berühmten Balkon betritt, das »Heiligtum« der Familie bei fröhlichen und bei traurigen Anlässen – ein Ort, an dem selten fotografiert wird. Der Doppeleffekt des Spiegels ist einzigartig: Das öffentliche Gesicht der Monarchin schaut in die Kamera, während der Spiegel, ins Innere weisend, ihr privates Gesicht zeigt, das woanders hinzuschauen scheint; die perfekte Mischung aus königlicher Haltung und ihrer unglaublichen Bodenständigkeit.

Auch das Victoria and Albert Museum widmet dem diamantenen Jubiläum eine spektakuläre Schau, *Queen Elizabeth II. by Cecil Beaton*: hundert Fotos, ausgewählt aus achtzehntausend Aufnahmen des großen Porträtisten durch die Leiterin der Fotoabteilung des Museums, Susanna Brown. Darunter auch viele unveröffentlichte Bilder, die Beaton bei seinen Aufenthalten bei Hofe (heimlich) gemacht und an seine Sekretärin vererbt hat: Als Schenkung werden sie nun zum ersten Mal öffentlich präsentiert.

Am Tag der Ausstellungseröffnung führt Brown nach sechzig Jahren Beatons zwei Assistenten John Drysale und Ray Harwood erneut zusammen, die mit ihm sein erstes Meisterwerk realisierten: das ikonenhafte Bild der Inthronisierung. Die alten Männer sind aufgeregt und sehr gerührt, sich nach all der Zeit wiederzusehen, beide erinnern sich an die Arbeit mit ihrem Lehrer und lachen darüber, dass sie für dieses Porträt zwei Tage lang in Buckingham Palace quasi eingesperrt waren.

Sechzig Mal Königin

3. Juni 2012, 14:15 Uhr. Es nieselt, Himmel und Themse sind grau, die Bürger feiern auf den für den Durchgangsverkehr gesperrten Straßen. Ein Nationalfeiertag, und trotz des schlechten Wetters strömen Tausende Londoner zu beiden Seiten des Flusses zusammen, um das Spektakel des Diamond Jubilee River Pageant zu bewundern. Die prächtige Schiffsparade mit Booten aller Art und Größe hat ein Gemälde von Canaletto zum Vorbild und beginnt bei der Battersea Bridge, passiert alle sieben Londoner Brücken, um schließlich an der Tower Bridge zu enden: Segelschiffe, Dampfer, Einmaster, Motorboote, Schlauchboote, Jachten und Schleppdampfer. » Wie in Dünkirchen, nur fröhlicher «[4], kommentiert launig der Londoner Bürgermeister Boris Johnson in Anspielung auf die » Operation Dynamo « im Zweiten Weltkrieg, durch die 1940 der Großteil der von der Wehrmacht eingeschlossenen britischen Expeditionstruppen über das Meer aus der französischen Hafenstadt evakuiert werden konnte.

Ganz vorne, an Bord des extra zu diesem Anlass renovierten Flusskreuzfahrtschiffs *Spirit of Chartwell*, die Hauptperson der Feierlichkeiten: Hut, Überkleid und Handschuhe in Weiß, dazu Perlenkette und Brosche – so feiert Elizabeth ihre sechzigjährige Regentschaft (vier Stunden lang) im Stehen; neben ihr Philip in Paradeuniform, mit umgehängtem Schwert und Medaillen auf der Brust. Das Paar winkt und lächelt unter den Rufen und Jubelschreien der Menge, die Glocken läuten, und ein Dutzend Chöre singen *God Save the Queen.*

Etwas abseits, wie vom Protokoll verlangt, stehen Charles und Camilla (im cremefarbenen Kleid), Kate (in Rot), William, Harry und die anderen Mitglieder der Königsfamilie. Doch wird sich im Verlauf der Fahrt die formelle Anordnung auch auflockern.

Selbst die Schwäne Ihrer Majestät zollen ihr Respekt.

Denn tatsächlich ist Elizabeth als *Seigneur of the Swans* die Besitzerin der unmarkierten Schwäne in freien Gewässern (als wilde Schwäne stehen sie unter dem Schutz des *Wildlife and Countryside Act* aus dem Jahre 1981) und »übt die Hoheit über einige Abschnitte der Themse und der umliegenden Zuflüsse aus«; außerdem gehören ihr eine Vielfalt anderer Tierarten in britischen Gewässern, darunter Störe, Wale und Delfine. Lange Jahre überließ sie die jährliche Schwan-Zählung, das sogenannte *Swan Upping*, anderen. Doch am 20. Juli 2009 schipperte sie in orangefarbenem Kleid und mit gleichfarbigem Hut, gefolgt von den wachsamen Objektiven der Fotografen Dan Kitwood und Toby Melville, zu dem Ereignis, das ebenso romantisch wie malerisch ist. Bootsführer war ein Schwanhüter in scharlachfarbenem Jackett, weißer Hose und Kapitänsmütze, und ein Dutzend Matrosen begleiteten sie in kleinen Ruderbooten.

Großes Finale am 4. Juni 2012. Beim *Queen's Diamond Jubilee Concert* vor Buckingham Palace treten die bekanntesten Musiker aus Großbritannien, den USA und Ländern des Commonwealth auf: Elton John, Robbie Williams, Tom Jones, Cliff Richard, Paul McCartney, Shirley Bassey, Grace Jones, Ed Sheeran, Kylie Minogue, Stevie Wonder, Renée Fleming, Lang Lang und Annie Lennox. Und als um zehn Uhr abends Ihre Majestät mit Charles und Camilla die Ehrentribüne betritt, fehlt nur Philip: Nach den Strapazen der Schiffsparade musste er in ein Krankenhaus eingeliefert werden. Nach dem zweistündigen Konzert beendet Elizabeth die Feierlichkeiten, indem sie das letzte der viertausend Freudenfeuer entzündet, die ihr zu Ehren im Vereinigten Königreich lodern. Mit einer Rede in Radio und Fernsehen dankt sie am Tag darauf ihren Untertanen: »Möge die Erinnerung an diese glücklichen Stunden des Jubiläums Ihnen allen in den kommenden Jahren das Leben erleuchten.«[5]

Und das, obwohl seit Monaten ein Wort die Runde macht, das aber niemand laut ausspricht: Abdankung.

Bond Girl

Im Jahr 1948, als in London zum zweiten Mal die Olympischen Spiele stattfanden, erklomm Prinzessin Elizabeth in Begleitung von Philip und ihren Eltern noch zu Fuß die Tribüne des Wembley-Stadions. Im Jahr 2012, am 27. Juli, wird sie zur Überraschung von neunhundert Millionen Fernsehzuschauern von oben in das Olympic Stadium im Londoner Distrikt Stratford eingeflogen.

Auch Filmregisseur Danny Boyle staunt ein Jahr zuvor nicht schlecht: Er plant einen Kurzfilm für die Stadionleinwand, in dem die berühmteste Frau Großbritanniens die Hauptrolle spielen soll. Eigentlich hat er für Elizabeths Rolle ein Double oder eine Schauspielerin wie Helen Mirren vorgesehen – sie hat schon zuvor im Film *The Queen* die Königin dargestellt –, und Buckingham Palace will er im Filmstudio nachbauen. Doch dann kommt es ganz anders, und Angela Kelly gibt später mit dem Segen der Queen darüber Auskunft: Als Danny Boyle mit der Filmidee an ihren Privatsekretär Edward Young herantritt, beschließt Elizabeth kurzerhand, sich im echten Palast selbst zu spielen. »Sie war sehr amüsiert über die Idee und stimmte sofort zu«, so Kelly. »Ich fragte sie, ob sie gern eine Sprechrolle hätte. Ohne zu zögern, erwiderte Ihre Majestät: › Aber natürlich muss ich etwas sagen. Schließlich kommt er, um mich zu retten.‹ Ich fragte sie, ob sie lieber › Guten Abend, James‹ oder › Guten Abend, Mr Bond‹ sagen wolle, und sie entschied sich für Letzteres, da sie die Bond-Filme kennt. Innerhalb weniger Minuten war ich zurück in Edwards Büro und überbrachte Danny die gute Nachricht – ich glaube, er fiel fast vom Stuhl, als ich sagte, die einzige Bedingung der Queen sei, dass sie den berühmten Satz >Guten Abend, Mr Bond< sagen könne.«[6] Dann gibt es allerdings noch zwei weitere Vorgaben an den Regisseur: größte Geheimhaltung auch vor der Königsfamilie, und die Queen darf sich ihr Kleid selbst aussuchen. Die Einzige, die weiß, wofür Elizabeth zwei identische Cocktailkleider benötigt, ist daher Angela Kelly.

Boyle braucht nur eine Stunde, und die Filmaufnahmen sind mit dem ersten Take im Kasten. Die Handlung ist schlicht: James Bond (gespielt von Daniel Craig) wird nach Buckingham Palace gerufen, um die Queen sicher zur Eröffnungsfeier der Olympischen Spiele zu bringen. Vom Palasthof aus eilt er die Treppe hinauf, durchquert die East Gallery und wird in Elizabeths Privatbüro geleitet. Dort sieht man die Queen im pfirsichfarbenen Kleid über Papiere gebeugt, die Bond warten lässt. Als er vornehm hüstelt, dreht sie sich um, blickt ihn mit einer Mischung aus Ironie und Understatement an und sagt wie gewünscht den legendären Satz: »Guten Abend, Mr Bond.« Dann geht sie mit Agent 007 durch die Flure von Buckingham Palace, begleitet von den Corgis Holly und Willow sowie »Big Paul«, ihrem getreuen Pagen Paul Whybrew, der den Spitznamen seiner außergewöhnlichen Körpergröße verdankt. Unter den traurigen Blicken der zurückbleibenden Corgis steigen sie in einen Helikopter und fliegen über London, während begeisterte Touristen und Einheimische winken und eine Churchill-Statue ihnen mit grüßend erhobenem Stock verschmitzt lächelnd nachblickt. Der Spezialauftrag endet mit der Liveschaltung ins Stadion: Zu der Melodie von *Goldfinger* springen zwei Doubles mit Fallschirmen aus dem Hubschrauber, und als schließlich Ihre Majestät zusammen mit Philip und dem IOC-Präsidenten Jacques Rogge die Ehrentribüne des Stadions betritt, flüstert der sichtlich amüsierte Charles seinen Eltern etwas zu. Ein Kinderchor stimmt *God Save the*

Queen an, und die Queen erklärt »die Olympischen Spiele von London, mit welchen die 30. Olympiade der modernen Ära begangen wird, für eröffnet«.

Markenbotschafterin

23. Oktober 2013. Gruppenbild mit Familie, vier Königsgenerationen und drei Thronerben in einem Saal: Elizabeth sitzt im Scheinwerferlicht auf einem Sessel, in blauem Kleid und mit entspannter Miene. Charles im dunkelblauen Einreiher steht leicht versetzt hinter ihr und blickt als stolzer Vater und frischgebackener Großvater in die Kamera, während William zur Rechten seiner Großmutter den neugeborenen Täufling Prinz George von Cambridge im Arm hält. Ein historisches Foto, denn zum ersten Mal seit über hundert Jahren erlebt ein britischer Monarch die Geburt eines Urenkels, der einmal den Thron besteigen wird.

Damals schrieb man das Jahr 1894, als eine königliche Familie in ähnlicher Konstellation für die Hoffotografen posierte (die Brüder William und Daniel Downey), es war nach der Tauffeier des zukünftigen Edward VIII. und Herzogs von Windsor: das Neugeborene, Vater George V., Großvater Edward VII. und die Urgroßmutter, eine beleibte und Trauer tragende Victoria.

Jason Bell, vierundvierzig Jahre, Oxfordstudium in Wirtschaft, Philosophie und Politik und mit einer Leidenschaft für die Camera Obscura seit Kindertagen, bereitet sich auf den Fototermin vor, indem er die royalen Taufbilder eines ganzen Jahrhunderts studiert. Trotz des freudigen und lebensfrohen Anlasses kommen Bell die alten Fotos steif, kalt und freudlos vor, daher dreht er alles von links auf rechts: Vergessen die pompösen Möbel und künstlichen Posen, er flutet den Salon von Clarence House mit Licht, indem er vor jedes Fenster Scheinwerfer postiert, die Royals sollen sich möglichst natürlich geben – und aus einem trüben Herbsttag wird ein strahlender Sommermorgen.

Auch wenn dieses Foto der Welt mitteilen möchte, dass die Monarchie für die nächsten Jahrzehnte gesichert ist, zementiert es doch vor allem den ewigen Mythos Elizabeth, die sich allen Moden zum Trotz immer treu bleibt. Von der ästhetischen Distanz der frühen Amtsjahre bis zu Handyschnappschüssen, die sie im vorbeifahrenden Rolls-Royce als »eine von uns« zeigen, von ihrem Konterfei auf Münzen und Geldscheinen in 49 Nationen und in Hochglanzmagazinen (zwölf Mal wurde sie vom *Time*-Magazin zur Frau des Jahres gekürt) bis zur Protagonistin einer Werbekampagne.

Zu diesem nächsten Tabubruch kommt es im Jahr 2014, als sie ihren 88. Geburtstag feiert und sich mit der internationalen »GREAT«-Kampagne der britischen Regierung zur Marke machen lässt. Und wer wäre besser geeignet, in der Welt für das Vereinigte Königreich zu werben? Wer ließe sich besser als Markenbotschafterin einsetzen als sie mit ihren achtundachtzig Jahren englischer Geschichte im Gepäck (und auf Bildern)? Um diese Einstellung und ihren Sinn für Humor in eine einzige Schwarz-Weiß-Fotografie zu bannen, wird der Starfotograf David Bailey engagiert, der einst auf unterhaltsame Weise die Atmosphäre des Swinging London in Bildern festhielt und 1966 Michelangelo Antonioni in dessen Film *Blow-up* zu der Figur des Thomas inspirierte.

Doch nur wenige Wochen später ist es ein weiterer Gigant der Fotokunst, der die geheime Schlacht um die Vorherrschaft in der elisabethanischen Ikonografie für sich entscheidet: Harry Benson.

Selbst der erfahrene Schotte, der 1964 die Beatles in einem Hotelzimmer bei einer Kissenschlacht ablichtete, der beim Bau der Mauer in Berlin dabei war wie auch fast dreißig Jahre später bei ihrem Fall, der am 6. Juni 1968 neben dem tödlich verletzten Bobby Kennedy in der Küche des Hotels Ambassador in Los Angeles stand und der alle US-Präsidenten von Eisenhower bis Obama fotografiert hat, ist aufgeregt wie ein Kind, als er die Queen ablichten soll. Dabei haben sie sich schon mehrmals getroffen: Er war nicht nur dabei, als die junge Königin vor fünfzig Jahren ein Bergwerk einweihte, sondern auch bei anderen Gelegenheiten, wie eine Filmrolle aus dem Jahr 1966 beweist, die nie entwickelt wurde, weil Benson sie in einem alten Archiv vergaß. Erst der Autor und Verleger Reuel Golden grub sie bei den Vorbereitungen zu seinem großen Jubiläumsband wieder aus.

Das weiche Gesicht mit Falten übersät, die roten Lippen scharf konturiert posiert Elizabeth nun im Audienzsaal von Buckingham Palace im violetten Kleid mit Diamantbrosche. Nach getaner Arbeit gesteht Benson, dass er diesen Auftrag der Scottish National Gallery als den spannendsten seiner Laufbahn empfunden habe: »Die Queen ist kein einfaches Motiv, aber wahrscheinlich hat sie sich für mich entschieden, weil ich allein zu ihr gegangen bin ohne ein Dutzend Assistenten, die doch nur für Unruhe sorgen. Sie hasst Unruhe! Das einzige Hemmnis für mich war der Small Talk: Ich hatte Angst, Ihrer Majestät nicht genug interessanten Gesprächsstoff bieten zu können. Um auf Nummer sicher zu gehen, gab ich mich als Tierexperte aus, und wir plauderten angeregt über Hunde und Pferde.«[7]

Ein Platz in der Geschichte

Wer sich Fotos von Elizabeth anschaut, sieht quasi ein ganzes Jahrhundert vorbeiziehen wie die Kapitel einer Familiensaga, deren Handlung uns alle betrifft. Unter den neueren Bildern bleibt ihr Irland-Debüt vom 17. Mai 2011 in Erinnerung, als sie in smaragdgrünem Mantel und mit gleichfarbigem Hut zusammen mit dem Herzog von Edinburgh und dem britischen Außenminister William Hague am Dubliner Flughafen aus der Maschine steigt. Dieser Besuch schlägt ein neues Kapitel in der konfliktreichen Geschichte der beiden Länder auf: Mehr als hundert Jahre nach Queen Victoria ist Elizabeth die erste britische Königin, die *Éire* besucht, und der erste Monarch des Landes überhaupt, seit große Teile Irlands 1921 die Unabhängigkeit vom Vereinigten Königreich erlangten. Zuletzt war ihr Großvater George V. da, 1911, als Irland noch Teil des Empires war.

Elizabeth hat sich nie öffentlich zur Ermordung von Louis Mountbatten, dem geliebten Onkel Dickie, geäußert. Auch bei dieser Gelegenheit schweigt sie und läutet vielmehr eine neue Ära in der Beziehung der beiden Länder ein. Was bis vor wenigen Jahren undenkbar gewesen wäre, der Händedruck zwischen ihr und Vizepremier Martin McGuinnes – dem Mann, der zu der Zeit des tödlichen Attentats auf Mountbatten durch die IRA deren Anführer war – sagt mehr als tausend Worte. Die Geste rührt auch die irische Staatspräsidentin Mary McAleese, die mit ihr das Croke-Park-Stadium aufsucht, wo am 21. November 1920, dem berüchtigten Blutsonntag, britische Streitkräfte bei einem *Gaelic-Football*-Spiel vierzehn Menschen töteten. McAleese kommentiert den Besuch mit den Worten: »Dies ist ein außergewöhnlicher Moment in der Geschichte Irlands. Es ist der Ausdruck für einen erfolgreichen Friedensprozess und eine neue Zukunft, die ganz anders sein wird als die Vergangenheit.«[8]

Während ihrer sechzigjährigen Regentschaft hat Elizabeth aber auch zusammen mit dem englischen Volk Tragödien erlebt und durchlitten: den Bürgerkrieg in Nordirland, die sechsundneunzig Toten bei der Massenpanik im Hillsborough Stadium in Sheffield 1989; in jüngerer Zeit den islamistischen Terror mit Anschlägen auf die Londoner U-Bahn und einen Bus 2005 und ein Popkonzert in der Manchester

Arena im Mai 2017 sowie den Brand des Grenfell Tower, eines Wohnhochhauses in London, nur einen Monat später. Immer fand sie Worte, um ihren Schmerz und ihr aufrichtiges Mitgefühl auszudrücken angesichts der Schrecken, die die Nation erschütterten.

Und immer wieder gibt es Debüts: 1965 besucht zum ersten Mal seit über fünfzig Jahren ein britischer Monarch Deutschland; 1979 ist sie als erster englischer Regent in Saudi-Arabien, 1986 in China, 1994 in Russland. Hochsymbolisch nach ihrem berühmten Staatsbesuch im Jahr 1947 ist ihre Rückkehr nach Kapstadt 1995, wo sie von Präsident Nelson Mandela empfangen wird.

Dann, am 6. Juni 2014, dem Jahrestag des D-Day, besucht sie den berühmtesten Strand des 20. Jahrhunderts. An einem strahlenden Frühsommertag siebzig Jahre nach »dem längsten Tag der Geschichte« steht sie am einstigen »Sword Beach«, der Landungszone der Alliierten in der Normandie. Alles sieht aus wie damals. Elizabeth ist unter den anwesenden Staatsoberhäuptern die Einzige, die den Krieg damals selbst erlebt hat, und mit langsamen Schritten geht sie an den Führern der Welt vorbei, an gekrönten Häuptern und Veteranen, denen sie Mann für Mann in einer bewegenden Gedenkzeremonie die Hand schüttelt.

Wenige Monate später folgt ein weiteres wichtiges Datum, diesmal auf nationaler Ebene, doch nicht weniger bedeutsam: In einem Referendum soll Schottland über die Unabhängigkeit vom Vereinigten Königreich entscheiden. Wenn die Schotten am 18. September mit Ja stimmen, hat der Name »Großbritannien« nur noch rein geografische Bedeutung. Ein weiteres Mal bewahrt die Queen ihr ehernes Schweigen und lässt stattdessen die Fakten sprechen: Sie bleibt auf Balmoral, einst der traditionelle Sitz der schottischen und später auch englischen Herrscherdynastie der Stuarts, als wollte sie die Schotten an ihren Eid erinnern, mit dem sie bei der

Thronbesteigung geschworen hat, über die Einheit des Reiches zu wachen. Am Nachmittag des Tages vor dem Referendum nimmt sie am Stapellauf des neuen Flugzeugträgers *Elizabeth II.* auf der Schiffswerft von Rosyth in der Nähe ihrer Residenz teil; obwohl der Termin schon lange feststeht, bekommt er nun eine hochsymbolische Bedeutung.

Am Morgen des 19. September weckt der königliche Dudelsackpfeifer Ihre Majestät mit einer guten Nachricht: Die Schotten haben die Aufforderung des Ministerpräsidenten und Leaders der Unabhängigkeitspartei, Alex Salmond, mit einem eindeutigen » Nein danke « abgelehnt.

63 Jahre, 216 Tage, 16 Stunden und 23 Minuten

Mittwoch, 9. September 2015. Wenn es nach ihr ginge, wäre es ein Tag wie jeder andere: Einweihung der Scottish Border Railway (der längsten Eisenbahnstrecke, die in den letzten hundert Jahren durch England gebaut wurde), dann mit Philip nach Balmoral für einen ruhigen Abend im Kreise der Familie. Doch dieser Tag bleibt nicht unbeachtet, denn um Punkt 17:30 Uhr wird aus der Regentschaft von Elizabeth II. die längste in der Geschichte der britischen Monarchie, deren bisherige Rekordhalterin Königin Victoria mit 63 Jahren, 216 Tagen, 16 Stunden und 23 Minuten war. Vielleicht ist dies die auffälligste Leistung dieser erstaunlichen alten Dame: dreiundsechzig Jahre Königin und älteste Staatschefin der Welt. Sie selbst scheint dem Datum wenig Bedeutung beizumessen, da sie mit ihren Vorfahren noch nie im Wettstreit stand. Doch immer lauter tönt der Widerhall des Rekords durch das ganze Land, die Medien jubeln ihn hoch, und Fernsehsender der halben Welt versammeln sich in Schottland, bis die Queen nicht anders kann, als eine Erklärung abzugeben:

*Ein langes Leben bringt unvermeidlich verschiedene
Lebensphasen mit sich, das gilt für mich wie für jeden
anderen. Dennoch möchte ich Ihnen und allen danken,
hier und in der ganzen Welt, für Ihre rührenden und
äußerst liebenswürdigen Botschaften.*[9]

Wenige Tage später führt das Meinungsforschungsinstitut
YouGov die obligatorische Umfrage durch, die in der *Sunday
Times* veröffentlicht wird: Elizabeth ist die beliebteste Königin aller Zeiten, ihre Popularität ist genauso groß wie bei
ihrer Thronbesteigung 1952.

Auch Prinz Charles feiert (mit leicht gequältem Lächeln)
die dreiundsechzig Regentschaftsjahre seiner Mutter, die
auch für ihn einen Rekord darstellen: Noch nie musste ein
Thronanwärter so lange auf sein Erbe warten. Das Foto der
beiden schießt der Brite Nick Knight: Elizabeth sitzt im blau
gemusterten Kleid auf einem Stuhl, hinter ihr steht der ewig
Wartende und sieht sie mit einem – resignierten? – Lächeln
an.

Ebendieses Lächeln zeigt der Thronerbe auch wenige Wochen später vor Ranald Mackechnies Linse, des Fotografen
der Royal Mail, der die Rekordregentschaft und die neunzig
Jahre Ihrer Majestät bildlich festhalten soll. Mit einem Foto
auf eine Briefmarke zu kommen, auch das kann ein wichtiges
Ziel im Leben eines Fotografen sein: Vor ihm gelang es schon
Marcus Adams, Dorothy Wilding, Yousuf Karsh und wenigen anderen Auserwählten. Doch Mackechnies Fotos haben
noch die Besonderheit, dass sie vier Windsor-Generationen
abbilden müssen.

Das Set wird beherrscht von dem nicht einmal dreijährigen Prinz George, der im White Drawing Room für seine
erste Briefmarke posiert. Er steht in der Thronfolge an dritter
Stelle und darf zusammen mit Papa William, Opa Charles
und seiner Uroma auf das Bild. Er selbst steht auf einem

Bücherstapel, da auf dem Bild nichts dem Zufall überlassen wird: Um bei der Bildbearbeitung aus dem Foto die einzelnen Köpfe für die Briefmarken herauslösen zu können, muss George in ausreichendem Abstand zu den anderen stehen, aber auf derselben Höhe. Jeder von ihnen trägt Blautöne, die Farbe Großbritanniens und die Lieblingsfarbe der Queen, die sich für ein Kleid von 1919 entschieden hat, ein Erbstück ihrer Mutter. Doch neunzig Jahre sind so außergewöhnlich, dass die Royal Mail noch ein Sechserset mit den wichtigsten Stationen ihres Lebens auflegt: 1930 zusammen mit ihrem Vater, 1952 mit den Kindern Anne und Charles, 1957 mit dem Herzog von Edinburgh, 1977 beim Staatsbesuch in Neuseeland, 1996 in der Kutsche mit Nelson Mandela und 2012 vor der Parlamentseröffnung.

Vanity Corgis

April 2016. In den Buch- und Zeitschriftenhandlungen des Königreiches (aber auch im übrigen Europa und in den Vereinigten Staaten) stapeln sich die Zeitschriften mit dicken Monografien und Hochglanzbeilagen über Elizabeths Leben, mit den Bildern all der Starfotografen, die sie die Jahre über begleitet haben. Die spannendste und sicherlich auch persönlichste Titelseite bringt die *Vanity Fair*. Elizabeths Ehemann, die Kinder, Enkel und Urenkel sind in den Innenteil verbannt, und sie hat niemand anderen als Annie Leibovitz gebeten, sie in Tweedrock und blauem Pullover im Garten von Windsor mit den einzigen Wesen zu fotografieren, die sie bedingungslos lieben und nicht als ihre Königin betrachten: den Corgis Holly und Willow, Nachkommen der Stammmutter Susan, und den Dorgis Vulcan und Candy.

Die große Schwäche der Royals für ihre Hunde ist seit den Zeiten Königin Victorias bekannt, die vor allem Dackel und

Collies liebte und sie nicht besonders einfallsreich Noble, Noble I. und Noble II. nannte. Doch niemals wurde eine Monarchin so mit ihren Hunden in Verbindung gebracht wie Elizabeth; könnten die Tiere reden wie in einer Fabel, bekäme sie gewiss nur aufrichtigsten Dank von ihnen zu hören. Weniger untertänig als ihre Dienerschaft sind sie voller Respekt, und als Lohn für ihre Zuneigung dürfen sie in alle Privaträume von Buckingham Palace und anderer königlicher Residenzen und schlafen dort auf Sofas und Teppichen.

Als vor dreißig Jahren einmal einer ihrer Mitarbeiter fragte, was sie auf den langen Reisen in alle Welt am meisten vermisse, sagte Elizabeth sofort: »Meine Hunde.« Seitdem nimmt sie sie mit auf Staatsbesuch, unterstützt von ihren Bediensteten, die die Tiere in Züge, Flugzeuge, Hubschrauber und Limousinen heben. In den Neunzigerjahren brachte sie es auf die stolze Zahl von dreizehn Tieren – von Lady Di sehr anschaulich als »wandelnder Teppich«[10] beschrieben –, die um ihre Rockschöße oder in Unkenntnis der Etikette um die Waden von Chauffeuren, Premierministern und Diplomaten herumsprangen. Und da es für das gute Verhältnis zu Ihrer Majestät wichtig ist, sich mit den Hunden zu verstehen, erobern Pagen und Haushofmeister mit dem ältesten Trick der Welt die Zuneigung der Corgis: Sie haben stets ein paar Würstchen in der Tasche, die sie großzügig verteilen.

Seit 1950 überwacht Elizabeth mithilfe von erfahrenen Hundezüchtern persönlich die Aufzucht der Welpen, sie lässt sie registrieren, sucht den Vater aus, der hübsch sein und das rotbraune Pembroke-Fell haben muss. Die Hunde durften noch nie an Rennen oder Wettbewerben teilnehmen, nie wurde einer weiterverkauft. Nur verschenkt hat die Queen hin und wieder ein Exemplar, sodass Stammmutter Susan mittlerweile Nachkommen in ganz Großbritannien, den USA und Australien hat.

Wann immer sie kann, beschäftigt sich Elizabeth selbst mit

ihren Hunden und macht lange Spaziergänge mit ihnen. Philip nennt es ihre *dog mechanism therapy*, die Hunde-Bewegungstherapie. Doch in einem Leben, das vom Protokoll bestimmt ist, erfüllen die Tiere noch eine andere Funktion: Sie dienen als Eisbrecher bei Fremden, auch bei Adligen, denn ein unverfängliches Gespräch über Hunde lässt sich immer führen.

In Buckingham Palace schlafen die Tiere in ihren Hundekörbchen in der Stiefelkammer – ganz in der Nähe der königlichen Apartments – und dürfen überall frei herumlaufen. Wenn ihr Frauchen frühstückt oder Tee trinkt, stöbern sie um den Tisch herum und hoffen auf ein paar Kekse oder Toastscheiben. Abgesehen davon bekommen die Corgis natürlich nur Gourmetfutter, dafür sorgt der Küchenchef persönlich: klein geschnittenes Kochfleisch, serviert mit Kohl und weißem Reis. Alles frisch und von höchster Qualität, da ist Ihre Majestät rigoros. Als einmal das Gerücht aufkam, hinter Balmorals Mauern gebe es Tiefkühlkost, stürzte sich augenblicklich die Boulevardpresse auf das Thema: Die Queen hatte entdeckt, dass eine Mahlzeit der Corgis am Vortag mitgekocht und dann eingefroren worden war, um am nächsten Tag aufgewärmt im Fressnapf zu landen. Der » Tiefkühl-Skandal « wurde so hochgekocht, dass er am Ende den armen Koch, Mark Flanagan, fast den Job gekostet hätte.

Mit neunzig Jahren schließlich gibt Elizabeth ihre Corgi-Zucht auf. Die Gründe dafür kennen wir von ihrem Berater in Zuchtangelegenheiten, Monty Roberts: Sie fürchtete wohl, die geliebten Hunde könnten sie überleben. Und das in einer Familie, in der niemand ihre Leidenschaft teilt, wie William und Harry in einem BBC-Interview bestätigen: » Wir haben keine Ahnung, wie Ihre Majestät diese Tiere erträgt. «

Als 2012 ihr Hund Monty stirbt, will Roberts ihr einen neuen Corgi besorgen. » Darüber reden wir ein andermal «,[11] erwidert die Monarchin. Dazu ist es bis heute nicht gekommen. 2016 adoptiert sie Whisper, einen Jagdhund, dessen Herrchen gestorben ist, doch Holly und Willow, beide Jahrgang 2003 (wir kennen sie aus dem Olympiafilm von 2012), bilden das Ende einer langen Corgi-Dynastie: Das Risiko, über die wuseligen Tierchen zu stolpern, ist für eine Dame ihres Alters einfach zu hoch.

17. April 2018. Ein lauer Frühlingstag auf Schloss Windsor. Mit gesenktem Kopf geht Elizabeth neben ihrem Hofgärtner her, der den kleinen, rotbraunen Willow zu seinem Hundegrab trägt. Mit seinem Tod endet eine lange Geschichte, die 1948 mit Susans Welpen Sugar und Honey begann und vierzehn Generationen umfasst. Willow wird neben Monty und Holly begraben, die achtzehn Monate zuvor gestorben ist. Grabstätte ist der Windsor Great Park, wo ihre gesamten Vorfahren liegen, außerdem Labradore und Cockerspaniels (darunter Sandringham Slipper, gestorben 1958, Sandringham Brand, der als »Gentleman unter den Hunden« in die Geschichte einging und 1980 nach achtjährigem Dienst starb, und Sandringham Fern). Auf dem kleinen weißen Grabstein stehen der Name, die Geburts- und Sterbedaten und die Inschrift *Treuer Freund der Queen.*

Seit Elizabeth sich im Oktober 2018 auch von Whisper verabschieden musste, tobt kein Hund mehr durch ihre Residenzen. Nur die zwei Dorgis Candy und Vulcan leisten ihr noch Gesellschaft. Sie sind die Kreuzung aus einem Corgi und Margarets Dackel Pipkin und gehören nicht zu den klassischen Fotomotiven des Königshauses, weshalb sie in keinem Film, in keiner Dokumentation verewigt wurden.

Elizabeths Hundeliebe jedoch ist auf Tausenden Fotos zu sehen, außerdem im besagten spektakulären Olympia-Einspieler und in der Komödie *Royal Corgi – Der Liebling der Queen* aus dem Jahr 2019; übrigens (mit ihrem stillschweigenden Einverständnis) der erste Animationsfilm über die Königin.

Seit siebzig Jahren zwei Meter Abstand

4. Mai 2017. Buckingham Palace kündigt eine wichtige Mitteilung an. Elizabeth ruft ihre Angestellten aus dem ganzen Königreich zusammen, es ist ein Notfall. Die Sorge ist groß. Schon aus Aberglaube geht niemand davon aus, dass die Monarchin in Lebensgefahr schwebt oder, schlimmer noch, ihre Abdankung beschlossen hat, trotzdem überschlagen sich im Netz die Spekulationen:

König Artus kehrt aus Avalon zurück!
Die Geheime Kammer wurde geöffnet!
Elizabeth will Königin der Sieben Reiche werden
und erhebt Anspruch auf den Eisernen Thron!

Dann die Mitteilung aus dem Palast: Nach 22 219 öffentlichen Auftritten, 637 Besuchen in Übersee und 5500 Reden hat Philip Mountbatten, Herzog von Edinburgh, beschlossen, sich ins Privatleben zurückzuziehen und die Schirmherrschaft von über 780 Organisationen abzugeben. Das Land atmet auf.

Kurz vor seinem 96. Geburtstag setzt Philip sich zur Ruhe. Zieht sich aus seinem ebenso komplizierten wie aufreibenden Job zurück: dem des Mannes an der Seite einer Primadonna, ohne klar definierte Rolle, ohne eigenes Tätigkeitsfeld, dafür mit dem vollen Terminkalender seiner Frau.

Nie haben wir sie Händchen halten sehen, sie haben seit Langem getrennte Schlafzimmer und müssen über ihre Gefühle keine Rechenschaft ablegen, doch als am 20. November 2017 drei Stunden lang die Glocken von Westminster Abbey läuten, kennt jeder Londoner den Grund: Großbritannien feiert den siebzigsten Hochzeitstag des langlebigsten Königspaares der Welt, eines Paares, das trotz Tragödien,

283

Untreue und Fehltritten der Kinder die Jahrzehnte überstanden hat. Mit dem Charme eines alten Casanovas hat Philip seine Rolle als der Mann an Elizabeths Seite gefunden, überzeugt mit seiner Ausstrahlung und der Kunst, andere zum Lachen zu bringen. Vielleicht hat sein Enkel Harry es am treffendsten auf den Punkt gebracht, als er sagte: »Er macht zwar den Eindruck, dass er nur das tut, was er will, doch er ist immer da, und ohne ihn hätte sie es wohl kaum so weit gebracht.«

Sie hat ihn immer als »meine Kraft und Stütze« bezeichnet. Er hat seinen ausholenden Schritt ihrem Gang angepasst, um stets zwei Schritte hinter ihr zu bleiben. Kein Königspaar hat es so lange miteinander ausgehalten. Und nur wenige bekommen überhaupt die Chance auf so einen Rekord.

Wie könnten also die Fotos zur Platinhochzeit fehlen?

Diesmal kümmert sich der bei Berühmtheiten viel gefragte britische Porträtfotograf Matt Holyoak um das Familienalbum. Elizabeth trägt ein cremefarbenes Kelly-Kleid, auf der linken Schulter prangt die Skarabäengemme aus Gelbgold, Rubinen und Diamanten, die ihr Mann ihr 1996 geschenkt hat; Philip steht, leicht nach hinten versetzt, an ihrer Seite, mit spitzem Kinn und einer offenbar neu gefundenen Freiheit: zwei schöne alte Menschen, ein Abbild der Demut. Im Hintergrund auf einem Gemälde von Thomas Gainsborough aus dem Jahre 1781 das Bildnis von George III. und Königin Charlotte, die es zusammen auf siebenundfünfzig Jahre brachten.

Obwohl Elizabeth einundneunzig und Philip sechsundneunzig Jahre zählen, wirken die englische Königin und ihr Prinzgemahl zeitgemäßer als Kate und William, die in ihren traditionellen Rollen als künftiger Monarch und Frau und Mutter gefangen sind. »Ein echter Hausmann«, so definiert die Queen-Biografin Ingrid Seward Philip und erinnert daran, wie er die Kinder hütete, während seine Frau im Zwanzigminutenrhythmus Termine abhakte. Sicher verdankt es Elizabeth auch ihrem Ehemann, dass sie mit solcher Ausdauer und Autorität Königin sein kann, und privat ist Philip der Einzige, der Ihrer Majestät auf Augenhöhe begegnet. Und sicher auch der Einzige, der seine Lilibet *Cabbage* nennen darf, Kohlkopf, wie uns der englische Drehbuchautor Peter Morgen im Film *The Queen* offenbart hat.

Ehemann und Prinzgemahl sein! Das ist gewiss nicht einfach, auch für Philip nicht, und er hat die Rolle des » Unruheprinzen « nie ganz abgelegt, wie ein eklatanter Zwischenfall am 17. Januar 2019 zeigt, als er ohne Leibwächter am Steuer seines Land Rovers mit einem entgegenkommenden Auto zusammenprallt und sich überschlägt. Es ist ein Wunder, dass er mit ein paar Kratzern und einem Schock davonkommt. Zum Glück sind auch die beiden Frauen im anderen Wagen nur leicht verletzt, und ein acht Monate altes Baby auf dem Rücksitz bleibt unversehrt. Bevor er nach Sandringham zurückkehrt, muss Philip sich einem Alkoholtest und einer eingehenden medizinischen Untersuchung unterziehen. Auch die Begegnung mit seiner Frau wird nicht einfach, die einzige Person, die ihm das Fahren im Alter verbieten könnte (und gerne würde). Doch nur vierundzwanzig Stunden nach dem Unfall wird Philip schon wieder hinter dem Steuer eines brandneuen Land Rovers fotografiert, ohne Anschnallgurt. Die Empörung der Bevölkerung und der Medien ist groß, sogar sonst gemäßigte *royal watchers* stimmen in den Aufschrei ein. Vielleicht langweilt sich der Herzog von Edinburgh ja in seiner Rolle als Pensionär, und der Ausflug von seinem Anwesen ist eine Art Fluchtmöglichkeit, wenn nicht gar der senile Wunsch nach Autonomie?

Einen Monat nach dem Unfall teilt Buckingham Palace mit, dass » der Herzog von Edinburgh nach reiflicher Überlegung zu dem Entschluss gekommen ist, seinen Führerschein abzugeben «.

Ob freiwillig oder auf Drängen seiner klugen Frau, bleibt offen.

Aus dem D-Körbchen geplaudert

Wer für die Queen arbeitet, muss eine Regel einhalten, und die lautet: schweigen. Ein Satz zu viel genügt, und ihr Vertrauen ist verspielt. Und June Kenton, die Starunternehmerin der Luxuswäschemarke Rigby & Peller – das Haus stattet die Frauen der königlichen Familie seit 1961 aus und trägt seit 1982 den offiziellen Titel eines Hoflieferanten – hat geredet. Worauf sie von der Queen quasi gefeuert wurde, wie im krönenden Finale einer Realityshow. Das Königswappen wurde von dem Firmenschild des Luxusgeschäfts in der Kings Road Nummer 13 entfernt (auch bei den zehn anderen Filialen in der Hauptstadt) ebenso aus dem Briefkopf und von allen möglichen Schachteln und Säckchen des Wäschehauses.

Vielleicht hatte June Kenton nie von dem Fall Crawfie und seinen Folgen gehört. Hätte sie gewusst, dass es verboten ist, Dinge aus den Hinterzimmern des Palastes auszuplaudern, hätte sie wahrscheinlich in ihrer Autobiografie *Storm in a D-Cup* (eine Anspielung auf die Redewendung *storm in a teacup,* der Sturm im Wasserglas) nicht von den BH-Anproben Elizabeths und anderer Damen berichtet. Genau betrachtet völlig unspektakulär, weil das Buch keine Details preisgibt und auch über Elizabeths Körbchengröße Schweigen bewahrt (die Staatsgeheimnis ist). Doch allein die Vorstellung einer entkleideten Queen galt wohl schon als unschicklich. Eine Niederlage für die Luxusmarke und wahrscheinlich auch für Elizabeth, die in ihrem Alter bestimmt nicht vorhatte, noch einmal den Unterwäschehersteller zu wechseln.

Zerknirscht über das, was vorgefallen ist, aber weit entfernt von Reue sagt Kenton nicht mehr zu der Angelegenheit, als dass sie sich in Zukunft auf die Ausstattung weltlicher Stars wie Kim Kardashian, Lady Gaga und Scarlett Johansson konzentrieren werde.

Den renommierten *Royal Warrant* – die Auszeichnung zum königlichen Hoflieferanten, mit der die Queen, der Herzog von Edinburgh und der Prince of Wales Menschen oder Unternehmen ehren, die mindestens fünf Jahre in Folge das Königshaus mit ihren Waren beliefert haben – bekommt man nur nach eingehender Prüfung durch das Royal Household Tradesmen's Warrants Committee. Diese Kommission geht auf Henry II. und die *Royal Charter* zurück, ein Dokument, in das das Königshaus damals die Namen seiner Lieferanten eintrug; die heute bekannte Form als Prädikatswappen führte dann Königin Victoria ein, die es in ihren dreiundsechzig Regentschaftsjahren etwa zweitausend Mal vergeben hat.

Die Konkurrenz ist hart: Jedes Familienmitglied kann für jedes Produkt oder jede Dienstleistung einen Anwärter nennen, die Auszeichnung gilt fünf Jahre lang, nach deren Ablauf die königliche Kommission erneut prüft, ob die Garantien noch Geltung haben. Nicht viele Unternehmen können sich über die Segnung durch gleich alle drei *Royal Warrants* freuen: Barbour mit seinen Wachsjacken, das Modehaus Daks, der Luxuswarenhändler Halcyon Daysoder die Wäscherei Blossom & Browne's Sycamore.

Windsor GmbH

Obwohl ihre Enkel sie schlicht » Gan Gan « nennen, ein Kosename für » Grand-Ma «, müssen auch die Jüngsten sich bei ihr mit Verbeugung und Hofknicks vorstellen. Sie bekennt in aller Öffentlichkeit, dass sie die Kinder liebt (wie in ihrer Weihnachtsansprache 2018), und es ist kein Zufall, dass sie sie mit auf das Geburtstagsfoto von Annie Leibovitz zu ihrem 90. holt. Es ist gar nicht so einfach, dass nach den vielen Jahren ein Foto von ihr noch überrascht, doch 2016 gelingt dies im Gegensatz zu anderen Familienfotos sehr gut. Elizabeth in weißer Bluse, beiger Jacke und grauem Rock hält die elfmonatige Charlotte auf dem Schoß, Tochter ihres Enkels William und seiner Frau Catherine, der Herzogin von Cambridge. Neben der liebevollen Groß- und Urgroßmutter ihre vier älteren Urenkel: Mia (zwei Jahre), Tochter von Zara Phillips und dem Rugbyspieler Mike Tindall; George, Williams Ältester (knapp drei); Isla (vier) und Savannah Phillips (fünf), Töchter von Peter Phillips und seiner Frau Autumn; außerdem die zwei noch jungen Enkel der Queen James (acht) und Louise (zwölf), die Kinder ihres Letztgeborenen Edward und seiner Frau Sophie. Seit der Aufnahme sind zur Kinderschar noch hinzugekommen: Louis, der zweite Sohn von William und Catherine, der 2018 geboren wurde, und Archie, der Sohn Harrys, Jahrgang 2019.

Offenbar kann die Queen nun als Großmutter und Urgroßmutter endlich die Gefühle zeigen (öffentlich wie privat), die sie als Mutter nie nach außen getragen hat. Als Matriarchin der berühmtesten und mächtigsten Dynastie des Vereinigten Königreiches hat sich Elizabeth nie wirklich verändert, sondern höchstens Stück für Stück »angepasst«, begonnen 1997 mit Dianas Tod, seit dem sie sich mehr um die Ausbildung des Enkels William kümmerte.

Tat sie es für die Krone?

Wohl nicht nur. William und sein Bruder Harry haben einen positiven Einfluss auf sie. Mit ihnen wurde sie lockerer, weniger streng und bekannte sich zu Gefühlen, die ihr als Königin und Mutter fremd waren. Ihnen gibt sie, was sie sich selbst nie zugestand: Zuneigung. Auch Williams amouröse Ambitionen verfolgt sie und legt ihm nach den schlimmen Erfahrungen mit der übereilten und desaströsen Hochzeit von Charles und Diana nah, es anders zu machen als der Vater. Man sollte sich gut kennen vor der Ehe, und nichts spricht dagegen, dass er mit Miss Catherine Middleton (ihr Spitzname in der Presse lautet »Waity Katie«, das wartende Käthchen), die er während ihrer gemeinsamen Studienzeit an der schottischen University of St. Andrews kennenlernt und dort mit ihr in einer WG zusammenlebt, über acht Jahre unverheiratet zusammen ist. Als William die vermögende Bürgerliche dann am Freitag, dem 29. April 2011, zum Altar führt, scheint Ihre Majestät im safrangelben Mantel und mit Hütchen im selben Ton geradezu zu strahlen. Auch ohne Adelstitel hat Kate alles, was sie braucht: Sie ist perfekt genug, um dem Hof keine Scherereien zu machen wie ihre Schwiegermutter (deren Verlobungsring an ihrem Finger steckt), sie trägt ihre Kleider knielang, spricht wenig und nur zu offiziellen Anlässen, hat ein sanftes Lächeln, eine starke Persönlichkeit und eine herausragende Neigung zur Mutterschaft: Innerhalb von sieben Jahren gebiert sie ihre drei Kinder, ohne dabei ihre Ehrenämter bei verschiedenen Wohlfahrtsorganisationen zu vernachlässigen.

Für ihre dieser Ehe entstammenden Urenkel geht Elizabeth noch einen Schritt weiter: Im Oktober 2011 lässt sie das Gesetz ihres Großvaters aus dem Jahre 1917 ändern und regelt die Thronfolge zugunsten der weiblichen Nachkommen neu: Sowohl Williams Söhne als auch seine Töchter werden nun den Titel Königliche Hoheit tragen. Das heißt, wäre Williams ältestes Kind ein Mädchen geworden, würde es – so wie jetzt Prinz George – auf Platz drei der Thronfolge rangieren.

Die Neuerungen, ihrer Familie gegenüber so liebenswürdig wie im Sinne der Monarchie unumgänglich, zeigen Wirkung: Die jungen Windsors und ihre Kinder stehen bei den Untertanen in hoher Gunst, jeder ihrer Entwicklungsschritte wird begeistert verfolgt – nicht zuletzt anhand von Fotos. Sie ziehen Touristen an und sind wahre Goldesel für ihre Einkleider: Die Bilder der Garderobe von Kate und den kleinen Prinzen und der Prinzessin gehen um die Welt (via Twitter, Facebook und Instagram), und innerhalb weniger Stunden wird die Kleidung zum Verkaufsschlager.

Anders als sein älterer Bruder hat Harry sich zunächst auf dem fünften Platz der Rangfolge komfortabel eingerichtet (nach der Geburt seines Neffen Louis rutscht er sogar auf den sechsten). Und er legt in Sachen Frauen ein höheres Tempo vor. Nach einigen mehr oder weniger aristokratischen Liebeleien bittet er seine Großmutter 2017 um Erlaubnis, Miss Meghan Markle vor den Traualtar zu führen, die er erst seit wenigen Monaten kennt. Über die persönliche Meinung der Queen ist natürlich nichts bekannt, doch nachdem sie die zukünftige Braut zum Tee in den Palast geladen hat, gibt sie sofort ihre Zustimmung (die für Thronfolger bis Rang sechs erforderlich ist). Und am 19. Mai 2018 betritt sie zusammen mit Philip als Letzte die St. George's Chapel in Windsor für die Hochzeit ihres Lieblingsenkels Harry mit der afroamerikanischen Ex-Schauspielerin, die drei Jahre älter ist als er, geschiedene Eltern und einen bankrotten Vater hat und deren Schwester sich gern dafür bezahlen lässt, in Fernsehinterviews schlecht über sie zu reden. Ihre Liebe zu dem Prinzen hat sie als Erstes der *Vanity Fair* gestanden, garniert mit sexy Fotos: Vergleichbare Geschehnisse hätten drei Generationen zuvor zur sofortigen Abdankung geführt.

Kate steht als zukünftige Königin unter strenger Beobachtung; Meghan, Herzogin von Sussex, ist weniger eingeengt und vielleicht auch weniger erfahren in Fragen der Etikette und höfischer Pflichten. Nach den ersten Monaten idyllischen Einvernehmens mit der Presse, die den zwei Brüdern und ihren Frauen in Anlehnung an die Beatles den Spitznamen »Fab Four« gibt, sprießen plötzlich die Gerüchte wie seit Zeiten von Lady Di und Sarah Ferguson nicht mehr: Meghan wird unterstellt, sie wolle Harry der Familie ent-

fremden, sie sei ein verschwenderisches Luxusgirl, terrorisiere
ihre Mitarbeiter, die schon nach kurzer Zeit das Weite
suchen, und habe den Umzug aus dem Londoner Kensington
Palace – die königliche »Kommune«, in der Kate und William weiterhin mit ihren drei Kindern wohnen – nach Frogmore in Windsor forciert, weil sie sich mit der Schwägerin
überworfen habe.

Am 8. Januar 2020 lassen der Herzog und die Herzogin
von Sussex schließlich eine Bombe platzen, und alle, die Meghan ablehnend gegenüberstehen und sie als Spaltpilz betrachten, sehen sich bestätigt: Über Instagram geben Harry und
sie eine Erklärung ab, die darauf hinausläuft, dass sie von
ihren königlichen Pflichten zurücktreten und sich mit ihrem
Sohn in Kanada ein unabhängiges Leben aufbauen wollen.
Gerüchte besagen, über diesen Schritt sei hinter den Kulissen
schon seit Monaten diskutiert worden, aber nach einer Indiskretion habe man der Boulevardpresse nun zuvorkommen
müssen. Doch natürlich beherrscht dieser neuerliche tiefe
Einschnitt in der Familiengeschichte der Windsors unter
dem Schlagwort »Megxit« die Schlagzeilen jetzt erst recht.
Als Stichtag wird der 31. März 2020 vereinbart, danach gelten
Harry und Meghan als »privat finanzierte Mitglieder der
königlichen Familie«. Aber selbst die Auslandspresse kriti-
siert sie für die Art und Weise ihres Abschieds: »Überhastet,
unvorbereitet, halsstarrig (…) Die Zukunftspläne: schwam-
mig«, so lautet ein unmissverständliches Urteil aus Deutsch-
lands Blätterwald, die beiden schwebten »in einem Vakuum
zwischen Ehrgeiz und Orientierungslosigkeit«.[12]

Wenige wissen wirklich, wie es zu dieser Entwicklung kam.
Sicher ist nur, dass auch künftig alles, was die beiden »Abtrün-
nigen« sowie Kate und William (auf denen nun umso mehr
der Fokus als Hoffnungsträger für die Zukunft der Monarchie liegt) tun oder lassen, in den Schlagzeilen landen und die
Fantasie auch dabei kaum Grenzen kennen wird – viel extre-

mer als bei den beiden Töchtern des Herzogs von York und seiner Ex-Frau Sarah Ferguson, Beatrix und Eugenie. Und wie sieht es bei Elizabeth aus, für die manche Journalisten angesichts des »Megxit« und zunehmender Sorgen um den fast hundertjährigen Philip bereits ein zweites »Annus horribilis« herbeischreiben? Sie liebt die beiden Enkelinnen heiß und innig, sie sorgen für keine Skandale, haben studiert und einen Job. Und ganz gewiss hat die Queen gefreut, dass die achtundzwanzigjährige Eugenie, anders als Meghan Markle, sich am Ende ihrer Hochzeitszeremonie mit Jack Brooksbank am 12. Oktober 2018 in Windsor mit einem langen und tiefen Hofknicks zur Großmutter umdrehte. Den Elizabeth – sie trägt einen himmelblauen Mantel mit goldenen Knöpfen und einen wunderschönen Hut mit cremefarbener Blume – mit einem herzlichen Lächeln beantwortete, das erste und einzige der gesamten Trauung.

London Bridge is down

Am Mittwoch, dem 3. Juni 2015 um 9:30 Uhr, versetzt der Tweet der BBC-Reporterin Ahmen Khavaja die Welt in Alarmbereitschaft: »Breaking News: Queen Elizabeth ins King Edward VII's Hospital eingeliefert.« Und dann: »Queen Elizabeth ist tot.« Nur wenige Sekunden später wird die Nachricht per Tweet dementiert, doch es ist zu spät: Sowohl CNN als auch *Bild* haben sie schon weiterverbreitet. Buckingham Palace sieht sich zu der lakonischen Mitteilung gezwungen, die Königin habe zwar durchaus das King Edward VII's Hospital aufgesucht, allerdings nur für eine Routineuntersuchung. Um die vorschnelle Journalistin eines Besseren zu belehren, hätte die Queen auch ein Selfie twittern können als Beweis, dass sie bei bester Gesundheit ist. Denn tatsächlich hat Elizabeth einen Twitter-Account,

@BritishMonarchy, über den sie als »Elizabeth R.« kommuniziert. Die unglückselige Reporterin und die gesamte BBC überschlagen sich mit Entschuldigungen und erklären, dass das Missgeschick bei einer »Ernstfall-Probe ersten Grades«[13] passiert sei, die die BBC alle sechs Monate durchführe, um »nicht einzurosten«. Ungefähr so, wie alle Zeitungen ihre Nachrufe auf berühmte Persönlichkeiten für den Todesfall bereits in der Schublade liegen haben und hin und wieder aktualisieren.

Die Planung einer so bedeutenden Beerdigungsfeier, die vielleicht nur mit dem Zeremoniell des Vatikans vergleichbar ist, erfordert höchste Fachkenntnis und Erfahrung. Bei Hofe und in Regierungskreisen hat sich dafür im Jahr 2000 eine Task Force aus rund hundert Personen gebildet, die das »Event« vorbereitet. Denn das Warum kann man sich vorstellen (das hohe Alter) und zumindest grob auch das Wie (etwa durch eine kurze Krankheit).

Aber glücklicherweise nicht das Wann.

Wenn ein Monarch stirbt, ist das immer eine öffentliche Angelegenheit. Sei es nun unerwartet wie bei George VI. oder ein wenig nachgeholfen wie bei Elizabeths Großvater, dem der Leibarzt Morphin injizierte, um ihn von seinem Leiden zu erlösen, und das möglichst rechtzeitig zur Morgenausgabe der *Times*.

Zwei Jahre nach dem unglückseligen Tweet enthüllt der *Guardian*-Journalist Sam Knight, wie es um die Planungen von Elizabeths Beerdigungszeremonie bestellt ist: Er hat sich Zugang verschafft zu dem Geheimdossier mit dem Titel »The Bridge«. Die Queen weiß natürlich, dass das Ereignis perfekt vorbereitet ist, und nimmt die Enthüllungen trotz eines gewissen Missfallens gelassen: »Irgendwann trifft es alle«, soll sie gesagt haben in Anspielung auf die berühmten Zeilen des englischen Dichters John Donne *»that death comes equally to us all and makes us all equal when it comes«* –

293

der Tod komme gleichermaßen zu uns allen und mache uns alle gleich, wenn er komme.

Es wird in den letzten Stunden ihres Lebens beginnen, wenn ihr Leibarzt das Regiment übernimmt und bestimmt, wer noch ins Zimmer darf und welche Informationen den Raum verlassen. Buckingham Palace wird einige »vorbereitende« Kommuniqués zum Gesundheitszustand Ihrer Majestät herausgeben. Nach dem Tod der Queen geht das Protokoll in die Hände ihres Privatsekretärs über, der mit dem Codewort »London Bridge is down« (London Bridge ist eingestürzt) über eine abhörsichere Telefonleitung den Premierminister in Kenntnis setzt. Die Nachricht bleibt so lange Staatsgeheimnis, bis der Außenminister aus dem sogenannten Foreign Office's Global Response Centre mit Sitz an einem geheimen Ort in London die Regierungen der Länder informiert hat, deren Regentin Elizabeth ist, sowie die Mitglieder des Commonwealth. Gleich darauf erfährt der Rest der Welt durch eine führende Nachrichtenagentur von der Neuigkeit, wenngleich die englische Monarchie derlei mittlerweile auch über ihren eigenen Twitter-Account @RoyalFamily verbreitet. Während früher die BBC das einzige Sprachrohr zwischen Volk und Königshaus war, ist es heute wahrscheinlicher, dass nach wenigen Sekunden die Handybildschirme mit Social-Media- und Onlinediensten der Zeitungen überschwemmt werden. Das Reglement gebietet trotzdem, dass ein schwarz gekleideter Page vor Buckingham Palace tritt und eine offizielle Mitteilung des Palastes am Zaun befestigt, die auch auf der Homepage des Königshauses erscheinen wird. Einen Tag später schließlich liegen in Museen, öffentlichen Palästen und Bibliotheken die Kondolenzbücher aus.

Und der Thronerbe? Er wird mit dem letzten Atemzug der Queen zum König (vielleicht Charles III. oder George VII.?) und hält seine erste Rede als neuer Monarch noch am Abend ihres Todestages. Am folgenden Morgen wird die Königliche Standarte, die über allen Residenzen einige Stunden lang auf halbmast wehte, um Punkt elf Uhr erneut gehisst und Charles offiziell zum König ausgerufen.

Alle nationalen und internationalen Medien sind auf das Ereignis vorbereitet: Die *Times* hält Artikel und Fotoserien für elf Tage vor, die gedruckt oder online erscheinen können, und die gängigen Adelsexperten sind schon unter Vertrag, um das Geschehen im Fernsehen, im Radio oder in den Zeitungen zu kommentieren. In dem Moment, da die Nachricht an die Öffentlichkeit geht, wird bei der BBC das blaue Licht eingeschaltet, das den nationalen Notstand in Erinnerung ruft. Wer in diesem Moment auf Sendung geht, kennt schon jetzt seine Rolle: Die Kleider in gedeckten Farben hängen in den Redaktionen bereit, alle Sendungen werden unterbrochen für die landesweit gleichlautende Nachricht mit dem bekannten Anfang: » Hier spricht die BBC London. « Das königliche Wappen flimmert über den Bildschirm, begleitet von der Nationalhymne. Es liegen diverse Playlists bereit, von » traurig « bis » sehr traurig «, und bis zum Tag der Beisetzung werden alle komödiantischen Beiträge ausgesetzt.

Doch Elizabeths Tod wird sich für Millionen Menschen von allen vorhergehenden Todesfällen unterscheiden, selbst dem von Königin Victoria. » Sie ist die einzige Königin, die fast alle von uns kennengelernt haben: Drei Viertel der Premierminister ihrer Zeit, Tony Blair, James Cameron oder Theresa May, wurden während ihrer Regentschaft geboren «, stellten Journalisten in einem Interview des *Guardian* fest.

Sollte Elizabeth im Ausland ableben, würde augenblicklich ein Militärjet des 32. Luftwaffengeschwaders mit einem Sarg an Bord von London abheben. Nicht so, wenn die Queen auf Balmoral versterben sollte: Bevor man ihren Leichnam nach London brächte, würde er in der Edinburgher Residenz Holyroodhouse aufgebahrt werden, bewacht von der Royal Company of Archers, der königlichen schottischen Leibwache, und von dort für die erste Trauerzeremonie in die Edinburgher St Giles' Cathedral verbracht werden. Dann würde er mit dem königlichen Zug in gedrosseltem Tempo nach London gefahren werden, damit ihre Untertanen sich an der Strecke von der Queen verabschieden könnten.

Überwacht werden die Trauerfeierlichkeiten vom Herzog von Norfolk und einer Task Force staatlicher Institutionen: Polizei, Sicherheitsdienste, Streitkräfte. Vier Tage nach ihrem Tod wird der Leichnam der Queen für weitere vier Tage in Westminster Hall aufgebahrt. Der Sarg wird auf einen mit purpurfarbenem Tuch überzogenen Katafalk postiert, geschmückt mit den Kronjuwelen. Die Wache übernehmen jeweils ein Soldat der Luftwaffe, des Heeres, der Marine und der Wachen des Tower of London, alle zwanzig Minuten erfolgt ein Wachwechsel.

Zwölf Tage nach dem Tod sieht das Protokoll die Beerdigung vor, damit alle Staats- und Regierungschefs sowie die Königsfamilien anderer Nationen Zeit haben, sich einzufinden. Sämtliche öffentlichen Ämter und die Londoner Börse bleiben an diesem Tag im Königreich geschlossen oder öffnen nur kurz, und in vielen Stadien finden zeitgleich Trauerfeiern statt.

Um neun Uhr morgens beginnt Big Ben zu läuten.

Mit einer feierlichen Zeremonie wird der Sarg aus Westminster Hall nach Westminster Abbey verlegt, wo er um elf Uhr ankommt. In der Abtei haben schon zweitausend Gäste Platz genommen, beobachtet von den Fernsehkameras aus aller Welt, die die Bilder auf Großleinwände übertragen; sie dürfen alles filmen außer den Gesichtern der königlichen Familie. In den Bahnhöfen und U-Bahn-Stationen halten die Fahrer ihre Fahrzeuge an und steigen aus. Am Ende der Zeremonie wird der Sarg auf eine Geschützlafette gehoben und von 138 Matrosen (eine Tradition, die auf die Beisetzung

Königin Victorias aus dem Jahre 1901 zurückgeht) vom Zentrum Londons aus 37 Kilometer in die St. George's Chapel nach Windsor gezogen, wo Elizabeths Leichnam hinter verschlossenen Türen in die Krypta hinabgelassen wird und der neue König einige Handvoll Erde auf den Sarg wirft.

Welche emotionalen Auswirkungen Elizabeths Tod auf die Engländer haben wird, ist kaum absehbar. Relativ klar hingegen ist der ökonomische Faktor des Ereignisses: Die Beerdigung und Charles' Krönung werden das Land mehrere Millionen Pfund kosten, nicht eingerechnet die immensen Ausgaben für die Änderungen von Geldmünzen, Briefmarken, Uniformen von Polizei und Militär, Briefkästen der Royal Mail, die allesamt mit QEII (Queen Elizabeth II) beschriftet sind. Nicht zuletzt müssen nach und nach auch alle Reisepässe ausgetauscht werden, die es ihren Inhabern gestatten, »im Namen Ihrer Majestät der Königin frei und ungehindert zu passieren«.

Am 21. April 2021 feiert Elizabeth ihren 95. Geburtstag. Und es sieht so aus, als bliebe *London Bridge is Falling Down* noch für lange Zeit nicht mehr als der unschuldige Titel eines populären Kinderliedes.

Schwer ruht das Haupt, das die Krone trägt

2. Juni 1953. Queen Elizabeth II. am Tag ihrer Krönung. Das Foto entstand in Buckingham Palace vor dem Hintergrund eines Gemäldes von der Kapelle Henrys VII. in Westminster Abbey. [12]

14. Januar 2018. Zierlich, die Schultern gebeugt, betritt Elizabeth II. mit kleinen Schritten den Thronsaal von Buckingham Palace. Auf ihrem leuchtend blauen Kleid prangt eine Diamantbrosche, um den Hals trägt sie eine dreireihige Perlenkette, am Arm das schwarze Launer-Täschchen Modell »Traviata«, ihre silbergrauen Haare liegen in perfekten Wellen. Sie geht am Thron mit ihrem Monogramm vorbei und setzt sich auf einen kleinen roten Samtsessel. Ihr gegenüber wartet der elegant-distinguierte Journalist Alastair Bruce. Zwischen ihnen steht ein kleiner Tisch, darauf die Edwardskrone, die zu den schwersten der Welt zählt: zwei Kilo und 155 Gramm pures Gold, Brillanten, Saphire, Smaragde, Rubine und Perlen. Die Monarchin hat sie seit dem 2. Juni 1953 nicht mehr getragen, als der Erzbischof von Canterbury sie ihr aufs Haupt setzte. Zur Parlamentseröffnung und bei anderen offiziellen Anlässen greift sie zu der etwas leichteren Imperial State Crown.

Elizabeth schaut mit offenem Blick in die Kamera, als suchte sie irgendwo Halt. Eine seltene, unbearbeitete Nahaufnahme ihres Gesichts. Das Alter scheint an ihr vorüberzugehen: Immer noch ist sie die schüchterne Frau, die Fernsehkameras scheut und sich bis heute in ehernes Schweigen hüllt (ihre Stimme aus dem Off lieh sie nur ein einziges Mal dem BBC-Dokumentarfilm *Elizabeth R.* aus dem Jahr 1992). Doch Ihre Majestät hat einen ausgeprägten Sinn für Geschichte und möchte vielleicht am Ende ihrer Regentschaft, fünfundsechzig Jahre nach der Thronbesteigung, noch einmal » die Stimme erheben «, im ersten und bis heute einzigen Interview mit der BBC. Für den Dokumentarfilm *The Coronation*[1] hat sie einem einstündigen Gespräch über ihre Krönung zugestimmt, das zu einer unwiderstehlichen One-Woman-Show gerät.

Die Krone: Sie war ihr Himmel, und sie war auch ihre Hölle, und ganz sicher ein Symbol, das ihr im Leben den Weg gewiesen hat. Sie war die Liebe ihres Lebens, neben dem Herzog von Edinburgh natürlich. Ob Philip oder die Krone, immer geht es um Liebe. Liebe hat sie gegeben, und Liebe hat sie zurückbekommen. Niemals hat sie ihr Amt vernachlässigt oder sich Kapriolen erlaubt, und trotz ihres hohen Alters erfüllt sie ihre Pflicht noch immer Tag für Tag.

Mit einem Lächeln in Bruces Richtung nimmt sie das juwelenbesetzte Wahrzeichen in die Hände, hebt es hoch und betrachtet es mit demselben aufrichtigen Interesse, mit dem sie immer in die Welt geschaut hat. Auch wenn die sich um sie drehte. Sie wendet die Krone wie ein Spielzeug hin und her: » Man kann einfach nicht erkennen, wo hinten und wo vorn ist. Sie ist überall gleich, aber wenn sie erst mal auf dem Kopf sitzt, hält sie. Die Vorstellung, sich den Helm zu polstern (mit Diamanten, *Anm. d. Aut.*), ist amüsant. Ein bisschen übertrieben vielleicht, aber damals (1661, *Anm. d. Aut.*) war das so üblich. Sehen Sie, das sind die Perlen von Elizabeth I., aus der Nähe betrachtet sehen sie wirklich > unglücklich < aus ... Perlen müssen getragen werden, um zu leben. «

» Ist sie ... schwer, Majestät? «

» Na ja, schon, ziemlich schwer. «
» Ist sie bequem? «
Mit ihrer herrlichen Schlagfertigkeit gibt Elizabeth lachend zurück: » Selbstverständlich nicht! So ein Ding kann
nicht bequem sein. Sie sehen, Kronen haben den einen oder
anderen Nachteil, aber als Symbol sind sie immer noch wichtig. «

Die Krone noch in den Händen fügt sie leise hinzu, als
wollte sie einer Freundin ein Geheimrezept anvertrauen:
» Man muss den Text zum Ablesen hochheben und darf
nicht den Kopf senken, sonst bricht man sich den Hals, oder
sie fällt auf den Boden. «

Über einen Bildschirm laufen seltene Archivbilder. In den
Filmausschnitten in Schwarz-Weiß von der Krönung Georges VI. und auf den Bildern aus einem vergilbten Heft mit
dem Titel *Von Lilibet für Mama und Papa in Erinnerung an
die Krönung* sieht sich Elizabeth als Elfjährige wieder und
muss offensichtlich ihre Rührung unterdrücken, als sie sagt:
» Ich habe einer Krönung beigewohnt und war diejenige, die
die nächste Königin werden würde; aber an die von 1937 erinnere ich mich viel besser, weil ich nur zuschauen musste. «

Dann flimmert ihre Jugend über den Bildschirm.

Klar, beinah ungetrübt erwacht die Erinnerung an die
junge Frau mit dem schlanken Hals und den blauen Augen
zum Leben. Elizabeth sieht sich selbst am 2. Juni 1953: blass,
schmal und schön. Erneut erlebt sie die beschwerliche, holp-
rige Fahrt in der Gold State Coach durch Londons festlich
geschmückte Straßen, und sie muss unwillkürlich lachen, als
sie daran zurückdenkt: » Es war schrecklich! Die Kutsche
war so schwer ... Wir bewegten uns im Schritttempo, es rum-
pelte fürchterlich, und ich musste stundenlang ausharren! «

In würdevoller Anmut durchlebt Elizabeth die wiederge-
fundene Zeit, ihr Lächeln trägt sie wie ein Kleid, das sie vielleicht nur ablegt, wenn sie allein ist.

302

Am Ende verabschiedet sie den Journalisten, dem es gestattet war, die größten Momente einer einzigartigen Königin mit ihr zu teilen, in typisch elisabethanischer Bescheidenheit: »Sehen Sie, Alastair, Sie haben das alles Ihr Leben lang studiert. Ich habe es einfach nur gelebt.«

Bibliografie

Bücher

Arbiter, Victoria: *Queen Elizabeth II*, The History Press, Stroud 2016.

Assouline, Pierre: *Cartier-Bresson. L'oeil du siècle*, Plon, Paris 1999.

Baron: *Baron*, Frederick Muller Ltd, London 1957.

Barthes, Roland: *La camera chiara. Nota sulla fotografia* (übersetzt von Renzo Guidieri), Einaudi, Turin 2003.

Beaton, Cecil: *The Unexpurgated Beaton. The Cecil Beaton Diaries as he wrote them*. Introduced by Hugo Vickers, Weidenfeld & Nicolson, London 2002.

Blaikie, Thomas: *What a Thing to Say to the Queen*, Aurum Press, London 2015.

Blau, Tom: *In and Out of Focus*, Elm Tree Books, London 1983.

Bradford, Sarah: *Elizabeth. A Biography of Her Majesty the Queen*, Penguin, London 2002.

Brown, Susanna: *Queen Elizabeth II. Portraits by Cecil Beaton*, Victoria & Albert Publications, London 2011.

Brown, Tina: *The Diana Chronicles*, Arrow Books, London 2007.

Campbell, Judith: *Elizabeth and Philip*, Arthur Barker Limited, London 1972.

Campbell, Lady Colin: *The Royal Marriages*, St. Martin's Press, New York 1993.

Campbell, Lady Colin: *The Queen Mother. The Untold Story of Elizabeth Bowes Lyon, Who became Queen Elizabeth The Queen Mother*, St. Martin's Press, New York 2012.

Caprarica, Antonio: *Intramontabile Elisabetta*, Sperling & Kupfer, Mailand 2016.

Crawford, Marion: *The Little Princesses*, Cassell & Co. Ltd, London 1950.

Dampier, Phil und Ashley Walton: *What's in the Queen's Handbag and Other Royal Secrets*, The Book Guild Ltd, Kibworth 2007.

Davies, Nicholas: *Queen Elizabeth II: A Woman Who is Not Amused*, Birch Lane Press, New York 1994.

De Courcy, Anne: *Snowdon. The Biography*, Weidenfeld & Nicolson, London 2008.

De Guitat, Caroline: *The Queen's Coronation 1953. The Official Souvenir Album*, Royal Collection Trust, London 2013.

Dimbleby, Jonathan: *The Prince of Wales. A Biography*, William Morrow and Company, New York 1994.

Edwards, Anne: *Royal Sisters. Queen Elizabeth II and Princess Margaret*, William Morrow and Company, New York 1990.

Edwards, Arthur: *Magic Moments. The Greatest Royal Photographs of All Time*, John Blake Books, London 2011.

Filo della Torre, Paolo: *Elisabetta II. La donna e la regina*, Mondadori, Mailand 1994.

Hardman, Robert: *Our Queen*, Hutchinson, London 2011.

Hartnell, Norman: *Silver and Gold*, Evans Brothers Ltd, London 1955.

Hawksley, Lucinda: *Elizabeth Revealed. 500 Facts about the Queen and Her World*, Historic Royal Palaces, London 2018.

Hedley, Olwen: *Round and About Windsor and District*, Oxley and Son, Windsor 1949.

Heighway, Lisa: *Marcus Adams. Royal Photographer*, Royal Collection Trust, London 2010.

Jobson, Robert: *Charles at Seventy. Thoughts, Hopes & Dreams*, John Blake Books, London 2018.

Junor, Penny: *The Duchess. Camilla Parker Bowles and the Love Affair that Rocked the Crown*, Harper, New York 2018.

Kelley, Kitty: *The Royals*, Grand Central Publishing, New York 2010.

Kelly, Angela: *Dressing The Queen. The Jubilee Wardrobe*, Royal Collection Trust, London 2013.

Lacey, Robert: *A Brief Life of the Queen*, Duckworth Publishers, London 2012.

Logue, Mark und Conradi, Peter: *Il discorso del re. Come un uomo salvò la monarchia brittanica* (übersetzt von Simonetta Bertoncini), Tecniche Nuove, Mailand 2011.

Moorhouse, Paul und Cannadine, Sir David: *The Queen. Art and Image*, National Portrait Gallery Publications, London 2011.

Nicolson, Nigel: *The Queen & Us. The Second Elizabethan Age*, Orion Publishing, London 2003.

Parker, John: *Prince Philip: A Critical Biography*, Sidgwick & Jackson, London 1990.

Roche, Marc: *Elizabeth II. La dernière reine*, La Table Ronde, Paris 2007.

Roche, Marc: *Elizabeth II. Une vie, un règne*, La Table Ronde, Paris 2010.

Sabadin, Vittorio: *Elisabetta. L'ultima regina*, Utet, Mailand 2015.

Sebba, Anne: *That Woman. The Life of Wallis Simpson, Duchess of Windsor*, Weidenfeld & Nicolson, London 2011.

Seward, Ingrid: *The Queen's Speech. An Intimate Portrait of*

the Queen in Her Own Words, Simon & Schuster, London
2015.

Shawcross, William: *Counting One's Blessings. The Selected
Letters of Queen Elizabeth the Queen Mother*, Macmillan,
London 2012.

Smith, Sally Bedell: *Elizabeth the Queen. The Life of a Modern
Monarch*, Random House, New York 2012.

Strong, Roy: *Cecil Beaton. The Royal Portraits*, Simon &
Schuster, New York 1988.

Wilding, Dorothy: *In Pursuit of Perfection*, Robert Hale
Limited, London 1958.

Williams, Kate: *Young Elizabeth. The Making of Our Queen*,
Weidenfeld & Nicolson, London 2012.

Ziegler, Philip: *Queen Elizabeth II: A Photographic Portrait*,
Thames & Hudson, London 2010.

Artikel

» Innamorati di Roma Elisabetta e Filippo «, in: *Tempo*,
21. – 28. April 1951.

» Viaggio romantico in Italia di Elisabetta e Filippo
d'Inghilterra «, in: *Oggi*, 26. April 1951.

Buttafava, Vittorio: » L'amore ha messo in crisi la spensierata
Margaret «, in: *Oggi*, 16. Juli 1953.

Corby, Tom: » Sir Edward Ford. Courtier who gave the
Queen's worst year in office its Latin tag «, in: *The Guardian*, 28. November 2006.

De Baleine, Philippe: » Pour ses vingt-six ans Elizabeth II
entre à Buckingham «, in: *Paris Match*, 26. April 1952.

Duell, Mark: » One is amused: New portrait of the Queen by
acclaimed Scottish photographer shows her with a smile

and a twinkle in her eye at Buckingham Palace «, in: *Daily Mail*, 1. Juli 2014.

Edwards, Arthur: » The Diana I Knew «, in: *The Sun*, 29. Juli 2017.

Eldridge, Roger: » Tom Hustler. Fast-living society photographer «, in: *The Independent*, 9. August 2006.

Greenhill, Sam: » Revealed: The › devastatingly attractive' dashing young Army captain who set the Queen's heart a-flutter at the age of 19 «, in: *Daily Mail*, 9. August 2013.

Gross, Michael Joseph: » Queen Elizabeth and Her Corgis: A Love Story «, in: *Vanity Fair*, August 2015.

Hitchens, Christopher: » Windsor Knot «, in: *The New York Times*, 12. Mai 1991.

Kay, Richard und Levy, Geoffrey: » A cold, distant mother? Come off it, Charles (...) «, in: *Daily Mail*, 11. März 2011.

Knight, Sam: » › London Bridge is down ‹: the secret plan for the days after the Queen's death «, in: *The Guardian*, 17. März 2017.

Lloyd, Ian: » Secrets of a royal stylist: How does the Queen always manage to look so majestic? (...) «, in: *Daily Mail*, 1. Juni 2012.

Malcolm, Janet: » Depth of Field. Thomas Struth's way of seeing «, in: *The New Yorker*, 26. September 2016.

Masino, Paola: » Filippo vuole anche una rivincita al polo «, in: *Epoca*, 21. April 1951.

Millward, David: » Queen's letter describing falling in love sells for £ 14,400 «, in: *The Telegraph*, 26. April 2016.

Montanelli, Indro: » La stanza di Montanelli «, in: *Corriere della Sera*, 19. Januar 2000.

Montgomery, David: » The day I photographed the Queen and her dogs in the living room at Balmoral «, in: *The Guardian*, 24. September 2017.

Murry, Guglielmo: » Vacanze senza › austerity ‹ con monumenti in programma «, in: *Epoca*, 21. April 1951.

Nikkhah, Roya: »Rankin: how I shot the Queen«, in: *The Telegraph*, 11. Juli 2009.

Nikkhah, Roya: »How Cecil Beaton helped save the Queen«, in: *The Telegraph*, 7. Januar 2012.

Pensotti, Anita: »È piaciuta ai Romani la piccolo regina che regge lo scettro più pesante del mondo«, in: *Oggi*, 11. Mai 1961.

Pukas, Anna: »The servant who became the Queen's soulmate«, in: *Daily Express*, 10. Dezember 2017.

Roberts, Andrew: »How the King found his voice«, in: *The Telegraph*, 6. Januar 2011.

Schuberth, Emilio: »L'eleganza della regina Elisabetta in Italia giudicata con sincerità dal sarto Schuberth«, in: *Oggi*, 18. Mai 1961.

Swannell, John: »A regal bearing with an incredible sense of modesty: why I love photographing the Queen«, in: *The Telegraph*, 16. Februar 2012.

Walker, Tim: »The Queen will be left holding the Baby at Christmas«, in *The Telegraph*, 3. November 2013.

Dokumentarfilme

Chytroschek, Tristan und Wolffdir, Katharina (Regie): *The Queen and Her Prime Ministers*, Yesterday, 2012.

Norris, Sally (Regie): *The Diamond Queen*, BBC, 2012.

Ryder, Ben (Regie): *Diana: 7 Days That Shook the Windsors*, BBC, 2017.

Sanders, Richard (Regie): *The Royal House of Windsor*, Channel 4, 2017.

Swingler, Lucy (Regie): *The Queen's Coronation: Behind Palace Doors*, Channel 4, 2008.

Wer sich weitergehend informieren möchte, kann das Königshaus auch online besuchen:

https://www.royal.uk

https://www.facebook.com/TheBritishMonarchy/

https://twitter.com/royalfamily?

https://www.instagram.com/theroyalfamily/

Bildnachweis

[1] © Marcus Adams/Camera Press
[2] © Lisa Sheridan/Camera Press
[3] © Lisa Sheridan/Camera Press
[4] © Yousuf Karsh/Camera Press
[5] © Paul Popper/Popperfoto/Getty Images
[6] © Godfrey Argent/Camera Press
[7] © Patrick Lichfield/Getty Images
[8] © Lord Snowdon/Camera Press
[9] © Brian Aris/Camera Press
[10] © Tim Graham/Rota/Camera Press
[11] © Jason Bell/Camera Press
[12] © Cecil Beaton/Camera Press

Anmerkungen

Kindheit

1 Zitiert nach dem Scan einer Zeitungsseite von 1953 im *Times*-Onlinearchiv. Der Artikel versammelt etliche Meldungen aus dem Leben der jungen Elizabeth von 1926 bis 1943. Vgl. » A Child Grows To Service «, in: *The Times*, 3. Juni 1953. https://www. thetimes.co.uk/archive/article/1953-06-03/27/1.html?region= global#start%3D1785-01-01%26end%3D1985-01-01%26terms %3Dbirth%20Elizabeth%2022%20April%201926%26back%3D/ tto/archive/find/birth+Elizabeth+22+April+1926/w:1785-01- 01%7E1985-01-01/1%26next%3D/tto/archive/frame/goto/ birth+Elizabeth+22+April+1926/w:1785-01-01%7E1985-01-01/2

2 Kate Williams: *Young Elizabeth. The Making of Our Queen*, Weidenfeld & Nicolson, London 2012.

3 Ebd.

4 William Shawcross: *Counting One's Blessings. The Selected Letters of Queen Elizabeth the Queen Mother*, Macmillan, London 2012.

5 Brief von Elizabeth an Beryl Poignand, zitiert in: Richard Sanders (Regie): *The Royal House of Windsor*, Channel 4, 2017.

6 Vgl. den Ausschnitt in *H. R. H. The Princess Elizabeth At Marcus Adams Studio January 22nd 1931*.

7 Vgl. *Oxford Dictionary of Modern Quotations*, Third Edition, hg. v. Elizabeth Knowles, Oxford University Press, Oxford/New York 2007 (1991), S. 131.

8 Zitiert nach: Kate Williams: » The young Elizabeth II: life before she was Queen, in: HistoryExtra. The official website for BBC History Magazine, BBC History Revealed and BBC World Histories Magazine, 21. April 2020 (https://www.historyextra.

com/period/20th-century/young-elizabeth-ii-life-queen-child-hood-princess-how-monarch-royal-family/, abgerufen am 24. Juli 2020).

9 Marion Crawford: *The Little Princesses*, Cassell & Co. Ltd, London 1950.

10 Marion Crawford: *The Little Princesses*, Cassell & Co. Ltd, London 1950.

11 Olwen Hedley: *Round and about Windsor and District*, Oxley and Son, Windsor 1949.

Thronerbin

1 Marion Crawford: *The Little Princesses*, Cassell & Co. Ltd, London 1950.

2 *Thatched with Gold. The memoirs of Mabell, Countess of Airlie*, edited and arranged by Jennifer Ellis, Hutchinson, London 1962.

3 Marion Crawford: *The Little Princesses*, Cassell & Co. Ltd, London 1950.

4 Indro Montanelli: » La stanza di Montanelli «, in: *Corriere della Sera*, 19. Januar 2000.

5 Keith Middlesmas und Anthony John Lane Barnes: *Baldwin. A Biography*, Macmillan, New York 1970.

6 Anne Sebba: *That Woman. The Life of Wallis Simpson, Duchess of Windsor*, Weidenfeld & Nicolson, London 2011.

7 Andrew Roberts: » How the King found his voice «, in: *The Telegraph*, 6. Januar 2011.

8 Der vollständige Originalton der Rede (Zitat ab 1:06) kann im Archiv der einstigen britischen Wochenschau Pathé News nach-gehört werden: https://www.britishpathe.com/video/abdication-speech-by-edward-viii (abgerufen am 17. März 2020).

9 Marion Crawford: *The Little Princesses*, Cassell & Co. Ltd, London 1950.

10 Anne Edwards: *Royal Sisters. Queen Elizabeth II and Princess Margaret*, William Morrow and Company, New York 1990.

11 Nicolson, Nigel (hg.): *The Harold Nicolson Diaries and Letters 1907–1963*, Weidenfeld & Nicolson, London 2004.

12 Die vollständige Rede kann im Originalton im Archiv der einstigen britischen Wochenschau Pathé News nachgehört werden: https://www.britishpathe.com/video/george-vi-coronation-speech-1937 (abgerufen am 17. März 2020).

13 Mark Logue und Peter Conradi: *The Kind's Speech. How One Man Saved the British Monarchy,* Quercus, London 2010.

14 Dorothy Wilding: *In Pursuit of Perfection,* Robert Hale Limited, London 1958.

15 Roger Eldridge: » Tom Hustler. Fast-living society photographer «, in: *The Independent,* 9. August 2006.

16 David Millward: » Queen's letter describing falling in love sells for £14,400 «, in: *The Telegraph,* 26. April 2016.

17 Marion Crawford, *The Little Princesses,* Cassell & Co. Lt, London 1950.

18 Marion Crawford: *The Little Princesses,* Cassell & Co. Ltd, London 1950.

19 *The Unexpurgated Beaton,* Weidenfeld & Nicolson, London 2002.

20 Zitiert nach Hugo Vickers: *Cecil Beaton. The Authorised Biography,* Hodder & Stoughton, London 2020 (Neuausgabe, britische Erstausgabe 1985).

21 *The Unexpurgated Beaton,* Weidenfels & Nicolson, London 2002.

22 Zitiert nach Hugo Vickers: *Cecil Beaton. The Authorised Biography,* Hodder & Stoughton, London 2020 (Neuausgabe, britische Erstausgabe 1985).

23 Vgl. » Activities as Queen «, in: https://www.royal.uk/queen-elizabeth-queen-mother (abgerufen am 17. März 2020).

24 Kate Williams: *Young Elizabeth. The Making of the Queen,* Weidenfeld & Nicolson, London 2012.

Frau und Mutter

1 Michele Smargiassi: » La Brexit del sigaro di Churchill «, in: *Fotocrazia. Evoluzioni e rivoluzioni nel futuro, nel presente e nel passato del fotografico* (Blog), 24. Juni 2016.

2 Aus einem Brief von Yousuf Karsh an Tom Blau aus dem Jahr 1977.

3 Marion Crawford: *The Little Princesses,* Cassell & Co. Ltd, London 1950.

4 Marion Crawford: *The Little Princesses,* Cassell & Co. Ltd, London 1950.

5 Dieses und die nachfolgenden Zitate: »Queen Elizabeth II Recalls Secretly Mingling with Crowds on V-E Day«, in: *AP News,* 8. Mai 1985.

6 Sam Greenhill: »Revealed: The ›devastatingly attractive‹ dashing young Army captain who set the Queen's heart a-flutter at the age of 19«, in: *Daily Mail,* 9. August 2013.

7 Nicholas Davies: *Queen Elizabeth II: A Woman Who is Not Amused,* Birch Lane Press, New York 1994.

8 Nicholas Davies: *Queen Elizabeth II: A Woman Who is Not Amused,* Birch Lane Press, New York 1994.

9 Marion Crawford: *The Little Princesses,* Cassell & Co. Ltd, London 1950.

10 Die gesamte Rede ist im englischen Original nachzulesen in: https://www.royal.uk/21st-birthday-speech-21-april-1947 (abgerufen am 10. März 2020).

11 Richard Sanders (Regie): *The Royal House of Windsor,* Channel 4, 2017.

12 Baron, *Baron:* Frederick Muller Ltd, London 1957.

13 Baron, *Baron:* Frederick Muller Ltd, London 1957.

14 Baron, *Baron:* Frederick Muller Ltd, London 1957.

15 Baron, *Baron:* Frederick Muller Ltd, London 1957.

16 Diese und weitere Zitate aus dem Brief in: »A letter from King George VI to Princess Elizabeth, sent shortly after her wedding in 1947«, twitter.com/RoyalFamily, 20. November 2015, 12:59 Uhr (https://twitter.com/RoyalFamily/status/667673662095405056, abgerufen am 17. März 2020).

17 Zitiert nach: Kate Nicholson, »Royal romance: Why the Queen dubbed Philip ›an angel‹«, in: *Daily Express,* 30. November 2019 (https://www.express.co.uk/news/royal/1211397/queen-elizabeth-ii-news-prince-philip-marriage-the-crown-an-angel-anniversary-spt, abgerufen am 17. März 2020).

18 Zitiert nach Kitty Kelley: *The Royals,* Grand Central Publishing, New York 2010.

19 Siehe dazu Abbildung 5 (rechts) in: Robert Hardman, »Boy who made it possible for girls to be born Queen (...)«, in: *Daily Mail,* 22.7.2013 (https://www.dailymail.co.uk/news/article-2374278/ Duchess-Cambridges-Royal-baby-boy-possible-girls-born-Queen. html, abgerufen am 24. Juli 2020).
20 Sally Bedell Smith: *Elizabeth the Queen. The Life of a Modern Monarch,* Random House, New York 2012.

Königin

1 Zitiert nach: »Queen Mother on King VI's death«, in: *The Telegraph,* 17. September 2009 (https://www.telegraph.co. uk/news/uknews/theroyalfamily/6200485/Queen-Mother-biography-on-George-VIs-death.html, abgerufen am 17. März 2020).
2 Tom Corby: »Sir Edward Ford. Courtier who gave the Queen's worst year in office its Latin tag«, in: *The Guardian,* 28. November 2006.
3 Anne Edwards: *Royal Sisters. Queen Elizabeth II and Princess Margaret,* William Morrow and Company, New York 1990.
4 »Announcing the death of King George VI«, in: bbc.com, 31. Januar 2012 (https://www.bbc.com/news/av/uk-16767149/ announcing-the-death-of-king-george-vi, abgerufen am 17. März 2020).
5 Robert Lacey: *A Brief Life of the Queen,* Duckworth Publishers, London 2012.
6 Der vollständige englische Wortlaut findet sich auf der Website der International Churchill Society: https://winstonchurchill. org/publications/finest-hour/finest-hour-114/for-valour-king-george-vi-in-remembrance-of-his-late-majesty/ (abgerufen am 17. März 2020).
7 Das vollständige Originalvideo der Bekanntmachung kann im Archiv der BBC unter https://www.bbc.com/news/av/uk-16853766/princess-elizabeth-formally-proclaimed-queen angesehen werden (abgerufen am 7. April 2020).
8 Philippe de Baleine: »Pour ses vingt-six ans Elizabeth II entre à Buckingham«, in: *Paris Match,* 26. April 1952.

9 Lucy Swingler (Regie): *The Queen's Coronation: Behind Palace Doors,* Channel 4, 2008.

10 Mary Soames (Hg.): *Speaking for Themselves: The Personal Letters of Winston and Clementine Churchill,* Doubleday, Toronto 1998.

11 Lucy Swingler (Regie): *The Queen's Coronation: Behind Palace Doors,* Channel 4, 2008.

12 Robert Lacey: *Monarch. The Life and Reign of Elizabeth II,* Free Press/Simon & Schuster, New York u.a. 2003.

13 Lucy Swingler (Regie): *The Queen's Coronation: Behind Palace Doors,* Channel 4, 2008.

14 Mick Conefrey: *Everest 1953. The Epic Story of the First Ascent,* Oneworld Publications, London 2013.

15 Zitiert nach Rebecca English, » The Royal Spice Girls United! (...) «, *Daily Mail,* 4. Juni 2013 (https://www.dailymail.co.uk/femail/article-2335835/Queens-Coronation-Elizabeths-maids-honour-Lady-Rosemary-Spencer-Churchill-Lady-Jane-Vane-Tempest-Stewart-Lady-Anne-Coke-Lady-Mary-Baillie-Hamilton-Lady-Moyra-Hamilton-Lady-Jane-Heathcote-Drummond-Willoughby-reunited.html, abgerufen am 18. März 2020).

16 Norman Hartnell: *Silver and Gold,* Evans Brothers Ltd, London 1955.

17 Vgl. http://www.oremus.org/liturgy/coronation/cor1953b.html (aufgerufen am 16.9.2020).

18 Zitiert nach William Shawcross: *Queen and Country: The Fifty-year Reign of Elizabeth II,* Simon & Schuster, New York 2002.

19 Vgl. http://www.oremus.org/liturgy/coronation/cor1953b.html (aufgerufen am 16.9.2020).

20 Ebd.

21 Dieses und die weiteren Zitate aus *The Unexpurgated Beaton,* Weidenfeld & Nicolson, London 2002.

22 Vittorio Buttafava: » L'amore ha messo in crisi la spensierata Margaret «, in: *Oggi,* 16. Juli 1953.

23 Sarah Bradford: *Elizabeth. A Biography of Her Majesty the Queen,* Penguin, London 2002.

24 Aufgrund mittlerweile einsehbarer Dokumente ist allerdings bekannt, dass Margaret lediglich auf die Thronfolge hätte verzichten müssen. Vgl. Thomas Kielinger, Elizabeth II. Das Leben der Queen, C. H. Beck, München 2014, S. 139 (A. d. Ü.)

25 Zitiert nach » The real story about Princess Margaret's first love Peter Townsend «, in: *Hello!*, 18. November 2019 (https://www. hellomagazine.com/royalty/2019111880732/princess-margaret-pe ter-townsend-everything-to-know/, abgerufen am 18. März 2020).

Einsamkeit

1 Lucy Swingler (Regie): *The Queen's Coronation: Behind Palace Doors,* Channel 4, 2008.

2 Nicholas Davies: *Queen Elizabeth II: A Woman Who is Not Amused,* Birch Lane Press, New York 1994.

3 Lady Colin Campbell: *The Royal Marriages,* St. Martin's Press, New York 1993.

4 Lady Colin Campbell: *The Royal Marriages,* St. Martin's Press, New York 1993.

5 Christopher Hitchens: » Windsor Knot «, in: *The New York Times,* 12. Mai 1991.

6 Sarah Bradford: *Elizabeth. A Biography of Her Majesty the Queen,* Penguin, London 2002.

7 Kitty Kelley: *The Royals,* Grand Central Publishing, New York 2010.

8 John Parker: *Prince Philip. A Critical Biography,* Sidgwick & Jackson, London 1990.

9 Vgl. Sarah Bradford: *Elizabeth: A Biography of Her Majesty the Queen,* Penguin Books, London 2002.

10 Anne de Courcy: *Snowdon. The Biography,* Weidenfeld & Nicholson, London 2008.

11 Aus dem Video *Fotografare la Regina* auf der Website *Memoro – la banca della memoria.*

12 Marion Crawford: *The Little Princesses,* Cassell & Co. Ltd, London 1950.

13 Ebd.

14 Vgl. Alan Titchmarsh: *Elizabeth: Her Life, Our Times,* BBC Books, London 2012.

15 Zit. nach Artikel im Telegraph über Godfrey Argent aus dem Jahr 2006, https://www.telegraph.co.uk/news/obituaries/1521728/ Godfrey-Argent.html (abgerufen am 8. April 2020).

16 Nigel Nicolson: *The Queen & Us. The Second Elizabethan Age,*
Orion Publishing, London 2003.

17 »Letter from the Queen regarding Churchill's funeral« (1965),
Parliamentary Archives, HL/PO/JO/10/11/1076; Abbildung des
Originals: https://www.parliament.uk/about/living-heritage/
transformingsociety/private-lives/yourcountry/collections/chur
chillexhibition/churchill-death/queens-letter/ (abgerufen am
25.7.2020).

18 Tristan Chytroschek und Katharina Wolffdir (Regie): *The Queen
and Her Prime Ministers,* Yesterday 2012.

19 Vgl. für hier und die nachfolgenden Zitate David Montgomery:
»The day I photographed the Queen and her dogs in the living
room at Balmoral«, in: The Guardian, 24. September 2017
(https://www.theguardian.com/uk-news/2017/sep/24/the-day-i-
photographed-the-queen-and-her-corgis-at-balmoral, abgerufen
am 18. März 2020).

20 Hinsichtlich der Abfolge der zu diesem Zeitpunkt fünfzig Jahre
zurückliegenden Details scheint die Erinnerung Montgomery zu
trügen. Auf einem veröffentlichten unscharfen Foto, auf dem die
Queen die Treppe hinaufeilt, trägt sie bereits den Kilt und die
Tweedjacke, die dann auch auf den Außenaufnahmen zu sehen
sind. (A. d. R.)

21 Zitiert nach: Alex Needham, »Cecil Beaton: photographer to
the young Queen Elizabeth II«, in: *The Guardian,* 6. Februar
2012 (https://www.theguardian.com/uk/2012/feb/06/cecil-
beaton-royal-photographer-va, abgerufen am 25. Juli 2020).

22 Ebd.

23 Jonathan Dimbleby: *The Prince of Wales. A Biography,* William
Morrow and Company, New York 1994.

24 Matthew Kirkham: »>You're KILLING the monarchy!< Sir
David Attenborough blames BBC in shock royal rant«, in: *Daily
Express,* 19. Februar 2019. (https://www.express.co.uk/news/
royal/1088994/royal-news-david-attenborough-killing-monarchy-
rant-spt, abgerufen am 25.7.2020).

Windsormania

1 Zitiert nach Richard Tomlinson, » Obituary: Lord Charteris of Amisfield «, in: *The Independent,* 27. Dezember 1999 (https:// www.independent.co.uk/arts-entertainment/obituary-lord-char teris-of-amisfield-1134730.html, abgerufen am 19. März 2020).

2 Zitiert nach Jane Dismore: *Princess. The Early Life of Queen Elizabeth II,* Lyons Press, Guilford, Conn, 2018, S. 5.

3 Zitiert nach Richard Tomlinson: » Obituary: Lord Charteris of Amisfield «, in: *The Independent,* 27. Dezember 1999 (https:// www.independent.co.uk/arts-entertainment/obituary-lord-charteris-of-amisfield-1134730.html, abgerufen am 19. März 2020).

4 Zitiert nach Richard Tomlinson: » Obituary: Lord Charteris of Amisfield «, in: *The Independent,* 27. Dezember 1999 (https:// www.independent.co.uk/arts-entertainment/obituary-lord-charteris-of-amisfield-1134730.html, abgerufen am 19. März 2020).

5 Adrian Lee: » The Queen Mother and › that woman ‹ – the story of Wallis Simpson «, in: *Daily Express,* 4. Januar 2016 (https:// www.express.co.uk/news/history/631457/The-Queen-Mother-Wallis-Simpson-BBC-drama-Royal-Wives-at-War, abgerufen am 25. Juli 2020).

6 Das Originalvideo der Schiffstaufe ist im Archiv von British Pathé zu sehen, https://www.britishpathe.com/video/queen-launches-new-royal-yacht-britannia (abgerufen am 8. April 2020).

7 Nachzulesen beim Royal Collection Trust, https://www.rct.uk/collection/themes/trails/royal-portraiture/the-queen-on-board-hmy-britannia (abgerufen am 8. April 2020).

8 Penny Junor: *The Duchess. Camilla Parker Bowles and the Love Affair That Rocked the Crown,* Harper, New York 2018.

9 Matthew Kirkham: » Royal SHOCK: How the Queen › DIS-APPROVED of a FEMALE Prime Minister ‹ «, *Sunday Express,* 16. Dezember 2018, (https://www.express.co.uk/news/royal/1059891/queen-margaret-thatcher-relationship-royal-news-queen-news-spt, abgerufen am 25. Juli 2020).

10 Vgl. https://time.com/5726869/the-crown-prince-charles/

11 Richard Sanders (Regie): *The Royal House of Windsor,* Channel 4, 2017.

12 Arthur Edwards: » The Diana I Knew «, in: *The Sun*, 29. Juli 2011.

Im Schatten

1 Jonathan Dimbleby: *The Prince of Wales. A Biography*, William Morrow and Company, New York 1994.
2 Vgl. ebd.
3 Robert Hardman: *Our Queen*, Hutchinson, London 2011.

Der Krieg der Windsors

1 Die vollständige Rede findet sich im englischen Original auf der offiziellen Webseite des Königshauses: https://www.royal.uk/annus-horribilis-speech (abgerufen am 19. März 2020).
2 Nachzulesen in einem Bericht im *Telegraph* aus dem Jahr 2008, https://www.telegraph.co.uk/news/uknews/theroyalfamily/2521904/Sarah-Ferguson-the-Duchess-of-York-enjoys-first-Royal-holiday-in-16-years.html (abgerufen am 8. April 2020).
3 Vgl. The infamous » squidgygate « transcript, http://www.geocities.ws/rickanddarvagossip/diana_gilbey.html (abgerufen am 16. 9. 2020).
4 Matthew Kirkham: » Royal BOMBSHELL: How Queen ›FORCED Charles and Diana together for icy confrontation‹ «, in: *Daily Express*, 8. Februar 2019, (https://www.express.co.uk/news/royal/1083981/princess-diana-news-queen-elizabeth-ii-prince-charles-forced-together-south-korea-spt, abgerufen am 27. Juli 2020).
5 Ebd.
6 Jonathan Dimbleby: *The Prince of Wales. A Biography*, William Morrow and Company, New York 1994.
7 Robert Jobson: *Charles at Seventy. Thoughts, Hopes & Dreams*, John Blake Books, London 2018.
8 Robert Jobson: *Charles at Seventy. Thoughts, Hopes & Dreams*, John Blake Books, London 2018.
9 Kay Richard und Geoffrey Levy: » *A cold, distant mother? Come off it, Charles (...)* «, in: *Daily Mail*, 11. März 2016.

10 Abschrift des Interviews in: http://www.bbc.co.uk/news/special/
politics97/diana/panorama.html (abgerufen am 27. Juli 2020).

11 » On This Day 1950 – 2005, 20 December, 1995: > Divorce <:
Queen to Charles and Diana «, BBC News, http://news.bbc.co.
uk/onthisday/hi/dates/stories/december/20/newsid_2538000/
2538985.stm (abgerufen am 27. Juli 2020).

12 Ingrid Seward: *The Queen's Speech. An Intimate Portrait of t he
Queen in Her Own Words,* Simon & Schuster, London 2015.

13 *Diana, 7 Days,* BBC One, 27. August 2017. Zitiert nach: » Prince
William opens up about how the Queen protected them fol-
lowing Diana's death «, in: *Harper's Bazaar UK,* 23. August 2017,
(https://www.harpersbazaar.com/uk/culture/culture-news/
a43414/prince-william-diana-death-queen/, abgerufen am 27. Juli
2020).

14 Zitiert nach: » Princess Diana's death was > global event < says
Blair, BBC News, 1. September 2010, (https://www.bbc.com/
news/uk-politics-11152177, abgerufen am 27. Juli 2020). Die hier
angesprochene Biografie ist von Tony Blair, *A Journey,* London
2010.

15 Ben Ryder (Regie): *Diana: 7 Days That Shook the Windsors,*
BBC, 2017.

16 Für hier und das nachfolgende Zitat: Die ganze Rede ist im englischen Original nachzulesen in: http://www.bbc.co.uk/news/spe
cial/politics97/diana/queen.html (abgerufen am 19. März 2020).

17 Die vollständige Rede ist im englischen Original auf der offiziellen Webseite des Königshauses nachzulesen: https://www.royal.
uk/golden-wedding-speech (abgerufen am 19. März 2020).

18 Der Ausschnitt von Philips Rede (ab 0:47) lässt sich auf dem
YouTube-Kanal AP Archive nachschauen, dem offiziellen Film-
und Videoarchiv der Agentur Associated Press. » UK – Queen's
Golden Wedding anniversary «, in: https://www.youtube.com/
watch?v=xRx6dSrkk60 (abgerufen am 19. März 2020).

19 Nicholas Davies: *Queen Elizabeth II: A Woman Who is Not
Amused,* Birch Lane Press, New York 1994.

20 Tina Brown: *The Diana Chronicles,* Arrow Books, London 2007.

Ein neues Jahrtausend

1 » Text of the Queen's message to New York «, in: *The Guardian,* 21. September 2001, (https://www.theguardian.com/world/2001/sep/21/september11.usa12, abgerufen am 19. März 2020).

2 Für hier und die nachfolgenden Zitate Polly Borlands: Sophie Eastaugh, » Photographing the Queen: › The most surreal moment of my carrier ‹, in: cnn.com, CNN Photos, aktualisiert 21. April 2016, (https://edition.cnn.com/2015/09/08/world/cnnphotos-queen-elizabeth-portraits/index.html, abgerufen am 19. März 2020).

3 Zitiert nach Sally Bedell Smith: Elizabeth the Queen: The real story behind The Crown, Penguin Books, New York 2012.

4 Sally Norris (Regie): *The Diamond Queen,* BBC, 2012.

5 Roya Nikkhah: » Rankin: how I shot the Queen «, in: *The Telegraph,* 11. Juli 2009.

6 Andrew Alderson: » The Queen and I, by Her Majesty's PA «, in: *The Telegraph,* 9. Dezember 2007, zitiert nach: Michelle Kapusta: « Is This the Only Person Allowed to Touch Queen Elizabeth II? Who is Angela Kelly? «, in: Showbiz CheatSheet, 26. November 2018, (https://www.cheatsheet.com/entertainment/who-is-angela-kelly-and-is-she-the-only-person-allowed-to-touch-queen-elizabeth-ii.html/, abgerufen am 27. Juli 2020).

7 Jane Fryer: » › The Queen and I have a lot of fun together ‹ (...) «, in: *Daily Mail,* 23. September 2019, (https://www.dailymail.co.uk/news/article-7495965/Queens-personal-dresser-reveals-unlikely-friendship-rare-break-protocol.html, abgerufen am 27. Juli 2020).

8 Zit. nach Sarah Bradford: *Elizabeth: A Biography of Her Majesty the Queen,* Penguin Books, London 2002.

9 Phil Dampier und Ashley Walton: *What's in the Queen's Handbag and Other Royal Secrets,* The Book Guild Ltd, Kibworth 2007.

10 Sally Bedell Smith: *Elizabeth the Queen. The Life of a Modern Monarch,* Random House, New York 2012.

11 Phil Dampier und Ashley Walton: *What's in the Queen's Handbag and Other Royal Secrets,* The Book Guild Ltd, Kibworth 2007.

12 » Queen celebrates diamond wedding «, BBC News, 19. November 2007, (http://news.bbc.co.uk/2/hi/7101094.stm, abgerufen am 27. Juli 2020).

13 Vgl. das Kapitel » A Soldier at Heart «, in: Sally Bedell Smith: *Elizabeth the Queen. The Woman Behind the Throne,* Penguin Books, London 2012.

14 Leibowitz: » The Queen and I did not fall out in BBC > tantrum < film «, in: *Daily Mail Online,* 20. Juli 2007, (https://www.dailymail.co.uk/news/article-467754/Leibowitz-The-Queen-I-did-fall-BBC-tantrum-film.html, abgerufen am 19. März 2020).

15 Vgl. die entsprechenden Szenen im Filmbericht der BBC One Six O'Clock News vom 12. Juli 2007.

16 » The Queen > can be a little feisty < says BBC > Crowngate < scandal photographer «, in: *Daily Mail Online,* 24. Oktober 2007 (https://www.dailymail.co.uk/news/article-489498/The-Queen-little-feisty-says-BBC-Crowngate-scandal-photographer.html, abgerufen am 19. März 2020).

17 Vgl. » The first Christmas Broadcast «, in: https://www.royal.uk/history-christmas-broadcast?ch=2#bio-section-1 (abgerufen am 22. März 2020).

18 Der komplette Originaltext der Weihnachtsansprache von 1957 ist nachzulesen unter https://www.royal.uk/christmas-broadcast-1957 (abgerufen am 9. April 2020).

19 Zitiert aus Interview mit Ella Slack, nachzulesen auf https://royalcentral.co.uk/uk/queen/meet-ella-slack-the-woman-who-has-stood-in-for-the-queen-for-three-decades-86151/ (abgerufen am 9. April 2020).

20 » Queen launches YouTube channel «, BBC News, 23. December 2007, (http://news.bbc.co.uk/2/hi/uk_news/7157947.stm, abgerufen 27. Juli 2020).

Ein Job fürs Leben

1 » The Queen's Diamond Jubilee message «, 6. Februar 2012. Der vollständige Wortlaut ist auf Englisch nachzulesen in: https://www.royal.uk/queens-diamond-jubilee-message?page=13 (abgerufen am 27. Juli 2020).

2 Janet Malcolm: » Depth of Field. Thomas Struth's way of seeing «, in: *The New Yorker,* 26. September 2011.

3 John Swannell: »A regal bearing with an incredible sense of modesty: why I love photographing the Queen «, in: *The Telegraph,* 16. Februar 2012.

4 Gordon Rayner: »Diamond Jubilee: Boris Johnson says Thames Pageant will be ›like Dunkirk but more cheerful‹«, in: The Telegraph, 17. Mai 2012, (https://www.telegraph.co.uk/news/uknews/the_queens_diamond_jubilee/9273305/Diamond-Jubilee-Boris-Johnson-says-Thames-Pageant-will-be-like-Dunkirk-but-more-cheerful.html, abgerufen am 20. März 2020).

5 »The Queen's Diamond Jubilee Message«, 5. Juni 2012. Die Ansprache der Königin (ab 0:36) ist auf dem offiziellen YouTube-Kanal The Royal Family archiviert: https://www.youtube.com/watch?v=uDQu-HJGhuM (abgerufen am 27. Juli 2020).

6 Zitiert nach Victoria Ward, »Queen insisted on greeting ›Mr Bond‹ in Olympic opening ceremony film, her dressmaker's book reveals«, in: *The Telegraph,* 28. Oktober 2019 (https://www.telegraph.co.uk/royal-family/2019/10/28/queen-insisted-greeting-mr-bond-olympic-opening-ceremony-film/, abgerufen am 20. März 2020).

7 Mark Duell: »One is amused: New portrait of the Queen by acclaimed Scottish photographer shows her with a smile and a twinkle in her eye at Buckingham Palace«, in: *Daily Mail,* 1. Juli 2014.

8 Vgl. »McAleese hails ›extraordinary moment‹«, *The Irish Times,* 16. Mai 2011, (https://www.irishtimes.com/news/mcaleese-hails-extraordinary-moment-1.876601, abgerufen am 10. März 2020).

9 Die vollständige Rede (Zitat ab 0:54) ist zu sehen in: https://www.bbc.com/news/uk-34177107, 9. September 2015 (abgerufen am 10. März 2020).

10 Kay, Richard: »The touching rituals that reveal just how much the Queen loved her corgis (...)«, in: *Daily Mail Online,* 18. April 2018, (https://www.dailymail.co.uk/news/article-5631639/The-torching-rituals-reveal-just-Queen-loved-corgis.html, abgerufen am 10. März 2020).

11 Vgl. »The poignant reason the Queen refuses to have any more corgis (...)«, in: *Daily Mail Online,* 16. Juli 2015, (https://www.dailymail.co.uk/news/article-3163214/

The-poignant-reason-Queen-refuses-corgis-American-cowboy-advises-Monarch-reveals-mortality-decision.html, abgerufen am 10. März 2020).

12 Oliver Stöwing: »Britische Royals: Wie Herzogin Kate die Krone rettet«, in: *Berliner Morgenpost,* 18. März 2020, (https://www.morgenpost.de/vermischtes/article228720215/Britische-Royals-Wie-Herzogin-Kate-die-Krone-rettet.html, abgerufen am 20. März 2020).

13 Jessica Elgot und John Plunkett: »Rogue BBC tweet sparks global news alert about Queen's health«, in: *The Guardian,* 3. Juni 2015 (https://www.theguardian.com/uk-news/2015/jun/03/queens-health-bbc-tweet-global-news-alert, abgerufen am 10. 3. 2020).

Schwer ruht das Haupt, das die Krone trägt

1 BBC One, 14. Januar 2018. Vgl. Vorschau im offiziellen BBC-Kanal auf YouTube: »The Story of the Imperial State Crown – The Coronation«.

Danksagung

Allen voran möchte ich Nicoletta Lazzari und Vicki Satlow danken, die mich quasi gezwungen haben, eine Biografie der meistfotografierten Frau der Welt zu schreiben. Sie waren immer an meiner Seite, resolut und geduldig, und haben mich auch in Momenten der Ratlosigkeit (die es natürlich gab) ermutigt und unterstützt. Sie wiesen mich auf Fehler hin und begleiteten die Entstehung dieses Buches Schritt für Schritt, Jahrzehnt um Jahrzehnt.

Als Journalistin interessierte mich von Anfang an der Ansatz, die starke Verbindung, die zwischen Elizabeth II. und der Fotografie besteht, zum Aufhänger des Buches zu machen. Bei meinen Recherchen in dem riesigen Meer aus Informationen bestätigte sich immer mehr, dass ich auf dem richtigen Weg war; und ich merkte, dass die Porträts selbst aus der Distanz der Jahrzehnte niemals aufhören, zu einem zu reden (was mich auch Efrem Raimondi gelehrt hatte).

Vielleicht war es ein Zufall, dass ich an diesem kleinen Laden in Paris vorbeikam, der mir vorher nie aufgefallen war und der gerade eine rare Ausgabe der Illustrierten *Paris Match* im Schaufenster liegen hatte, die sich der Trauerfeier von George VI. widmete, neben anderen Zeitschriften von früher über Elizabeth.

Und vielleicht war es auch ein Zufall, dass in denselben Tagen meine Agentin Vicki Satlow einen goldenen Anhänger in Form eines Büchleins fand, mit den schönsten Fotos von der Queen und ihrer Krönung 1953.

Als ich dann noch entdeckte, dass ich seit Jahren ein bislang unbeachtetes Porträt Bertram Parks von seiner Frau Yvonne Gregory zu Hause hatte (die beiden Partner von Marcus Adams, Elizabeths erstem Fotografen), nahm ich dies endgültig als Wink des Schicksals und begab mich auf Spurensuche in die Bilder und las mich durch die Biografien der großen Meister der Fotografie. All das wäre unmöglich gewesen ohne die Unterstützung und Beratung von Livia Corbò, deren reicher Erfahrungsschatz als Bildredakteurin in dieses Buch eingeflossen ist. Durch sie bekam ich Zugang zu der Fotoagentur Camera Press, in deren Archiven ich mich durch viele Dutzend Bilder arbeitete und schließlich die auswählte, die in dem vorliegenden Buch abgedruckt sind.

Danke auch an Michele Neri, er weiß, wofür.

Und an Joseph Calanca, der Archive und Bibliotheken durchforstet hat und alte Artikel und wertvolle Informationen sammelte.

Danke an Emma Blau, Daryl Bradfort, Jaqui Wald von Camera Press für die unauffindbare Autobiografie von Baron und ihre Geschichten über Leben und Arbeit von Tom Blau.

Danke an Jerry Fielder, den Assistenten von Yousuf Karsh und Leiter der gleichnamigen Stiftung, für seine Erinnerungen an den großen Meister. Und an Dmitri Kasterine und Brian Aris für die Zeit, die sie mir geschenkt haben, und die unvergesslichen Bilder von ihnen und Ihrer Majestät.

Und schließlich danke ich Giò, Davide und Giulia: Immer wieder mussten sie auf Ehefrau und Mutter verzichten, wenn sie wieder einmal monatelang in das Leben einer Frau abtauchte, die sie leider niemals kennenlernen werden.

»Meinen Beruf halten viele für den sonderbarsten im ganzen Königreich. Sonderbar? Vielleicht. Der schönste auf der Welt? Keine Frage!«

Christopher Skaife
Der Herr der Raben
Mein Leben als Ravenmaster
im Tower von London

Aus dem Englischen von
Birgit Lamerz-Beckschäfer
Piper, 256 Seiten
€ 22,00 [D], € 22,70 [A]*
ISBN 978-3-492-05949-7

Seit Jahrhunderten leben Raben im Tower von London. Die Legende besagt, dass das Königreich fallen wird, sobald die Raben den Tower verlassen ...

Ravenmaster Christopher Skaife ist persönlich dafür verantwortlich, dass eine solche Katastrophe niemals eintritt: Er kümmert sich um das Wohlergehen der intelligenten Vögel.

In diesem faszinierenden, humorvollen und berührenden Buch beschreibt Skaife sein enges Verhältnis zu den gewitzten Raben und weiht uns ein in die Geheimnisse des Towers.

Leseproben, E-Books und mehr unter **www.piper.de**

»Ein amüsanter Reiseführer durch vergangene Zeiten.«

Sunday Times

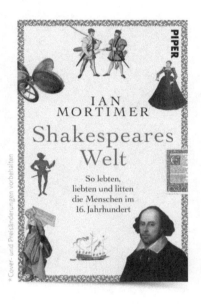

Ian Mortimer
Shakespeares Welt
So lebten, liebten und litten die Menschen im 16. Jahrhundert

Aus dem Englischen von
Karin Schuler
Piper, 496 Seiten
€ 25,00 [D], € 25,70 [A]*
ISBN 978-3-492-05943-5

Die Zeit von Shakespeare und Königin Elizabeth I. gilt als »goldenes Zeitalter«. Aber wie war es eigentlich wirklich, im England des 16. Jahrhunderts zu leben? Nicht bloß meisterhafte Lyrik und höfischer Überfluss, auch Krankheiten, Gewalt und Sexismus bestimmten den Alltag der Menschen. Ian Mortimer nimmt uns mit auf eine besondere Zeitreise und zeigt uns auf seine gewohnt unterhaltsame Art ein Land im Widerspruch zwischen Glanz und Grauen.

Leseproben, E-Books und mehr unter www.piper.de

Die vergessene Prinzessin

Karin Feuerstein-Praßer

Alice von Battenberg – Die Schwiegermutter der Queen

Ein unkonventionelles Leben

Piper Taschenbuch, 256 Seiten
€ 12,00 [D], € 12,40 [A]*
ISBN 978-3-492-31545-6

Verlassen, verraten, vergessen – nur wenige kennen Alice von Battenberg, Mutter von Prinz Philip und damit die Schwiegermutter der Queen. Die Ehe der nahezu tauben Prinzessin mit Prinz Andreas von Griechenland wurde schnell von Kriegen und Revolutionen überschattet, vor der Härte des Alltags im Exil flüchtete sie sich in eine religiöse Traumwelt, bis sie wegen Verdachts auf Schizophrenie schließlich in der Psychiatrie landete. Karin Feuerstein-Praßer bringt uns diese außergewöhnliche Frau nahe, deren Leben aufs Engste verwoben war mit der bewegten Geschichte Europas im 20. Jahrhundert.

Leseproben, E-Books und mehr unter www.piper.de